요한 제바스티안 바흐

삶, 언어, 그리고 음악

요한 제바스티안 바흐
삶, 언어, 그리고 음악

1판 1쇄 발행 2025년 4월 1일 펴냄
나주리 지음

펴낸곳　　모노폴리
발행인　　강정미
편　집　　신동욱
마케팅　　김민수

출판등록　2005년 8월 9일 제2005-48호
주　　소　경기도 파주시 회동길 480 아트팩토리 B동 437호
대표전화　031-944-6692
팩시밀리　031-944-6693
홈페이지　www.mpmusic.co.kr

ⓒ 나주리

ISBN 978-89-91952-89-8 (93670)

책 값은 뒤표지에 표기되어 있습니다.
파본은 구입하신 서점에서 교환해 드립니다.

요한 제바스티안 바흐

삶, 언어, 그리고 음악

나주리

모노폴리

새삼스럽게 헤아려 보니 바흐를 공부해 온 시간이 30년을 훌쩍 넘는다. 스물대여섯 살에 석사 논문으로 바흐를 처음 제대로 만났다. 별다른 감흥은 없었다. 책과 악보를 읽어내기에 바빴다. 박사 논문을 쓰면서 어렴풋이 알아챘다. 바흐라는 '사람'이, 바흐가 쓴 '음악'이 예사롭지 않다는 것을 말이다. 역사에 이름을 올린 음악가들이 누구는 예사롭겠냐마는, 바흐는 특히나 남달랐다. 가족을, 제자들을, 직업을, 음악을 참으로 성실하고 충실하며 진실하게 대한 남다른 '사람'이었다. '작품들'은 더 남달라서, 얼마나 치밀하고 정교하면서도 또 얼마나 자유롭고 예술다운지, 지난 두 세기 동안 바흐의 창작을 규정하고 수식한 화려하고 깊은 말들에 서슴없이 동의하게 된다. 내가 음악을 공부하면서 바흐를 늘 중심에 둘 수 있는 것은, 바흐를 늘 내가 돌아갈 수 있는 곳으로 삼을 수 있는 것은 더없는 행운이다.

이 책은 내가 공부하고 알아 온 바흐의 삶과 음악과 작품을 정리한 것이다. 작품과 음악언어를 깊숙하게 다루는 장(章)들은 그동안 써 온 글들을 보다 무난히 읽히도록 다듬고 매만진 것이다. 사실 바흐를 넓고 깊게 들여다보는

글들은 차고 넘친다. 닮은 제목을 달고 나란히 선다는 것이 염치없다고 여겨
질 정도로 훌륭한 글들도 수많다. 하지만 번역된 것이 아닌 우리의 바흐 책
이 지금쯤 한 권 나와도 괜찮겠다 싶었다. 부족하거나 어렵게 읽히더라도 너
르게 이해해 줄 독자들께 미리 감사한다.

　　감사한 분들이 많다. 평생을 묵묵히 온 힘 다해 돌봐주신 부모님께 깊이
감사한다. 어린 나를 진심으로 가르치며 성장케 하신 빌헬름 자이델(Wilhelm
Seidel) 교수님께도 감사의 마음을 전한다. 네 해 전에 작고하셨지만, 교수님
의 가르침은 여전히 내 공부와 교직의 밑거름이다. 베스트 셀러의 가능성이
(전혀) 없는 원고들을 마다하지 않고 늘 어여쁜 책으로 만들어 주시는 모노폴
리의 배상연 대표께도 감사한다. 고된 악보 사보 작업을 흔쾌히 해준 제자
전하림에게도 고맙다. 바흐와 바흐의 음악을 넓게, 혹은 깊게 알고자 하는
독자들에게 이 책이 자그마하게나마 도움이 되면 좋겠다.

2025년 3월

나주리

차례

1.
바흐의 삶, 음악, 예술

1. 바흐의 생애와 음악삶

우리는 바흐(Johann Sebastian Bach, 1685-1750)를 사후 금방 잊힌 작곡가로 여기곤 한다. 시류를 좇지 못한, 혹은 좇지 않은 작곡가였기에 어쩔 수 없었다고 당연시하기도 한다. 사실일지도 옳을지도 모르겠다. 하지만 바흐 사후 35년이 지난 즈음에 크리스티안 프리드리히 다니엘 슈바르트가 『음악미학에 대한 논고』(Ideen zu einer Ästhetik der Tonkunst)에서 "뉴턴이 과학자로서 행한 것을 바흐는 음악가로서 행했다"고 단언했다면, 인류가 향유할 음악 예술에서, 또 그것의 역사에서 바흐가 점하게 될 절대적 위상이 벌써 간파되었음에 틀림없다.

바흐는 전통 깊은 음악가 집안 출신이었다. 그 가문의 전통은 파이트 바흐(Veit Bach, c.1550-1619)로까지 거슬러 올라간다. 파이트 이후의 '바흐들'은 거의 모두 음악가였다. 요한 제바스티안 바흐의 아버지 요한 암브로시우스 바흐(Johann Ambrosius Bach, 1645-1695)는 아이제나흐의 시음악가였다. 아이제나흐에서 태어나 성장한 요한 제바스티안은 시음악가인 아버지의 영향으로 어려

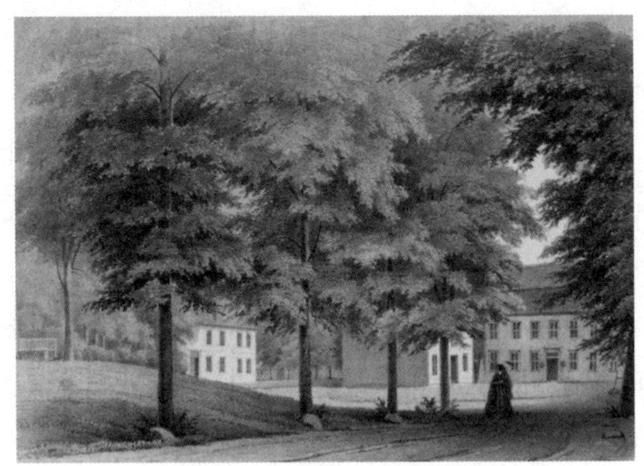

뤼네부르크 미하엘리스 학교, 1820년

서부터 바이올린을 비롯해 여러 악기를 배우고 익혔다. 하지만 열 살에 양친을 잃고 나서 여덟 남매 중 막내였던 그는 오르드루프에서 오르가니스트로 일하고 있는 맏형 요한 크리스토프에게 몸을 의탁할 수밖에 없었다. 형은 동생의 음악 교육을 세심히 챙겼고, 요한 제바스티안은 오르드루프의 학교에서 그리스와 라틴어, 루터 신학 등을 공부했다.

1700년 요한 제바스티안은 뤼네부르크의 미햐엘리스 학교에 입학한다. 뤼네부르크에서 성 요하니스 교회의 오르가니스트 게오르그 뵘과 그의 음악을 알게 되고, 함부르크로 가서 카타리넨 교회의 오르가니스트 요한 아담 라인켄의 작품을 듣기도 한다. 또 첼레 궁정을 방문해 프랑스 음악가들로 꾸려진 궁정 악단의 음악을 경험한다. 륄리의 오페라도 이때 보고 들었을 것이다. 이렇게 바흐는 뤼네부르크에서 어린 나이에 북독일 음악의 전통과 프랑스 음악을 듣고 배웠다.

1702년에 학교를 졸업한 바흐는 오디션을 치른 후 장어하우젠의 오르가니스트 직을 얻는다. 그러나 영주는 결국 바흐가 아닌, 자신이 원하는 다른 지원자를 선택한다. 1703년 부활절 즈음에 바흐는 요한 에른스트 폰 바이마르 공작의 궁정 바이올리니스트로 채용되어 바이마르로 간다. 바이마르 궁정에서 그는 오르가니스트를 대리하기도 했을 것이다. 오르가니스트 겸 오르간 전문가로 이미 꽤 유명했기 때문이다. 1703년 7월 아른슈타트의 노이에 교회에 새로 지어진 오르간에 대한 감정 및 평가자로 정중히 초대받은 그였다. 1703년 8월 9일 바흐는 아른슈타트 노이에 교회의 오르가니스트가 된다. 그의 첫 오르가니스트 직이었다. 1705년에는 넉 달 동안 뤼벡으로 가 마리엔 교회의 오르가니스트 북스데후데를 만나고, 북스데후데가 기획해 여는 저녁 음악회에서 그의 오라토리오들을 들었다. 바흐의 창작에 지속적이며 선명한 흔적을 남기게 되는 경험이었다.

1707-08년에 바흐는 뮐하우젠의 디비 블라지 교회에서 잠시 오르가니스트로 일한다. 짧은 시간이었지만 칸타타 〈악투스 트라지쿠스: 하나님의 때가 가장 좋은 때이니〉(Actus tragicus: Gottes Zeit ist die allerbeste Zeit) BWV 106, 〈하나님은 나의 왕〉(Gott ist mein König) BWV 71 등이 생산된다. 아른슈타트 근교인 도른하임에서 1707년 10월 17일 게른의 오르가니스트 요한 미햐엘 바흐의 딸이자 그의 사촌인 마리아 바바라 바흐(Maria Barbara Bach, 1684-1720)와 결혼도 한다.

이듬해에 바흐는 빌헬름 에른스트 폰 작센 바이마르 공작의 오르가니스트 직 제안을 수락하고는 1708년 6월 25일 뮐하우젠 시에 사직서를 제출하면서 "하나님의 영광을 위한 정연한 교회음악"이 자신의 "궁극의 목표"임을 밝힌다. 바흐는 이제 바이마르 궁정에서 오르가니스트 겸 실내 음악가로 일한다. 오르가니스트뿐 아니라 궁정 악단에서 쳄발리스트와 바이올리니스트로도 활동했을 것이라는 뜻이다. 바이마르의 궁정 악단은 14명의 음악가들로 비교적 풍성하게 꾸려져 있었고, 궁정 카펠마이스터는 요한 사무엘 드레 제가 맡고 있었다.

1704년까지 쓴 것으로 알려지거나 입증될 수 있는 바흐의 작품은 없다. 이후에는 간헐적으로 작품이 생산되었다. 바흐의 창작이 본격적으로 시작된 시점은 1709년이다. 바이마르에서 바흐는 〈작은 오르간곡집〉(Orgelbüchlein)과 여러 코랄 전주곡을 썼다. 그의 오르간 프렐류드와 푸가 작품 대부분이 바이마르에서 작곡되었다. '오르간 음악의 시기'라 불리기에 손색이 없다. 바흐는 또 편곡을 통해 이탈리아 협주곡을 습득해 나간다. 바흐가 이탈리아 협주곡을 처음 접한 것은 1713년 여름이었다. 바흐는 1711년에 암스테르담에서 '조화의 영감'(L'Estro armonico)이라는 제목으로 출판된 비발디의 12개 협주곡집 op. 3을 비롯해 여러 필사본 및 인쇄본 악보들을 구해가지고 1713년 7월 2년간의 '학업 여행'으로부터 돌아온 요한 에른스트 폰 작센 바이마르 왕자의 주문으로 비발디, 토렐리, 알레산드로 마르첼로, 베네데토 마르첼로 등의 협주곡을 오르간(BWV 592-596) 및 쳄발로 음악(BWV 972-987)으로 편곡했다. 그 결과는 고유성과 독창성이 짙게 밴 '개작들'이었다. 바흐는 나아가 이탈리아 협주곡 형식 및 양식을 오르간, 쳄발로 음악을 비롯한 다양한 장르의 작품들에 적용했다.

바흐는 1713년 말에 헨델의 스승이기도 한 할레의 프리드리히 빌헬름 차하우의 후임 직에 지원한다. 왜 이직을 하려했는지 알 수 없으나, 자신을 탐하는 곳이 많다는 것을 주군에게 알리기 위함이었을지도 모르겠다. 실제로 당시 바흐의 명성은 바이마르를 넘어섰고, 곳곳으로부터 제자들이 몰려들었다. 요한 카스파 포글러, 요한 토비아스 크렙스 등이 그들이다. 바흐는 결국 할레 립프라우엔 교회의 초빙 제안을 거절했다. 바흐의 이직 기도가 효과를 본 것인지, 1714년 3월 바흐는 콘체르트마이스터로 승진한다. 한 달에 칸타

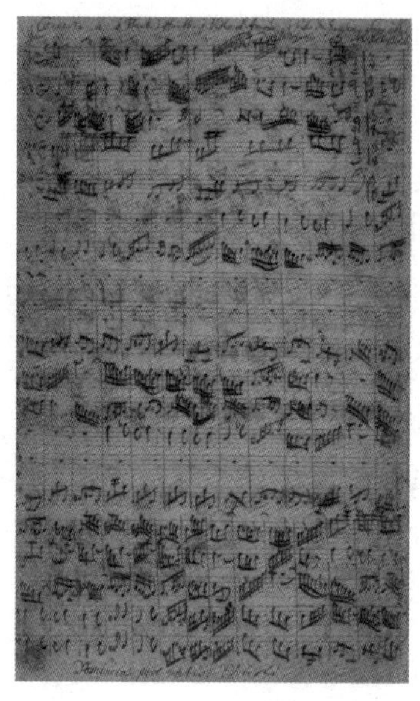

1714년 12월 30일 바이마르에서 초연된 칸타타 〈믿음을 길로 들어서라〉(Tritt auf die Glaubensbahn) BWV 152 의 바흐 친필 악보

타 한 곡을 쓰고 연주한다는 조건이 붙은 자리였다. 그렇게 35여 곡의 칸타타가 만들어지고, 그 칸타타들의 가사는 대부분 바이마르 궁정 사서인 살로몬 프랑크(Salomon Franck, 1659-1725)가 맡았다.

1716년 궁정 카펠마이스터 드레제가 세상을 뜬다. 바흐는 내심 그 자리를 바랐을 것이다. 하지만 드레제의 아들이 카펠마이스터 직을 이어받게 되고, 공작 일가의 여러 갈등이 궁정 음악가들에게까지 영향을 미치는 상황이 벌어지자 바흐는 새 직장을 구한다. 그는 1717년 8월 1일 쾨텐 궁정과 계약을 하고, 1717년 11월 6일 면직을 요구한다. 면직 요구가 집요해서였는지, 아니면 다른 이유에서였는지 공작과의 갈등이 첨예해지고, 바흐는 결국 12월 2일까지 구치소에 감금되었다가 면직된다.

1717년 12월 바흐는 쾨텐 궁정으로 간다. 그리고 1723년까지 그곳에서 궁정 카펠마이스터로 일한다. 레오폴트 폰 안할트 쾨텐 대공은 감바, 바이올린, 건반악기 연주에 능하고 건축, 미술, 음악에 조예가 깊은 군주였다. 18명으로 구성된 궁정 악단에는 실력파 연주자들이 즐비했다. 또 바흐의 봉급은 궁내부 장관의 봉급과 같았으니 직무 여건이 여러모로 훌륭했다. 게다가 쾨텐 궁정은 개혁파 궁정이었으므로 바흐는 교회음악을 쓸 의무가 없었다. 그리하여 지금까지 바흐의 창작에서 흔치 않았던 세속음악 작품군이 활발하게 생산된다. 〈바이올린 솔로를 위한 소나타와 파르티타〉 BWV 1001-1006, 〈첼로 솔로를 위한 모음곡〉 BWV 1007-1012, 〈바이올린과 쳄발로를 위한 소나타〉 BWV 1014-1019 등이 그것이다. 바흐는 또 맏아들 빌헬름 프리데만(Wilhelm Friedemann Bach, 1710-1784)을 위해 〈작은 클라비어곡집〉(Klavierbüchlein) 작업에 착수하고, 〈인벤션과 신포니아〉, 〈프랑스 모음곡〉과

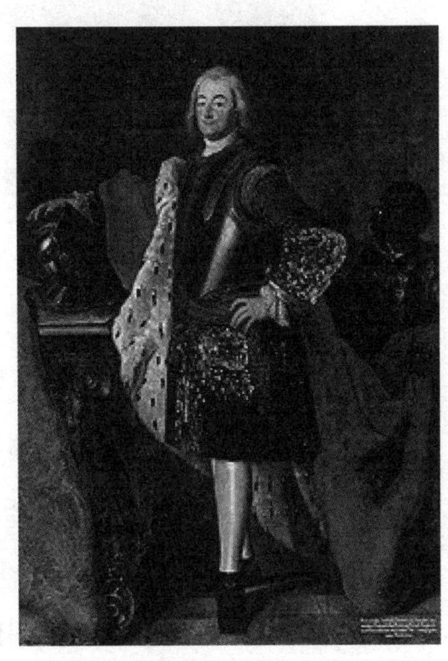

레오폴트 폰 안할트-쾨텐, 1724년

〈영국 모음곡〉, 〈평균율 클라비어곡집 1권〉을 쓰고 제작했다.

쾨텐에서의 삶에는 불행과 시련도 있었다. 1718년과 1720년에 바흐는 대공과 온천 여행을 떠났는데, 1720년 7월 두 번째 여행에서 돌아왔을 때 아내 마리아 바바라는 그를 맞아주지 못했다. 이미 세상을 뜨고 장례식도 마친 뒤였다. 이후 넉 달이 지나고 나서 바흐는 함부르크 성 야코비 교회의 오르가니스트 직에 지원하지만, 결국 쾨텐에 남는다. 이듬해에 바흐는 자이츠 궁정의 트럼페티스트 요한 카스파 빌켄의 딸이자 쾨텐 궁정의 유명 성악가 안나 막달레나(Anna Magdalena Bach, 1701-1760)와 재혼한다.

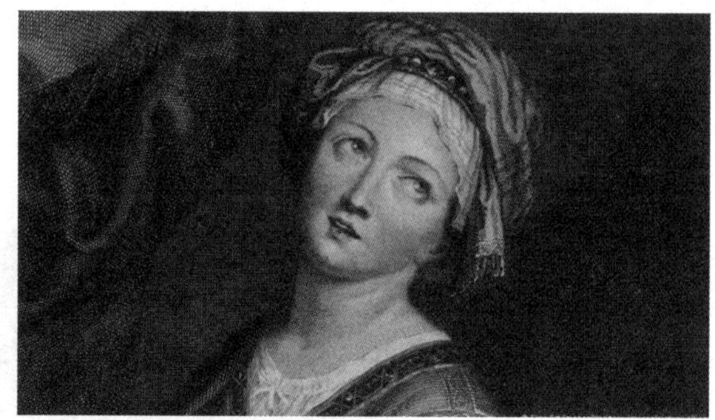
안나 막달레나 바흐, 1710년경

쾨텐 궁정의 상황은 어두워진다. 1721년 말 레오폴드는 안할트-베른부르크의 공주 프리데리카 헨리에타와 결혼하는데, 대공비는 음악에 재능도 흥미도 없고, 그 영향이었는지 레오폴드는 음악에 대한 관심을 잃어간다. 궁정 악단에 대한 지원도 줄어, 바흐는 다시 이직을 고민해야 하는 상황에 놓인다. 마침 1722년 6월 5일 라이프치히의 토마스칸토르가 세상을 뜬다. 바흐는 애초 토마스칸토르 직에 지원하지 않고, 라이프치히 시도 텔레만에 관심을 두어 8월 11일에 만장일치로 텔레만을 토마스칸토르로 선출한다. 하지만 텔레만은 오랜 협상 끝에 라이프치히의 제의를 거절한다. 체룁스트 궁정의 카펠마이스터 프리드리히 파쉬도 지원자 중 한 명이었으나, 학교 수업을 해야 하는 의무 사항 때문에 거절하고 만다. 1723년 2월 7일 바흐는 다름슈타트 궁정의 카펠마이스터 크리스토프 그라우프너와 함께 오디션을 치르고, 시는 토마스 학교 출신인 그라우프너를 선발한다. 하지만 다름슈타트 궁정이 그라우프너의 사직 요청을 받아들이지 않아 시의 선택은 다시 물거품이 된다. 4월 22일 결국 바흐가 라이프치히의 토마스칸토르로 결정된다. 라이프치히 시 평의회는 1723년 4월 9일 "최고의 음악가를 구할 수 없으니 중간 정도의 음악가를 택하는 수 밖에 없다"고 밝혔다.

5월 22일 바흐는 라이프치히에 도착한다. 쾨텐의 카펠마이스터 바흐가 라이프치히의 칸토르가 되어 가족과 함께 라이프치히에 정착하게 된 것이다. 바흐는 라이프치히에서 두 가지 직무를 수행해야 했다. 그는 토마스칸토르 겸 시 음악감독이었다. 즉, 그에게는 시의 모든 음악 기관과 조직, 행사들에 대한 지휘, 감독 의무가 있었다. 토마스 학교에서는 교장과 교감 다음의 위치였고, 교회 부속학교 학생들의 음악 교육과 합창단 훈련을 맡아야 했다. 시의 두 주교회인 토마스 교회와 니콜라이 교회의 음악도 담당해야 했다. 토마스 교회와 니콜라이 교회의 일요일 예배 및 축일 예배에서 들려지는 음악은 라이프치히에서 유명 음악으로 통했는데, 그 음악은 모두 토마스칸토르의 감독하에 써지고 선택되며 훈련되고 연주되었다.

이 직무들은 바흐의 창작에 지대한 영향을 미쳤다. 이제 궁정의 세속적 기악이 아닌 교회음악이 요구되었다. 바흐는 칸타타 생산에 돌입했다. 수난곡, 마니피카트 등도 작곡되었다. 물론 라인하르트 카이저, 텔레만, 그라운,

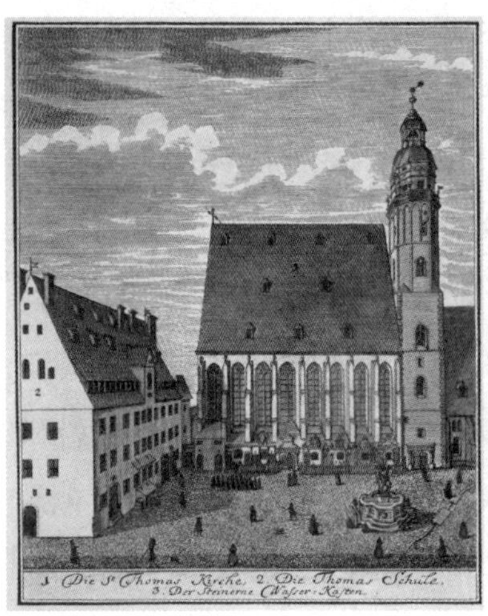

라이프치히 토마스 교회와 토마스 학교, 1723년
(요한 고트프리트 크루그너의 동판화)

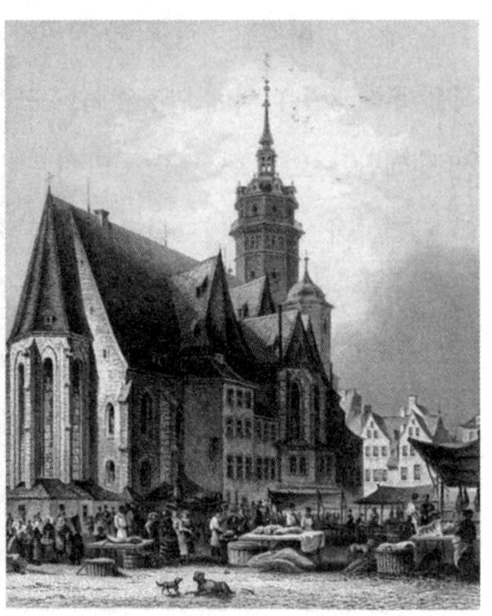

라이프치히 니콜라이 교회, 1850년경
(요제프 막시밀리안 콜프의 강철 판화)

헨델의 수난곡 등 다른 작곡가들의 작품도 연주되었다. 바흐는 그 외에도 생일이나 명명일을 위한, 라이프치히 대학 구성원들을 위한 행사용 음악을 써야 했다.

바흐는 '안할트-쾨텐 후작의 카펠마이스터', '작센-바이스펠스 후작의 카펠마이스터', '폴란드 왕과 작센 선제후의 궁정 작곡가'의 직함도 가지고 있었다. 라이프치히뿐 아니라 슈퇴름탈, 게라, 뮐하우젠, 나움부르크, 카셀 등 다른 도시의 오르간을 평가하고 감정하는 일에 자주 초빙되기도 했다. 1729년 3월에는 프리드리히 대왕의 초청으로 베를린에 갔다. 이러한 여러 외부 직함과 활동은 바흐의 명성이 널리 퍼져있었음을 의미한다.

라이프치히에서 바흐는 콜레기움 무지쿰 감독도 맡았다. 1729년 4월부터 1737년 여름까지, 그리고 다시 한번 1739년 10월부터 1741년 5월경까지 그

학생 및 시민 연주단체를 이끌었다. 바흐는 콜레기움 무지쿰과 겨울에는 저녁 8시부터 10시까지 침머만 커피하우스에서, 여름에는 오후 4시부터 6시까지 침머만 정원에서 연주를 했다. 교회 밖에서는 음악을 거의 들을 수 없었던 당시에 콜레기움 무지쿰의 연주회는 라이프치히 시민들의 각광을 받았고, 바흐도 종종 클라비어 연주자로 참여했다. 콜레기움 무지쿰이 꾸려나간 침머만 커피하우스의 연주회 시리즈는 협주곡을 향한 바흐의 관심을 되살리는 계기도 되었다. 한 대에서 네 대까지의 쳄발로를 위한 협주곡(BWV 1052-1064)이 그 결과물이다.

바흐의 둘째 아들 칼 필립 엠마누엘 바흐(Carl Philipp Emanuel Bach, 1714-1788)와 제자 요한 프리드리히 아그리콜라가 작성한 바흐의 『추모약전』(Nekrolog)은 "그(바흐)는 수술로 눈병을 고치기로 했다. 여전히 강건한 정신력과 체력

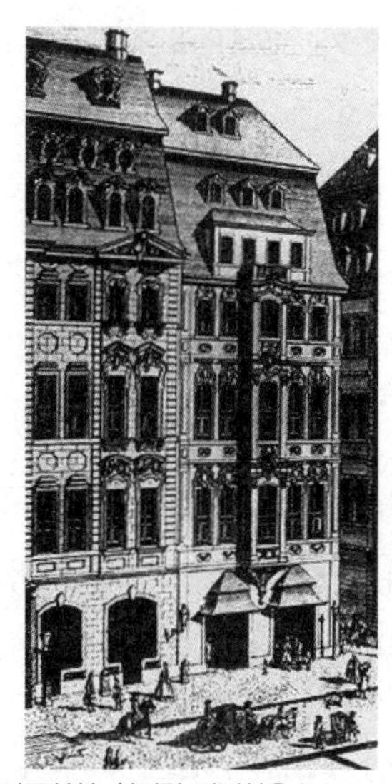

라이프치히, 침머만 커피하우스, 1720년경

으로 하나님과 친지들에게 도움이 되고 싶고, 당시 라이프치히에 온 어느 안과의사를 전적으로 신뢰한 친구들이 수술을 권했기 때문이다"라고 전하며 바흐가 말년에 눈병으로 고생하면서 그 질환을 극복해 보려 노력했음을 말해준다. 1750년 3월 27일 영국의 안과의사 존 테일러가 라이프치히에 도착했고, 바흐는 곧 눈 수술을 받았다. 수술은 성공적이었던 것 같았다. 하지만 재수술이 필요해졌고, 재수술 후의 상황에 대해 『추모약전』은 "수술과 그때 투여된 해로운 약품 등의 여러 후유증으로 완전히 손상되어 그 후 반년 동안 그는 거의 항상 환자 상태였다. 세상을 뜨기 열흘 전 돌연히 그의 눈에 회복의 징조가 나타나서 아침에는 완전히 시력을 되찾아 빛에도 견딜 수 있게 되었다. 하지만 몇 시간 후에 그는 뇌졸중 발작을 일으키고 고열을 내었다. 그리고 그 고열로 인해서 그는 라이프치히의 가장 유능한 두 의사가 최선을 다한 보람도 없이 1750년 7월 28일 오후 8시 15분을 약간 넘어 향년 66세로 주님의 공덕으로 평온하고 행복하게 세상과 작별하였다"[1]고 전한다.

오르가니스트, 궁정 음악가, 교회음악 감독, 시 음악감독 등 다양한 직업을 가졌던 바흐. 그의 음악은 그 삶의 궤적만큼이나 다양하다. 장르도 작곡 기법도 지극히 다채롭다. 칸타타, 오라토리오, 수난곡, 모테트, 미사, 협주곡, 소나타, 모음곡, 푸가, 변주곡, 카논 등 오페라를 제외한 당대의 거의 모든 음악 장르를 포괄한다. 구조, 양식, 작법, 언어, 미학적 함의 등의 다채로움과 방대함도 대단하다. 다만 외적으로든 내적으로든 바흐의 음악은 일견 전통으로 기울어 있는 듯하다. 바로크의 음악 수사학, 정서론이 그의 음악 곳곳에서 눈에 띄고 대위법이 모국어처럼 쓰이니, 가벼운 호모포니와 선율성을 향해 흐르기 시작한 시대의 조류 밖으로 밀려나 있는 듯도 하다. 그래서 알

---

1. Johann Nikolaus Forkel, 『바흐의 생애와 예술 그리고 작품』(*Über Johann Sebastian Bachs Leben, Kunst und Kunstwerke*), 강해근 옮김 (서울: 한양대학교 출판부, 2005), 193-194.

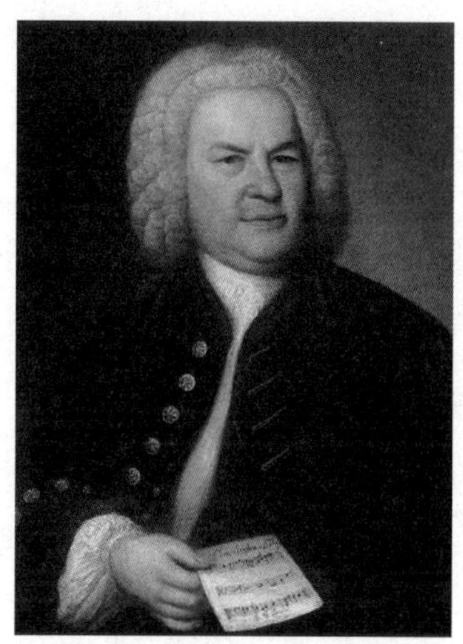

61세의 요한 제바스티안 바흐
(엘리아스 곳트롭 하우스만의 그림)

버트 슈바이처는 바흐의 음악을 "끝"이라 칭했다. 자신에게 주어지는 형식과 양식과 장르와 언어, 사상들로 창작한 음악가, 그것들을 독창적으로 완성한 바로크 음악의 완성자라는 뜻이다. 바흐의 음악은 하지만 시작이기도 하다. 바흐는 옛것들을 완성된 형태로 후대에 전해준 예술가이며, 바흐의 음악은 이후 음악의 원천이었다. 바흐의 음악은 한 시대를 독창과 완벽으로 마무른 예술로서 지속적이고 본질적이며 강력하게 후대의 음악 예술, 후대의 음악 향유에 영향을 미쳐오고 있다.

2. 바흐의 성악

2.1 모테트

모테트는 바흐가 쓴 그 어느 장르보다 전통이 깊다. 모테트는 13세기 중세에 그레고리오 성가의 다성화 과정에서 생겨나 곧 세속 가사를 달게 된다. 그러나 16세기에 다시 종교 음악으로 돌아가 종교 음악의 한 축을 이루며 지속적으로 '발전'한다. 이렇게 모테트는 중세에 형성되어 이미 당대에, 그리고 다시 한번 르네상스에 절정을 맛본 장르이다. 바로크 시대에는 가톨릭 음악을 넘어 종교적 콘체르토 및 칸타타와 함께 프로테스탄트 음악으로 들어선다. 17세기 후반기에 이르러 종교적 콘체르토나 칸타타와 경계가 모호해지기도 한다. 그래서 바흐는 초기에는 모테트, 후기에는 콘체르토라 칭하기도 했다.

바흐 시대의 모테트에는 통상적으로 스틸레 안티코의 요소들이 부분적으로 혹은 지배적으로 사용되었다. 때때로 16세기 후반기의 다수합창 작곡기법이 쓰이기도 했다. 그 작법들은 바흐의 모테트에도 나타난다. 바흐는 여기에 푸가와 리토르넬로 형식을 더하기도 했다. 이러한 이유들로 인해 바흐의 모테트는 장르가 아닌 기능으로 구분하는 것이 더 수월하고 명료하다.

라이프치히 토마스 교회 칸토르로서 바흐는 예배 시작과 베스퍼를 위해 라틴어 모테트가 필요했지만, 손수 작곡하는 대신 16-17세기 라틴어 모테트들을 가져다 썼다. 루터교 음악에 집중하고 싶었기 때문일지도 모르겠다. 다만 에른스트 루드비히 게르버가 1767년 토마스 교회에서 바흐가 쓴 라틴어 모테트를 들었다고 말한 바 있다면, 바흐의 라틴어 모테트가 실재했을 수도 있다. 하지만 오늘날 전해져 내려오는 것은 독일어 모테트뿐이다. 그것도 교회 의식용이 아니라 특별 행사용이다. 바흐의 것으로 인정되고 있는 모테트 여섯 곡(BWV 225-230)은 모두 라이프치히 토마스칸토르 직에 있을 때 쓴 것이고, 대부분 바흐와 가까웠던, 혹은 명망 높았던 라이프치히 시민들의 장례식을 위한 것들이었다.

가장 먼저 작곡된 것은 1723년 7월 18일에 라이프치히 체신 장관의 부인인 요한나 마리아 케스의 장례 예배를 위해 작곡된 5성부의 〈예수 나의 기쁨〉(Jesu, meine Freude) BWV 227이다. 여기에는 요한 프랑크의 가사와 요한 크뤼거의 음악으로 이루어진 대중적인 코랄이 사용되고 있다. 대체로 바흐의 모테트는 모테트의 전통에 따라 성경과 코랄의 가사 외의 마드리갈적 시는 취하지 않는다. 그리고 작곡기법의 측면에서는 엄격한 대위법, 여러 코랄 편곡 유형, 잦은 이중 합창이 두드러진다.

〈예수 나의 기쁨〉 다음으로 써진 것은 8성부 이중 합창의 〈두려워 말라, 내가 너의 곁에 있으니〉(Fürchte dich nicht, ich bin bei dir) BWV 228이다. 이것은 라이프치히의 시장 빙클러의 부인 장례를 위해 1726년 2월 4일에 작곡된 것으로 추정된다. 두 악장 구성의 이 모테트는 이사야 41장과 10장, 43장 1절을 가사의 토대로 하며, 다수합창 양식의 이중 합창으로 눈길을 끈다. 9성부의 모테트 〈오소서 예수여 오소서!〉(Komm, Jesus, komm!) BWV 229는 전통적인 다수합창적 모테트 양식이 강하다. 이는 1684년 토마스 학교 교장 토마시우스의 장례를 위해 라이프치히 출신 파울 팀미히가 가사를, 요한 샬레가 음악을 지은 코랄 〈오소서 예수여 오소서!〉의 처음과 마지막 절을 아름답고 정교하게 재구성한 것이다.

8성부 이중 합창의 〈성령은 우리의 쇠약함을 도우시네〉(Der Geist hilft unser Schwachheit auf) BWV 226은 1729년 10월 24일에 치러진 토마스 학교 교장 에르네스티의 장례식을 위해 작곡된 것이다. 로마서 8장 26절과 27절, 마틴 루터의 코랄 〈오소서 성령이여, 하나님이여〉(Komm, heiliger Geist, Herre Gott)의 3절을 가사로 놓으며, 음악은 다른 모테트들에 비해 '현대적'이다. 특히 첫 악장이 3/8박자의 리듬에 더해 주제를 협주곡의 리토르넬로 주제처럼 반복함으로써 협주곡을 연상시킨다.

나머지 두 모테트 〈주께 새 노래를 불러드리라〉(Singet dem Herrn ein neues Lied) BWV 225와 〈주를 칭송하라, 모든 이방인들이여〉(Lobet den Herrn, alle Heiden) BWV 230은 무엇을 위해, 어떤 이유로 작곡되었는지 알려져 있지 않다. 가사로 미루어 보건대, 장례식을 위한 음악은 아니었던 것 같다. 4성부의 모테트 〈주를 칭송하라, 모든 이방인들이여〉는 시편 117편을 가사로 취하며, 지속적인 순수 대위법으로써 모테트 양식에 가까이 다가서 있다. 8성부 이중 합창의 〈주께 새 노래를 불러드리라〉는 1727년 새해를 위해 작곡된 것으로 추정되는데, 시편 149편의 1-3절과 시편 150장의 2, 6절을 가사로 달고 있다. 그 사이에서 요한 그라만의 코랄 〈주를 칭송하라, 나의 영혼이여〉(Nun lob, mein Seel, den Herren)의 3절이 두 번째 합창에 의해 불린다. 이 모테트는 모차르트의 일화로도 유명하다. 1789년 모차르트가 라이프치히의 토마스 교회를 방문했을 때를 요한 프리드리히 로흐리츠는 다음과 같이 회상한다.

당시 라이프치히 토마스 학교의 칸토르였던 돌레스가 기획한 행사에서 합창
단은 독일 음악의 조부인 제바스티안 바흐의 이중 합창 모테트 〈주께 새 노래
를 불러드리라〉로 모차르트를 놀라게 했다. […] 합창단이 처음 몇 마디를 다
부르기도 전에 모차르트는 놀라서 멈칫했다. 그리고 몇 마디를 더 듣고 나서는
'이 곡이 무엇입니까'라고 소리쳤다. 그는 자신의 영혼을 온통 귀에 실은 듯했
다. 노래가 끝났을 때 그는 기쁨에 넘치는 목소리로 '이 곡은 많은 가르침을 주
는군요!'라고 외쳤다. […] 그러나 노래들의 총보는 그곳에 없었다. 그래서 모
차르트는 필사된 파트보를 받았다. 모차르트가 아주 진지하게 무릎을 꿇은 채
주위에 널려있는 파트보들을 두 손으로 옆 의자들로 나누어 놓는 모습, 다른
일들은 완전히 잊고 거기에 있는 제바스티안 바흐의 악보들을 다 훑어볼 때까
지 자리를 지키는 모습은 지켜보는 사람에게 큰 기쁨이었다. 그는 악보의 복사
본을 간청해 얻었고, 그것들을 소중하게 간직했다. 그리고 내가 크게 잘못 판
단하지 않는 한, 바흐의 작품들과 모차르트의 〈레퀴엠〉, 특히 '크리스테 엘레
이존'의 대(大)푸가에 대해 잘 아는 사람은 모든 것에 능한 모차르트의 정기에
서 그 옛 대위법 작곡가의 정신을 배우고 존중하며 온전히 이해한 면면을 분
명히 알아볼 수 있을 것이다.[2]

바흐의 모테트는 그의 작품 전체에서 작은 한 켠을 차지할 뿐이다. 수난
곡과 칸타타들, 〈b단조 미사〉, 〈크리스마스 오라토리오〉 등의 성악 작품들과
비교하면 모테트가 차지하고 있는 자리는 더욱 작게만 느껴진다. 하지만 역
사적 의미를 따져본다면, 바흐의 모테트는 결코 소홀히 대할 것이 못 된다.

---

2. Johann Friedrich Rochlitz, "Verbürgte Anekdoten aus Wolfgang Gottlieb Mozarts Leben,
  ein Beytrag zur richtigern Kenntnis dieses Mannes, als Mensch und Künstler," *Allgemeine
  Musikalische Zeitung* 8 (21. November 1798), 116-117.

우선 바흐 사후부터 오늘까지 그의 성악 작품으로 유일하게 단절됨 없이 전수되고 있는 것이 모테트이다. 바흐가 세상을 뜬 후 그의 칸타타들이 마드리갈적인 가사로 인해 사용처를 찾지 못하고 있을 때, 시편을 비롯한 성경 구절과 코랄의 시구를 가사의 대부분으로 취하는 모테트는 바흐의 아들들, 제자들, 후임자들에 의해 교회에서 계속 쓰였다. 그렇게 모차르트가 프리드리히 빌헬름 2세를 알현하기 위해 베를린으로 가는 길에 들른 라이프치히에서 토마스칸토르 요한 프리드리히 돌레스가 이끄는 토마스 교회 합창단의 모테트 〈주께 새 노래를 불러드리라〉 연주를 듣게 된 것이다.

19세기로 들어설 즈음인 1794년에는 베를린의 징아카데미에서 칼 프리드리히 크리스티안 파쉬의 지휘 하에 바흐의 모테트들이 연습되었다. 파쉬의 후임자 칼 프리드리히 첼터는 1804년에 징아카데미의 합창단과 함께 그 바흐의 성악곡들을 연습하고는 마침내 연주 무대에 올렸다. 1802-03년에는 라이프치히의 브라이트코프 & 헤르텔 사가 바흐의 모테트들을 출판했다. 이로써 모테트는 19세기에 인쇄된 바흐의 첫 성악 작품이 되었다. 창작 분야에서도 소중한 결실을 보았다. 〈구원이 우리에게 이르렀도다〉(Es ist das Heil uns kommen her)를 비롯하여 op. 29, 74, 110에 속한 브람스의 일곱 모테트는 바흐의 전형이 없었다면 작곡되지 않았을지도 모른다.

다른 한편으로 바흐의 모테트는 5세기가 넘는 긴 시간 동안 풍부한 유산과 전통을 축적해 왔지만 그 절정기는 이미 오래전에 지나버린 모테트의 장르를 통해 다시 한번 성악 폴리포니의 걸작을 이루어 냈다는 점에서 중요한 역사적 가치를 지닌다. 모테트의 유산에 기본적으로 충실하면서도 성악의 범위, 시대의 한계를 넘어서는 풍부한 음악적 재료 및 작곡기법들을 엮어 작품의 독자성을 실현한 것이다. 그리하여 대부분 행사용 작품이긴 하지만 바흐의 모테트들은 예술작품의 미학적 자율성을 지향한 후대로부터 오늘날에 이르기까지 '그 자체로 충족된 것'으로 받아들여지고 있다.

2.2 칸타타

바흐의 음악에서 칸타타가 점하는 위치와 의미는 특별하다. 소실된 것들까지 합치면 칸타타는 바흐 작품 전체의 절반에 이른다. 서구 예술의 보배, 그리스도교 신앙의 정수라 일컬어지기도 한다. 바로크 시대에 칸타타는 당대 음악을 지배한 서사적이고 극적인 오페라에 시적이고 서정적인 울림으로 맞섰지만, 늘 오페라와 밀접한 관계를 맺으며 성장했고, 마침내 프로테스탄트의 독일에서 교회칸타타로써 절정에 다다랐다. 이는 분명 바흐의 공적이었다.

독일 루터파 교회의 예배에서 중심이 되었던 것은 성경의 하나님 말씀을 공포하는 설교였다. 칸타타는 설교 전 복음서 봉독과 신앙고백 사이에서 설교를 보완해 주는 역할을 했다. 음악으로 봉독된 성경 구절을 풀어냄으로써 신도들이 경건한 마음을 가다듬을 수 있도록 도왔다. 이러한 기능의 교회칸타타들을 바흐가 처음으로 생산해낸 때는 뮐하우젠 시기였다. 초기 작품들(BWV 131, 106, 71, 196, 4, 150)이지만 음악적 수준은 벌써 상당하다. 빌헬름 에른스트 공작의 바이마르 궁정에서는 1714년 3월 콘체르트마이스터로 승진하고 나서 궁정 카펠마이스터 드레제가 세상을 떠나는 1716년 12월까지 한 달에 한 곡씩 칸타타를 썼다. 바이마르에서는 바흐의 첫 세속칸타타도 나온다. 1713년 2월에 바흐는 바이센펠스로 가 '사냥광' 크리스티안 폰 작센-바이센펠스 공작의 생일 축하연을 위해 흔히 '사냥 칸타타'라 불리는 〈나의 즐거움은 사냥뿐이라네〉(Was mir behagt, ist nur die muntre Jagd) BWV 208을 들려주었다.

1714년 3월부터 1716년 12월까지 바흐가 작곡한 교회칸타타들(BWV 182,

12, 172, 21, 54, 199, 61, 152, 80a, 31, 165, 185, 163, 132, 155, 70a, 186a, 147a 등)은 뮐하우젠 칸타타들과 사뭇 다른 모습을 띤다. 주로 성경 구절이나 코랄의 절들을 가사로 달고 있는 뮐하우젠 칸타타들과 달리 바이마르 칸타타들의 가사는 대부분 궁정 시인인 살로몬 프랑크가 지은 것이다. 그 가사들은 풍부한 상상력, 섬세한 감성, 시적인 언어, 직접적인 신학적 메시지를 담고 있다. 살로몬 프랑크의 가사는 그렇게 우리에게 익숙한 형태 및 내용의 칸타타가 형성되는데 이바지했다. 다른 한편으로 바흐의 바이마르 칸타타들은 당대의 이탈리아 오페라에 가까워져 있다. 특히 아리아가 이탈리아 오페라의 아리아처럼 사랑, 슬픔, 분노 등의 감정을 섬세하게 그려낸다. 또 나폴리 오페라의 화려한 '다 카포 아리아'의 형태를 띠기도 한다.

교회음악보다는 세속음악이, 성악보다는 기악이 선호되고 더 활발히 향유된 쾨텐 궁정에서 작곡된 바흐의 칸타타들은 대부분 세속칸타타이다. 쾨텐 궁정에서는 적어도 일 년에 두 차례 칸타타가 연주되었는데, 새해 첫날과 레오폴드 폰 안할트-쾨텐의 생일인 12월 10일을 위한 행사에서였다. 바흐가 1723년 쾨텐을 떠날 때까지 그 두 연례행사에 쓰인 칸타타를 총 22곡 작곡했을 것이라 추정되지만, 아홉 곡만이 기록을 통해 확인되고, 보존되어 있는 것은 BWV 134a와 173a뿐이다. 쾨텐 시기 세속칸타타의 작사자는 주로 메난테스라는 필명의 시인 크리스티안 프리드리히 후놀트(Christian Friedrich Hunold, 1681-1721)였다(BWV 66a, 134a, 부록 6, 부록 7 등).

바흐는 1723년 5월 22일 라이프치히에 도착해, 그곳에서 생을 마칠 때까지 토마스 교회 칸토르 겸 시 음악감독으로 일한다. 1723년 삼위일체축일 후 첫 일요일인 5월 30일에 직무를 시작했으므로, 바흐가 작곡한 라이프치히 교회칸타타의 첫 해분 사이클은 1723년 삼위일체축일 후 첫 일요일의 것으로 시작해 이듬해의 삼위일체축일 것으로 끝난다. 이후의 칸타타 사이클도 마찬가지이다. 바흐는 매 일요일 예배와 축일(성탄절, 부활절, 성령감림절의 대축일 외에 주현절, 세 마리아 축일인 마리아 정결례 축일, 성수태고지 축일, 마리아 방문 축일, 그리고 성 요한 축일, 성 미하엘 축일, 종교개혁 축일) 예배에 칸타타를 공급했다. 한 해에 60여 곡의 칸타타가 필요했던 셈이다.

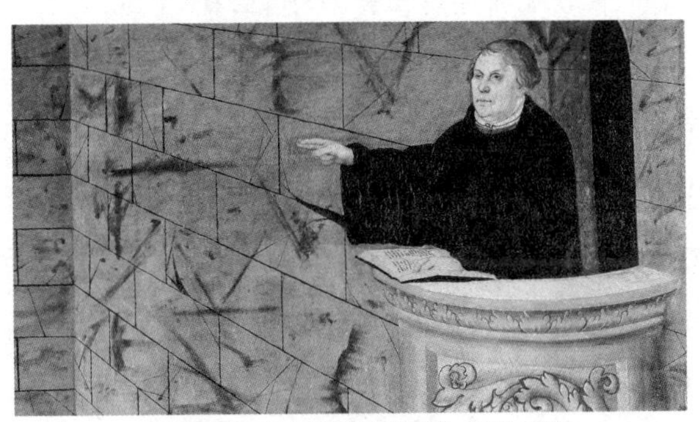

비텐베르크 교회 강단에서 설교하는 마틴 루터
(루카스 크라나흐가 그린 비텐베르크 성 마리엔 교회 종교개혁 재단화)

바흐가 라이프치히에서 첫 한 해 동안 생산해 낸 소위 '첫해 분 사이클'의 칸타타는 BWV 75, 76, 21, 24, 185, 167, 147, 186, 136, 105, 46, 179, 199, 69a, 77, 25, 138, 95, 148, 48, 162, 109, 89, 194, 163, 60, 90, 70, 61, 63, 40, 64, 190, 153, 65, 154, 155, 73, 81, 83, 144, 181, 18, 22, 23, 182, 31, 4, 66, 134, 67, 104, 12, 166, 86, 37, 44, 172, 59, 173, 184, 194, 165이다. 이 중에는 바이마르에서 작곡한 것을 수정한 것, 쾨텐에서 쓴 세속칸타타에 새 종교적 가사를 붙인 패러디들도 있다. 설교 앞뒤로 연주될 수 있도록 두 부분으로 구성한, 혹은 아예 두 곡으로 작곡한 칸타타도 드물지 않다. 이 '첫해 분 사이클'에는 가사의 출처와 작가가 알려지지 않은 칸타타들이 대부분이

며, 음악의 측면에서 첫해의 칸타타들은 대체로 형식적, 구조적으로 자유롭고, 크고 웅장한 울림 및 표현력 강한 합창이 특징적이다.

두 번째 해에 들어서 바흐는 과중한 업무에도 불구하고 예전에 써둔 칸타타를 재사용하는 작업 방식을 중단한다. 대신 교회력에 따라 코랄을 칸타타의 토대로 놓는다. 다만 그러한 코랄 칸타타의 흐름은 1725년 부활절에 끊긴다. 그렇게 두 번째 해 분의 코랄 칸타타로 BWV 20, 2, 7, 135, 10, 93, 107, 178, 94, 101, 113, 33, 78, 99, 8, 130, 114, 96, 5, 180, 38, 115, 139, 26, 116, 62, 91, 121, 133, 122, 41, 123, 124, 3, 111, 92, 125, 126, 127, 1이 써진다. 부활절부터는 BWV 249, 4, 6, 42, 85, 103, 108, 87, 128, 183, 74, 68, 175, 176이 작곡되는데, BWV 85까지의 다섯 곡은 작자 미상이고, 이후의 아홉 곡은 비텐베르크 대학이 '계관시인'(Poeta laureata)으로 선정한 여류시인 크리스티아네 마리아네 폰 치글러(Christine Marianne von Ziegler, 1695-1760)의 가사를 달고 있다. 코랄 칸타타들의 음악을 들여다보면, 대규모 코랄 합창인 첫 악장과 마지막 악장은 코랄의 선율을 유지하는 반면, 레치타티보와 아리아 등의 중간 악장들은 코랄로부터 거리를 둔다.

라이프치히의 '세 번째 해 분 사이클'은 두 해 분을 혼합하고 있는 형태를 띤다. 1725년 삼위일체축일 동안 칸타타 작곡이 오래 중단되었기 때문에 세 번째 해의 분량이 늘어났을 수 있다. 1725년 삼위일체축일 칸타타 BWV 168, 137, 164, 79는 산발적으로 작곡된 것이며, 대강절 제1주일을 위한 칸타타는 없다. 1725/26년의 성탄절과 주현절 칸타타는 제대로 모두 써졌다 (BWV 110, 57, 151, 28, 16, 32, 13, 72). 마리아 정결례 축일(1726년 2월 2일)부터 바흐는 자신의 칸타타가 아닌 작센-마이닝엔 궁정의 카펠마이스터인 사촌 요한 루드비히 바흐의 칸타타들을 사용한다. 바흐의 칸타타가 다시 정상적으로 생산되기 시작한 것은 삼위일체축일 이후부터이다(BWV 39, 88, 170, 187, 45,

102, 35, 17, 19, 27, 47, 169, 56, 49, 98, 55, 52 등).

세 번째 해 분의 칸타타 사이클에는 통일성이나 일관성이 결여되어 있다. 특히 가사가 그러한데, 오래전에 지어진 렘스(BWV 110, 57, 151, 16, 32, 13, 170, 35), 노이마이스터(BWV 28), 살로몬 프랑크의 것들(BWV 72)이 취해지고, 작센-마이닝엔의 에른스트 루드비히 공작이 쓴 것으로 추측되는 가사들(BWV 43, 39, 88, 187, 45, 102, 17)도 눈에 띈다. 음악의 측면에서는 바흐의 옛 기악 악장들이 가져와지는 모습이 특이하다. 그 옛 기악 악장들은 칸타타의 도입 신포니아로 연주되곤 하는데, 〈안식일 다음 날 저녁에〉(Am Abend aber desselbigen Sabbats) BWV 42가 그 예이다. 옛 기악 악장이 칸타타에 자리를 잡을 때에는 악기 편성, 작곡기법 등에 변화가 가해져 옛것은 윤곽 정도로만 남는 경우가 흔하다.

네 번째 해 분의 칸타타들은 거의 소실되었다. BWV 197a, 171, 156, 84, 159, 145, 174, 149, 188, 157만 전해질뿐이다. 바흐의 『추모약전』에는 다섯 해 분의 칸타타 사이클이 만들어졌다고 적혀 있지만, 다섯 번째 해 분의 존재에 대해 알 길은 현재로서는 없다. 네 번째 해 분의 칸타타들은 BWV 157을 제외하고는 모두 피칸더의 시를 가사로 삼고 있는데, 본명이 크리스티안 프리드리히 헨리치(Christian Friedrich Henrici, 1700-1764)인 피칸더는 〈마태수난곡〉 BWV 244와 〈마가수난곡〉 BWV 247의 대본 작가이고, 〈크리스마스 오라토리오〉 BWV 248과 〈부활절 오라토리오〉 BWV 249의 대본가로도 유력하게 추측되고 있다. 피칸더의 시와 글은 상당히 노련하고 세련되며 매끄럽다.

바흐는 교회 축일뿐 아니라 특별 행사를 위해서도 교회칸타타를 써야 했다. 그렇게 결혼(BWV 부록 14, 34a, 195, 120a, 197 등)이나 장례 예배(BWV 157), 오르간 축성(BWV 194), 1730년의 아우구스부르크 종교회의 기념일(BWV 190,

120) 등을 위해 교회칸타타들을 작곡했다. 매년 시의원 선출 후에 드려지는 예배용으로 소위 '새 시의회 출범 칸타타'(BWV 119, 193, 120, 29, 69 등)도 쓰고 연주했는데, 새 시의회 출범 기념 예배는 정치적으로 중요한 행사였으므로 바흐는 트럼펫과 팀파니까지 편성해 대규모의 악단을 구성하곤 했다. 그러나 특별 행사용 교회칸타타도 소실된 것이 적지 않다.

바흐의 칸타타 중 가장 큰 몸체인 라이프치히의 처음 세 해 분 교회칸타타들은 바흐 사후에 총보와 파트보로 아내 안나 막달레나와 아들 빌헬름 프리데만, 칼 필립 엠마누엘, 요한 크리스토프 프리드리히, 요한 크리스티안에게 분배되었다. 안나 막달레나와 칼 필립 엠마누엘에게 넘겨진 것은 거의 온전하게 보존되었으나, 빌헬름 프리데만에게 주어진 것은 대부분 소실되었다. 요한 크리스토프 프리드리히의 것도 적지 않게 소실되고 만다. 그 세 해 분 교회칸타타 사이클 외의 칸타타들은 어떻게 후대로 전해졌는지 알 길이 없다. 그렇게 바흐의 교회칸타타 5분의 2가량이 사라졌다. 남아 있는 칸타타들을 종합해 보았을 때, 바흐의 칸타타에서 양적, 질적으로 커다란 축을 형성하는 교회칸타타는 수년 동안 중단되기를 반복하면서 뮐하우젠, 바이마르, 라이프치히의 세 시기에 작곡되었는데, 이는 바흐가 직분에 충실한 '직업음악가'였음을 말해준다.

세속칸타타로 시선을 옮기면, 바흐는 라이프치히에서 세속칸타타도 쓰고 연주했다. 세속칸타타를 쓰고 연주하게 된 계기는 다양했지만, 라이프치히 대학과 대학생들의 행사가 단연 눈에 띈다. 예컨대 〈무덤을 찢고 부수며 파괴하라〉(Zerreißet, zersprenget, zertrümmert die Gruft) BWV 205는 1725년 8월 라이프치히 대학 학생들이 아우구스트 프리드리히 뮐러 교수의 명명일을 축하하기 위해 의뢰한 것이며, 〈후비여, 한 줄기의 빛을〉(Laß, Fürstin, laß noch einen Strahl) BWV 198은 라이프치히 대학이 1727년 9월 5일 세상을 떠난 강건왕 아우구스트의 부인 크리스티아네 에버하르디네의 추도식을 위해 청한 것이었다. 토마스 학교도 칸타타 연주를 필요로 해 1732년 학교 개축 낙성식(BWV 부록 18, 음악 소실), 1734년 신임 교장 취임식(BWV 부록 19, 음악 소실) 등을 위해 바흐의 칸타타가 공급되었다. 귀족, 시민들도 결혼이나 생일 축하연을 위해 바흐에게 칸타타를 주문하곤 했다(BWV 216, 210, 249b, 30a, 210a, 212).

1729년 바흐가 콜레기움 무지쿰의 지휘를 맡으면서 세속칸타타 창작이 활기를 띤다. 바흐는 드레스덴의 군주와 그 일가의 축연이나 행사를 위해 콜레기움 무지쿰과 함께 칸타타를 연주했다(BWV 213, 206, 214, 207a, 21 등). 침머만 커피하우스의 연주회에서도 다채로운 세속칸타타들을 선보였다. '커피 칸타타'로 알려진 〈조용히 하세요, 떠들지 마시고〉(Schweigt stille, plaudert nicht) BWV 211도 침머만 커피하우스에서 연주된 것이다. 이 '커피 칸타타'와 함께 '농부 칸타타' 〈새로운 영주님을 맞는다네〉(Mer hahn en neue Oberkeet) BWV 212가 특이하고 흥미로운 이유는 칸타타라 칭해져 있지만 뚜렷한 사건 전개를 담고 있기 때문이다. 더구나 서민들의 삶을 다루는 주제와 내용으로 18세기 후반기의 오페라 부파를 예시한다. 바흐의 세속칸타타들은 이렇듯 진지함과 익살을 포괄하는 풍성한 소재, 다채로운 음악적 울림과 양식을 화려하면서도 섬세하게 펼친다. 바흐의 세속칸타타 가사를 누가 썼는지 알려진 바가 거의 없지만, 종종 피칸더의 가사가 눈에 띈다.

2.3 오라토리오

라이프치히 토마스칸토르 바흐는 칸타타를 충분히 비축해 둔 후 오라토리오를 통해 새로운 교회음악의 영역으로 들어선다. 먼저 〈크리스마스 오라토리오〉 BWV 248가 1734년 성탄절과 1735년 주현절 사이에 제작된다. 〈부활절 오라토리오〉 BWV 249는 1735년 부활절 혹은 그보다 몇 해 뒤에 부활절 칸타타 〈오라, 가라, 서두르라〉(Kommt, gehet und eilet)를 여기저기 매만져 완성한 것이다. 〈부활절 오라토리오〉의 기원을 더 자세히 들여다보면, 1725년 2월 23일 크리스티안 폰 작센-바이센펠스 대공의 생일을 기해 바흐는 일명 '양치기 칸타타' 〈그대의 근심이여 어서 지나가고 사라지며 흩어지라〉(Entfliehet, verschwindet, entweichet, ihr Sorgen) BWV 249a를 쓰고, 이 세속칸타타에 마리아 야코비, 마리아 막달레나, 베드로, 요한 사이에 오가는 대화의 세코 레치타티보들만 새로 더해서 몇 주 후 부활절 주일인 1725년 4월 1일 교회칸타타 〈오라, 가라, 서두르라〉로 연주한다. 바흐는 그 교회칸타타를 다시 매만지고는 부활절 오라토리오라는 제목을 붙인 것이다. 〈부활절 오라토리오〉는 극적 성격이 짙어 종교적 오페라에 비견되기도 하며, 성경의 가사와 코랄 악장은 내포하지 않는다. 〈승천절 오라토리오〉 BWV 11은 1735년 승천절에 작업되고, 같은 해 5월 19일에 초연된다. 전체적으로 대칭의 두 부분 구조를 나타내는데, 전반부(1-5번)에서는 예수와의 작별에 대한 슬픔이, 두 번째 부분(7-11번)에서는 훗날의 재회에 대한 기쁨이 다루어진다.

이 세 오라토리오는 예배에서 칸타타의 자리에 놓였다. 사건의 진행을 담고 있다는 점이 칸타타와 다를 뿐이다. 그래서 바흐는 '오라토리오'라는 명칭을 붙였을 것이다. 대본 작가, 그러니까 성경 글귀와 코랄의 가사에 더해지는 '자유 단락들'의 작가는 밝혀져 있지 않다. 다만, 〈부활절 오라토리오〉의 작가는 피칸더였을 것으로 추측된다. 〈크리스마스 오라토리오〉와 〈승천절 오라토리오〉의 대본도 피칸더가 썼을 가능성이 크다.

〈부활절 오라토리오〉와 〈승천절 오라토리오〉는 한 차례 예배 분량인 데 반해, 〈크리스마스 오라토리오〉는 성탄절에서 주현절까지의 여섯 차례 예배 분량, 즉 칸타타 여섯 작품의 규모이다. 총 64개 악장으로 이루어져 있는 그 여섯 작품은 예수의 탄생에서 시작해 목자들의 경배, 예수의 명명, 동방

박사들의 경배 등을 거치는 사건 전개를 담고 있다. 오늘날에는 교회력의 전례에서 벗어나 한 번에 연주됨으로써 오라토리오의 성격을 더 강하게 풍긴다. 가사는 누가복음 2장 1-21절(1부-4부), 마태복음 2장 1-12절(5-6부)을 토대로 하며, 이 대작의 통일성은 되풀이되는 두 코랄, 즉 한스 레오 하슬러의 〈진심으로 바라나니〉(Herzlich tut mich verlangen)와 〈저 높은 하늘에서 내가 왔노라〉(Vom Himmel hoch, da komm ich her)의 선율이 담보해 준다.

〈크리스마스 오라토리오〉도 〈부활절 오라토리오〉와 마찬가지로 대부분 옛 악곡들의 패러디이다. 세속칸타타의 패러디가 상당수를 차지하는데, 1733-34년에 작센 선제후 일가를 위해 쓴 〈보살피고 지켜내세〉(Laßt uns sorgen, laßt uns wachen) BWV 213, 〈팀파니야 소리 내라! 트럼펫아 울려 퍼져라〉(Tönet, ihr Pauken! Erschallet, Trompeten) BWV 214, 〈그대의 행운을 찬양하라, 축복받은 작센이여〉(Preise dein Glücke, gesegnetes Sachen) BWV 215 등이 그 세속칸타타들이다. 11개 악장으로 구성된 〈승천절 오라토리오〉의 첫 악장은 음악은 소실되고 가사만 남은 칸타타 〈기쁜 날, 갈망한 시간〉(Froher Tag, verlangte Stunden) BWV 1162의 첫 악장, 네 번째와 여덟 번째 악장은 역시 음악은 소실되고 가사만 전해지는 세속칸타타 〈솟아올라라, 달콤하고 매혹적인 힘이여〉(Auf, süß-entzückende Gewalt) BWV 1163의 세 번째와 다섯 번째 악장의 패러디이다. 이렇게 세 오라토리오 모두 '패러디 음악'이지만, 특히 〈크리스마스 오라토리오〉와 〈승천절 오라토리오〉의 패러디 작업은 무척 정교하게 이루어지고 독창성도 짙어, 순수 창작이 아니라는 이유로 예술적 가치를 의심받을 이유가 없다. 무엇보다 바흐 시대에는 '오리지널'과 '편곡'의 엄격한 구분이 존재하지 않았다는 점도 진지하게 고려되어야 한다.

2.4 수난곡

바흐의 작품 목록은 『추모약전』에 처음 등장하는데, 여기에는 총 다섯 수난곡이 기록되어 있다. 그 가운데에서 오늘날까지 온전하게 전해져 내려오는 것은 〈마태수난곡〉과 〈요한수난곡〉 BWV 245뿐이다. 1731년에 작곡된 〈마가수난곡〉은 가사만 보존되어 있다. 음악은 〈추모 송가〉(Trauer-Ode) BWV 198, 〈죄악과 싸워라〉(Widerstehe doch der Sünde) BWV 54 등에서 가져온 것들로 엮었기에, 그 칸타타들을 기반으로 재구성될 수 있다.

〈누가수난곡〉은 바흐가 적기 시작하고 칼 필립 엠마누엘 바흐가 마무리한 필사본으로 전해지고 있다. 오랫동안 바흐의 것으로 오인된 이유다. 그러나 그 필사본은 당대의 이름 모를 누군가가 쓴, 혹은 바흐 집안 음악가들의 공동작업으로 작곡된 것의 복사본인 듯하다. 여하튼 바흐는 그 작품을 라이프치히에서 1730년과 1745년에 두 차례 연주한 것으로 추정된다. 〈바이마르 수난곡〉은 1717년 고타의 프리덴슈타인 궁정 교회에서 연주되었으나, 음악도 (당시 출판된) 가사도 모두 소실되었다.

바흐의 수난곡들은 수 세기에 걸친 수난곡 전통의 최고 정점이자 마지막 정점이었다. 수난곡의 전통을 거슬러 올라가 보면, 13세기 부활절 전주 성주간의 전례에서 예수 수난의 이야기를 여러 성악가에게 나누어 노래 부르게 하는 관습이 눈에 띈다. 16세기부터는 군중(투르바)의 대사가 있는 경우 다성부의 노래나 투르바 합창이 삽입되었다. 17세기에 들어 수난곡은 오라토리오에 가까워졌다. 이러한 오라토리오적 수난곡에서는 레치타티보가 이탈리아 오페라의 레치타티보와 유사한 양식을 띠고, 신도들의 코랄이 불린다. 등장인물들은 솔로로 노래하고, 점차 발전해 온 다채로운 기악의 패시지들이 더해진다. 아울러 성경의 가사 및 코랄 외에 새로 지어진 서정적 가사들이 보태지며, 그 가사들은 이탈리아의 오페라를 연상시키는 다 카포 형식의 아리아 및 이중창 등에 담긴다. 이러한 오라토리오적 수난곡은 1700년경에 완성된다. 바흐의 〈마태수난곡〉과 〈요한수난곡〉은 그 모델에 기대면서도 독창적인 형태의 수난곡을 이루어 낸다. 그리하여 우리는 이 두 수난곡을 기준으로 수난곡 장르에 대해 생각하고 판단하곤 한다. 〈마태수난곡〉과 〈요한수난곡〉이 수난곡 장르를 대표한다는 말이다. 바흐의 수난곡이 품고 있는 특징은 수많은 코랄 악장, 작품의 중심에 놓이는 극적이고 정교한 폴리포니 양식의 투르바 합창이다.

바흐는 라이프치히에서 첫해를 칸타타 작곡에 몰두하면서 보낸 뒤, 이듬해인 1724년 사순절 기간에 〈요한수난곡〉을 완성했다. 그리고 4월 7일 니콜라이 교회에서 행해진 성금요일 베스퍼 예배를 이 수난곡으로 성대하게 꾸몄다. 이듬해인 1725년에 두 번째 버전의 연주가 이루어지는데, 이 새 버전에는 여러 코랄을 포함한 다섯 악장이 더해졌다. 1730년의 다음 연주는 1724년의 첫 버전에 기댄 것이었다. 1749년에 바흐는 마지막 버전의 〈요한수난곡〉을 만들어 낸다. 여러 개별 부분, 세 아리아의 가사가 매만져졌다. 이렇게 〈요한수난곡〉에는 최종적이고 결정적인 단 하나의 버전이라는 것이 존재하지 않는다.

〈요한수난곡〉의 자유 창작시를 누가 지었는지는 알려져 있지 않다. 부분적으로는 바르톨트 하인리히 브로케스, 크리스티안 바이제, 크리스티안 하인리히 포스텔 등의 시들을 조합해 놓은 듯하다. 즉, 성경의 본문을 그대로 따라야 한다는 라이프치히 교회의 요구에 응해야 했던 바흐는 성경의 수난사를 보충할 시 구절들을 직접 수집했던 것 같다. 바흐는 이때 유발된 가사의 비통일성의 문제를 요한복음서의 본문을 작품의 골격으로 놓고 시와 코랄들을 그 사이에 위치시키는 방법으로 해결했다. 또한 다른 복음서들에 비해 극적 성격이 짙은 요한복음의 18-19장에 의거하는 수난 이야기를 긴장감 넘치는 투르바 합창과 표현력 강한 화성의 코랄들로 돋우어 냈다. 두 번째 부분의 예수 재판 장면에서 오페라와도 같은 극적 효과를 불러일으키는 투르바 합창들이 특히 인상적이다.

〈요한수난곡〉의 구조는 비대칭적이다. 총 68개의 악장으로 이루어진 두 부분의 〈요한수난곡〉에서는 예수의 수난사를 전하는 복음사가의 레치타티보가 31개로 거의 절반을 차지한다. 그리고 첫 부분은 20개, 두 번째 부분은 48개의 악장으로 균형을 잃은 듯하다. 당시 옛 악기들로 여겨졌던 류트, 비올라 다모레, 비올라 다 감바의 사용도 특이한데, 이 악기들은 섬세한 표현, 서정적 성찰을 유도해 내는 데 일조한다. 특히 "다 이루었다"(Es ist vollbracht)를 노래하는 알토 아리아에서 영혼을 울리며 잔잔하게 흐르는 감바의 소리는 십자가에 달린 예수의 심정을 그대로 전해주는 듯하다.

피칸더의 가사를 달고 있는 〈마태수난곡〉에도 여러 버전이 존재한다. 바흐가 이 수난곡을 여러 차례 연주하면서 매번 달라진 상황에 맞추었기 때문이다. 초연은 1727년 4월 11일 라이프치히의 토마스 교회에서 이루어진다. 성금요일 베스퍼 예배에서 바흐는 형식과 규모, 작곡기법과 음악적 표현에 있어 자신의 종교적 성악 작품뿐 아니라 서구의 종교음악 전체를 초월하는 '대 수난곡'을 초연했는데, 그것이 바로 〈마태수난곡〉이었다. 〈마태수난곡〉은 1729년 4월 15일 성금요일에 토마스 교회에서 재연되었고, 세 번째 연주는 1736년에 있었다. 이 세 번째 버전은 바흐의 친필로 전해져 내려오는데, 흥미롭게도 복음사가의 말들이 모두 붉은색으로 강조되어 있다. 1742년의 연주 버전, 1743-46년 사이에 마지막으로 매만져진 버전도 있다. 이렇게 여러 버전으로 존재하는 〈마태수난곡〉에는 최종 버전이라는 것이 없기 때문에 오늘날 지휘자들은 이 작품을 연주할 때 실제 연주와 관련한 여러 문제에 대한 답을 스스로 찾아야 한다. 다만 오늘날 통상적으로 사용되는 버전은 당시 토마스 교회가 제공할 수 있는 음악적 자원들을 총동원하여 작품의 기념비적 면면들을 강화한 1736년의 버전이다. 그리하여 〈마태수난곡〉은 총 78곡의 2부 구성, 독창을 포함하는 8성부의 이중 합창과 대규모의 이중 오케스트라 편성으로 우리에게 그 위엄과 장엄함을 발한다.

〈마태수난곡〉의 가사는 마태복음 26-27장, 16-17세기의 코랄, 피칸더의 수난시로 이루어져 있다. 이로써 오라토리오적 수난곡의 모델을 따른 이 작품에서는 성경 본문을 노래하는 복음사가의 레치타티보가 수난사를 전개시키고, 피칸더의 창작시를 가사로 취하는 레치타티보와 아리아, 합창이 관찰자의 관점에서 수난의 사건들을 묘사 및 성찰하며, 코랄(합창)이 신자들의 입장에서 사건들을 조명한다. 이렇듯 여러 층의 가사와 시간이 하나로 녹아드

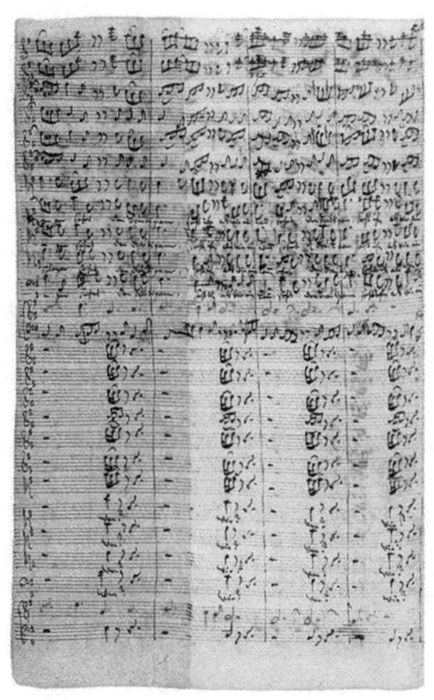

바흐의 〈마태수난곡〉 자필 악보, 1729년

는 가운데 피칸더의 서정적 창작시와 더불어 극적 성격은 점차 우위를 점해 간다. 바그너가 〈파르지팔〉을 작곡하면서 〈마태수난곡〉을 모델로 삼았던 것이 그리 놀랍지 않은 이유다.

〈마태수난곡〉은 〈요한수난곡〉과 달리 예수의 말을 소위 기악의 '후광', 즉 현악기들의 화음으로 감싸 부각한다. 그리고 거의 규칙적으로 아리아 앞에 레치타티보를 놓는다. 그렇게 작품의 관조적인 부분들이 더욱 무게를 더한다. 또 그렇게 관조적인 단락의 몫이 투르바 합창의 몫과 거의 유사해진다. 전체적인 수난곡의 성격이 〈요한수난곡〉과 다른 것이 되어버리고 마는 까닭이다. 다시 말해서 〈마태수난곡〉은 〈요한수난곡〉보다 덜 극적이고 더 서사적이다. 〈마태수난곡〉의 서사적 성격은 복음사가 마태의 서술 방식에 기인한 것이기도 하다. 마태의 글은 다소 장황하고 서정적이며 덜 극적이다.

〈마태수난곡〉의 특징이자 역사적 의미는 무엇보다 당시 세속음악과 종교음악에서 통용되었던 모든 장르 및 양식들을 집대성했다는 데 있다. 다양한 레치타티보와 아리아와 합창 형식, 협주곡과 다성 모테트 양식, 코랄 편곡의 유형들, 피칸더의 서정적 성찰과 코랄, 혹은 합창의 혼합형식 등이 바흐의 독창적이고 대칭적인 구조 안에서 어우러지는 모습은 전통과 시대를 넘어서 있다.

바흐 사후 〈마태수난곡〉의 자필본과 필사본은 둘째 아들 칼 필립 엠마누엘의 소유로 넘어갔고, 아들은 아버지의 그 유산에서 몇몇 합창을 가져와 자신의 수난곡으로 들여놓았다. 하지만 거세게 변화하는 시대의 흐름 가운데에서 그의 다른 교회음악들처럼 세인들로부터 멀어질 수밖에 없었던 〈마태수난곡〉은 1829년 3월 21일 멘델스존의 지휘와 베를린 징아카데미의 연주로 성사된 바흐 사후 초연을 통해 '바흐 르네상스'의 물꼬를 텄다.

2.5 미사

〈b단조 미사〉 BWV 232를 비롯해 루터교 미사 음악 네 작품이 바흐의 미사 음악으로 전해져 내려온다. 미사는 당대에 루터교 예배에서 특정 자리를 점했고, 바흐는 라이프치히에서 처음 몇 해 동안에는 요한 아돌프 하세, 얀 디스마스 첼렌카, 요한 곳트립 그라운, 팔레스트리나 등의 미사 음악들을 가져다 썼다. 상당한 시간이 지나고 나서야 미사를 직접 작곡했다(BWV 233-236). 그런데 그것들이 라이프치히의 예배를 위해 사용되었는지는 확실치 않다. 네 루터교 미사 음악은 1735년에서 1744년 사이에 작곡되었으며, 대부분 칸타타 BWV 179, 79, 102, 187 등의 패러디로 이루어져 있다.

바흐의 미사 음악 중 백미는 단연코 〈b단조 미사〉이다. 〈b단조 미사〉는 1724년 '상투스'가 작곡되면서 생겨났고, 1733년에는 '키리에'와 '글로리아'가 완성되었다. 미사 통상문 전체를 담고 있는 작품으로 마물러진 것은 1740년대 후반 즈음, 그러니까 1748년에서 1749년 사이다. 〈b단조 미사〉는 25여 년에 걸쳐 제작된 바흐의 마지막 역작인 셈이다.

바흐가 왜 〈b단조 미사〉를 작곡하게 되었는지, 생전에 이 미사 음악을 온전한 형태로 들어볼 기회가 있었는지에 대해서는 알려진 바가 없다. 작품의 용도 또한 명확지 않아서, 이를 둘러싸고 많은 논란이 있어 왔다. 가톨릭의 미사나 루터교의 예배가 소화할 수 없는 곡의 길이는 차치하더라도, 신교의 예배에서는 라틴어 성찬 음악이 허락되지 않았을뿐더러 로마가톨릭의 전례문과 다소 차이가 나는 '글로리아'와 '상투스'의 가사, 하나의 부분으로 묶여야 할 '상투스'와 '오산나', '베네딕투스'를 떼어놓은 마지막 두 부분의 구성은 가톨릭의 전례와도 부합하지 않는다. 그렇다면 우리는 바흐가 생애 말년에 초종파적이고 초시대적인 가치를 지니는 교회음악으로 자신의 종교음악을 '결산'하려 했을지도 모른다고 추측해 볼 수 있다.

〈b단조 미사〉의 예술적 경지는 〈마태수난곡〉의 그것에 견줄만하다. 하지만 〈b단조 미사〉는 4성부에서 8성부까지의 합창, 특히 대위법적 폴리포니의 언어가 강조된다는 점에서 〈마태수난곡〉과 성격을 달리한다. 여기에서 대위법의 대가인 바흐는 시간을 초월하는 보편성의 언어, 양식이나 작곡기법의 차원을 뛰어넘은 절대적 언어로서의 대위법을 이용해 순수 대위법에 가장 적절한 장르 안으로 자신의 '이야기'를 쏟아 넣는다. 그러나 총 27곡의 4부 구성으로 전개되는 이 작품은 순간의 영감으로 단번에 써 내려간 작품도, 작곡가의 생애 말년에 그때까지 못다 한 '이야기'를 엮어낸 작품도 아니다.

제1부의 '키리에'와 '글로리아'는 1733년 초 드레스덴 궁정으로부터 궁정 작곡가 칭호를 얻기 위해 '미사 브레비스'로 완성한 것이었으며, 1748-49년에 첨가된 '상투스'는 이미 1724년 크리스마스 예배에서 연주된 적이 있었다. 또 '상투스'와 함께 편입된 제2부 '크레도'의 아홉 곡 중 다섯 곡(14, 17, 18, 19, 21번), 제4부의 전곡은 1714년 이후에 작곡된 칸타타들의 패러디이다. 하지만 25년이라는 긴 세월에 걸쳐 창작된 곡들의 양식 충돌은 어디에서도 일어나지 않는다. 이질적인 여러 출처와 양식에도 불구하고 〈b단조 미사〉는 완벽한 유기적 통일체를 이룬다. 단적인 예로 옛것과 새것이 공존하는 '크레도'에서 중심에 위치하는 '십자가의 상징'(Crucifixus)은 '그리스도의 강생'(Et incarnatus)과 '부활'(Et resurrexit)의 증언에 둘러싸이고, 이 아찔할 정도로 극적인 세 폭의 그림은 다시 두 아리아풍의 악장과 그레고리오 성가 선율을 기초로 하는 옛 양식('Credo', 'Confiteor')으로 시작해 현대적인 협주 푸가('Patrem omnipotentem', 'Et expecto')로 넘어가는 두 겹의 합창에 에워싸인다. 다른 한편으로 바흐는 이미 써 놓은 곡들을 가져올 때에도 최고의 것들만 선택했다. 자신이 특별히 아꼈던 곡들이 시대의 유행과 함께 사라지지 않고 라틴어 미사에서 오랫동안 생명력을 유지하기를 바랐을지도 모르겠다.

2.6 마니피카트

'마리아 송가'로도 불리는 마니피카트는 신약성경의 세 송가 중 하나로 라이프치히 루터교 베스퍼 전례의 일부였다. 통상적으로 마리아 송가(누가복음 1장 46-55절)는 마틴 루터의 독일어 번역문으로 토요일과 일요일 오후 예배에서 오르간 전주곡 다음에 요한 헤르만 샤인의 단순한 4성부 음악으로 불렸다. 성탄절, 부활절, 성령강림절의 대축일이나 특별한 행사에서는 화려한 마니피카트 음악이 라틴어로 불렸다. 바흐는 1723년 성탄절에 솔로, 합창, 오케스트라를 위한 12악장의 마니피카트 BWV 243a를 만든 것으로 추측된다. 이 작품에서 처음과 마지막은 같은 음악적 재료를 나누며 연관성을 맺는 화려하고 웅장한 합창이다. 그 사이에서는 두 아리아와 하나의 합창이 무리들을 구성하고, 레치타티보와 다 카포 아리아는 눈에 띄지 않는다.

1728년에서 1733년 사이에 바흐는 마니파카트를 손질한다. E♭장조는 D장조로 대체되고, 가로 플루트가 리코더를 대신하게 된다. 그리고 성탄절을 가리키는 네 악장이 삭제되어 보편적 쓰임새의 음악으로 변모한다. 바흐는 이곳저곳을 더 매만지는데, 그렇게 완성된 BWV 243은 BWV 243a와 사뭇 다른 음악이 된다.

2.7 4성부 코랄 음악

칸타타, 수난곡, 오라토리오 등에 포함되어 있는 코랄 합창들 외에도 바흐는 꽤 많은 4성부의 코랄 성악곡을 남겼다. 코랄은 종교개혁 이후 프로테스탄트의 예배에서 매우 중요한 신도들의 신앙고백이었으니, 토마스칸토르 바흐의 교회음악에서 코랄이 차지하는 의미는 클 수밖에 없다. 바흐가 사용한 코랄의 선율과 가사는 16-17세기의 것들이며, 그가 새로 작곡한 코랄은 〈내가 여기 그대의 구유 곁에 서 있으니〉(Ich steh an deiner Krippen hier) BWV

469, 〈그대 여호와께 노래 부르고 싶나이다〉(Dir, dir, Jehovah, will ich singen) BWV 452, 〈오라 달콤한 죽음이여〉(Komm süßer Tod) BWV 478, 〈나를 잊지 마소서, 나의 사랑스러운 하나님이여〉(Vergiß mein nicht, mein allerliebster Gott) BWV 505 등 소수에 그친다.

오블리가토 악기들에 호른 쌍이 더해져 있는 편성의 세 코랄 악곡 BWV 250-252는 결혼식을 위한 것으로 1734년에서 1738년 사이에 작곡되었다. 나머지 BWV 253-438은 요한 필립 키른베르거와 칼 필립 엠마누엘 바흐가 1784년부터 1787년까지 네 권으로 발행한 코랄 악곡집에 모아져 있다. 이 바흐의 (가사 없는) 코랄 악곡집은 19세기까지 코랄 음악의 본보기로 여겨졌다. 그리하여 바흐의 코랄들은 멘델스존의 모테트 〈고통의 심연에서 내가 당신께 부르짖나이다〉(Aus tiefer Not schrei ich zu dir) op. 23, 1과 브람스의 모테트 〈어찌하여 빛을 주시고〉(Warum ist das Licht gegeben) op. 74, 1에도 수용되었다.

3. 바흐의 기악

3.1 클라비어 음악

바흐 시대에 클라비어는 건반악기, 즉 오르간, 쳄발로, 클라비코드의 통칭이었다. 하지만 이 글에서는 클라비어를 쳄발로와 클라비코드로 제한하려고 한다. 그렇게 클라비어 음악을 쳄발로와 클라비코드의 음악으로 이해하고 다루려고 한다. 오르간 음악의 경계가 상당히 뚜렷하고, 오르간 음악의 범위가 크고 무겁기 때문이다.

바흐의 클라비어 음악 작품들은 클라비어 음악 역사의 정점이다. 프렐류드, 판타지아, 토카타, 푸가, 모음곡, 카프리치오 등 기존의 모든 장르를 포괄하고, 그것들의 최종적이고 궁극적인 예술적 표현을 이루어 냈기 때문이다.

3.1.1 〈인벤션과 신포니아〉

클라비어 및 피아노 음악의 역사에서 '인벤션'(BWV 772-786)과 '신포니아'(BWV 787-801)는 독특한 위치를 점한다. 이전에도 이후에도 유사한 성격의 작품이 눈에 띄지 않기 때문이다. 베토벤의 〈바가텔〉 정도가 거의 유일한 유사작이 아닐까 싶다. 그리고 인벤션은 바흐의 교육적 의도를 어디에서보다 선명하게 드러내는데, 건반악기 음악의 기초를 이렇게 집중적이면서도 상상력 풍부하게 가르칠 수 있는 또 다른 작품이 있을지 모르겠다. 실제로 바흐는 긴 제목에 자신의 교육 목적을 명료하게 밝혔다. 여기에서 바흐는 연주와 창작 행위를 결부시키며, 올바른 연주를 위해서는 이 두 가지가 함께 성취되어야 한다는 점을 분명히 한다.

클라비어 애호가들, 특히 클라비어를 배우고자 하는 이들에게 1) 두 성부를 깔끔하게 연주하는 것을 배울 뿐 아니라 더 나아가 2) 세 오블리가토 성부를 올바르고 잘 처리해 내는 것, 동시에 훌륭한 창의력을 얻어내는 것뿐 아니라 창의력을 적절하게 실행해 내는 것, 그리고 무엇보다 노래하듯 연주하는 방법을 터득하고 그 외에도 작곡에 대한 진지한 감각을 미리 맛보게 하기 위한 유용한 입문서.

1720년 바흐는 15곡의 인벤션과 신포니아를 각각 프레암불룸(Praeambulum)과 판타지아(Fantasia)로 칭해 〈빌헬름 프리데만 바흐를 위한 작은 클라비어곡집〉(Klavierbüchlein für Wilhelm Friedemann Bach)에 적어 넣었다. 이후 1723년에 정서하면서 상행하는 조성의 순서(C장조, c단조, D장조, d단조, E♭장조, E장조, e단조, F장조, f단조, G장조, g단조, A장조, a단조, B♭장조, b단조)로 나열하고, 인벤션과 신포니아로 구분했다. 인벤션과 신포니아에는 비교적 단순하고 제한적인 작법이 사용되는데, 동기로 조직되어 나가는 짜임, 캐논과 푸가의 원칙들이 사용되는 대위법이 특징적이다. 또 각각의 작은 악곡들은 마치 특색 짙은 성격소곡처럼 울린다. 구조적으로는 3부분 형식이 대부분이며, 주로 종지나 화성적 휴지에 의해 부분들이 나뉜다.

3.1.2 〈평균율 클라비어곡집〉

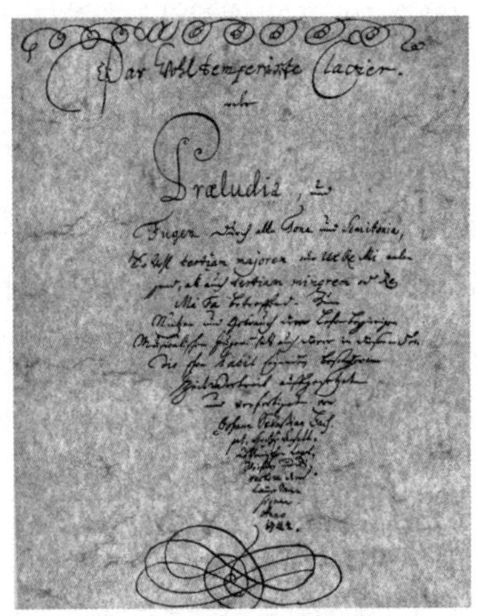

바흐의 〈평균율 클라비어곡집 1권〉 자필 표지, 1722년

이 평균율 클라비어곡집, 혹은 모든 온음과 반음, 모든 장조와 단조를 아우르는 프렐류드와 푸가들은 향학열이 높은 젊은 음악가들에게 유용하고, 이미 음악에 능한 이들에게는 특별한 여흥의 시간을 보내는 데 쓰일 수 있도록 선제후 안할트 쾨텐의 카펠마이스터 겸 실내악 감독 요한 제바스티안 바흐에 의해 제작되었음. 1772년.

〈평균율 클라비어곡집 1권〉의 표지에 바흐가 손수 정성스럽게 적어 내린 글귀다. 여기에 바흐는 1722년을 명시하고 있지만, 11곡의 프렐류드는 이미 〈빌헬름 프리데만 바흐를 위한 작은 클라비어곡집〉에 수록되어 있었다. 그것들은 부분적으로 〈평균율 클라비어곡집 1권〉의 것들과 현저하게 구별되는 초기 버전이었다. 그 밖에도 'E♭장조 프렐류드'와 'd#단조 푸가', 'a단조 푸가'는 1722년 이전에 이미 존재했다. 〈평균율 클라비어곡집 2권〉과는 달리 〈평균율 클라비어곡집 1권〉에서 프렐류드와 푸가의 관계성은 늘 긴밀하지는 않다. 'E♭장조 프렐류드와 푸가' 쌍처럼 느슨한 관계성을 맺고 있는 프렐류드와 푸가 쌍이 곳곳에 놓여 있다.

프렐류드와 푸가의 음악적 표현 및 작곡기법적 양상의 스펙트럼은 무척 폭넓다. 우선 프렐류드들은 전통적으로 도입의 기능을 해온 즉흥적 악곡 이상의 의미를 품고 있다. 이것들은 고유의 표현 의지를 담아내는 성격소곡과도 같다. 하나의 동기에 집중하면서 화성적 연관성의 아르페지오를 펼쳐내는 프렐류드(1번과 2번 등), 클라비어의 언어를 말하며 유희와 기교를 뽐내는 프렐류드(3번과 15번 등), 인벤션과 신포니아를 연상케 하는 유형의 프렐류드(9번과 20번 등), 풍부한 표현의 아리오소적 프렐류드(4번과 8번 등), 이따금 대위법적 조직으로써 음악의 고조를 꾀하는 프렐류드(12번 등) 등 그 표현과 형태가 지극히 다채롭다.

24개 푸가의 구조와 구성은 단 한 번도 겹치거나 반복되는 경우가 없다. 푸가들의 외적, 내적 조직 및 짜임이 모두 유일하고 특징적이라는 뜻이다. 푸가가 오랜 고민과 숙고와 논쟁 끝에 형식이 아닌 양식 혹은 작곡기법으로 결론지어지게 된 배경이다. 한편 푸가는 특정한 규칙을 따르기도 한다. 제시부에서 주제가 모든 성부를 차례로 거치며 원조(둑스)와 딸림조(응답/코메스)로 번갈아 가며 등장하는 것이다. 푸가를 엮어가는 성부의 수도 정해져 있는데, 〈평균율 클라비어곡집 1권〉의 24개 푸가에서는 2성부 푸가가 1곡, 3성부 푸가가 11곡, 4성부 푸가는 10곡, 5성부 푸가는 2곡이다. 연주 테크닉과 청취의 측면에서 지나치게 난해하거나 단순한 5성부나 2성부의 푸가는 지양되고 있는 셈이다. 〈평균율 클라비어곡집 1권〉에는 주제가 두 개인 이중 푸가는 없으나, 세 개의 주제를 가지는 삼중 푸가는 쓰인다(4번).

〈평균율 클라비어곡집 1권〉과 다름없이 반음계적으로 상행하는 24개 장조와 단조의 프렐류드와 푸가 쌍(BWV 870-893)을 담고 있는 〈평균율 클라비어곡집 2권〉의 바흐 자필본 완본은 1900년경에 영국에서 발견되었고, 현재 런던 대영 박물관에 소장되어 있다. 그리고 오늘날의 인쇄본들은 당시의 복사본들 및 개별 프렐류드와 푸가 자필본에 따른 것들이다. 〈평균율 클라비어곡집 2권〉 전체가 언제 마무리되었는지는 정확히 알려져 있지 않지만, 1744년 즈음이었을 것으로 추측된다. 다만 상당히 오랜 시간에 걸쳐 작곡된 악곡들이 수록되어 있으므로, 이르게는 1720년대 초까지 거슬러 올라가는 악곡들도 있다. 그렇게 거의 20년 이상의 긴 시간 동안 만들어진 악곡들은 그만큼 다양하고 변화무쌍한 구성 및 형태를 보인다. 특히 프렐류드들이 바로크적 유형과 서서히 다가오는 고전주의의 양식을 폭넓게 포괄한다. 〈평균율 클라비어곡집 1권〉에서처럼 토카타나 판타지아, 인벤션, 아리오소 등의 유형을 쓰면서 소나타형식을 예감케 하는 3부분 형식, 감정양식적 '성격소곡'도 담아낸다는 뜻이다. 한편 푸가들의 다양성은 프렐류드들의 그것에 미치지 못한다. 격동하는 시대에 '현재'와 '미래'의 언어 및 표현을 들여놓기에 적당하지 않은 장르였기 때문일 수도 있다. 여하튼 〈평균율 클라비어곡집 2권〉에는 2성부와 5성부 푸가가 없으며, 3성부 푸가 15곡, 4성부 푸가 9곡이 자리 잡고 있다.

〈평균율 클라비어곡집〉은 바흐 수용사에서 예외적인 위치에 섰다. 바흐 사후 그의 성악 작품 대부분이 세인들에게서 멀어지고 기악 작품들 역시 새 음악 양식들의 희생물이 되는 상황에서도 〈평균율 클라비어곡집〉은 바흐의 제자들, 제자들의 제자들에게 필사본으로 전해졌다. 프리드리히 빌헬름 마푸르크의 『푸가에 대한 논고』(Abhandlung von der Fuge), 요한 필립 키른베르거의 『순수 작법』(Kunst des reinen Satzes)에 부분적으로 인쇄되어 널리 알려져 있기도 했다. 이러한 정황들은 〈평균율 클라비어곡집〉이 여전히 음악교육의 필수 과정으로 여겨졌던 대위법의 중요 교본이자 이론적 탐구 대상이었다는 것을 말해준다. 또 〈평균율 클라비어곡집〉은 바흐 사후의 첫 출판작인데, 1801년에 이루어진 그 〈평균율 클라비어곡집〉의 출판을 '바흐 르네상스'의 실제적 출발점으로 보는 시각도 있다.

19세기 낭만주의의 한 가운데에서 슈만은 〈평균율 클라비어곡집〉을 "일용의 양식"[3], "작품 중의 작품"[4]이라 일컫고, 한스 폰 뷜로우는 "구약성경"[5]이라 칭했다. 〈평균율 클라비어곡집〉이 이렇듯 부단히 '오푸스 마그눔'으로 자리매김할 수 있었던 것은 이 작품집이 지속적으로 변화하는 시대의 기대와 요구에 부응할 수 있는 가치들을 지니고 있기에 가능했다. 먼저 교육용 음악으로서의 가치이다. 대위법은 변함없이 종교음악의 전형적 언어로서 음악교육의 필수 과정에 속했고, 〈평균율 클라비어곡집〉은 더할 나위 없는 대위법 학습 자료였다. 연주를 위한 예술 음악의 가치도 중요하다. 바흐는 1722년 〈평균율 클라비어곡집 1권〉의 정서본 표지에 24개의 프렐류드와 푸가가 "향학열이 높은 젊은 음악가들에게 유용하게" 사용될 수 있을 뿐 아니라, "음악에 능한 이들에게는 특별한 여흥의 시간을 보내는 데 쓰일 수 있다"고 명시했다. '숙련된 음악가들의 특별한 여흥'이라고 겸손하게 표현했지만, 바흐는 이로써 〈평균율 클라비어곡집〉이 연주용이기도 하다는 것을 밝힌 셈이

---

3. Robert Schumann, "Musikalische Haus- und Lebensregeln," in *Gesammelte Schriften über Musik und Musiker* 2, hrsg. Martin Kreisig (Leipzig: Breitkopf & Härtel, 1914), 166.
4. Robert Schumann, "Karl Czerny, die Schule des Fugenspiels und des Vortrags mehrstimmiger Sätze. Werk 400," in *Gesammelte Schriften über Musik und Musiker* 1, hrsg. Martin Kreisig (Leipzig: Breitkopf & Härtel, 1914), 354.
5. Theodor Pfeiffer, *Studien bei Hans von Bülow* (Bremen: Dogma, 2012), 3.

다. 19세기에 그러한 연주용 음악으로서의 가치가 발견되고 인정되어 〈평균율 클라비어곡집〉의 악곡들은 클라라 슈만과 멘델스존의 연주 프로그램에 등장한다. 훗날에는 리스트의 연주곡목에도 올려졌다.

바흐는 서양 음악의 본원적 언어이자 문법인 대위법의 총체, 그의 음악을 가로지르는 단면들을 이 작품집에 담아냈다. 300여 년의 역사를 거쳐 내려오면서 여기에 "최고의 대위법 교본", "영원한 독일 예술의 걸작", "구약성경", "일용 양식", "작품 중 작품", "공공의 소유물", "논 플루스 울트라" 등과 같은 수식어들이 달린 것이 놀랍지 않은 이유다.

3.1.3 모음곡

모음곡 전통의 출발은 리듬과 선율적으로는 관계성을 갖지만, 성격과 박자는 다른 두 춤곡을 묶는 관습이 있었던 14세기 말로 거슬러 올라간다. 모음곡은 이후 바로크 시대에, 그리고 바흐의 시대에 독주와 합주 기악의 중요한 대규모 장르 중 하나로 자리 잡는다. 양식화된 춤곡들을 모아 나열하는 이 기악 장르에서 기본적 틀을 이루는 것은 네 춤곡이다. 고요히 흐르는 듯한 4/4박자의 알르망드, 경쾌한 3박의 쿠랑트, 느리고 장중한 3/4박자의 사라반드, 그리고 빠른 3연음적 움직임이 특징적인 3/8, 6/8, 9/8, 12/8박자의 지그가 그것이다. 여기에서 가장 늦게 더해진 것은 지그로, 1650년경에 합류했다. 알르망드, 쿠랑트, 사라반드, 지그의 순서는 바흐 이전에 이미 디트리히 북스테후데, 요한 쿠나우, 게오르크 뵘의 작품들에서 전형적으로 나타났다. 바흐의 모음곡들에서는 사라반드와 지그 사이에 미뉴에트나 가보트, 부레 등의 춤곡이 삽입되곤 하며, 규모가 큰 그의 모음곡 작품들은 흔히 프렐류드나 화려하고 웅장한 프랑스 서곡 양식의 독립적인 도입곡으로 시작한다.

3.1.3.1 〈프랑스 모음곡〉

여섯 작품(BWV 812-817)으로 구성된 〈프랑스 모음곡〉의 제목은 바흐가 지은 것이 아니다. 바흐는 이 모음곡집을 단순히 '클라브생을 위한 모음곡'(Suites pour le clavecin)이라 칭했다. '프랑스'라는 부가어가 어디에서, 누구에게서 온 것인지는 정확하게 알려진 바가 없다. 〈프랑스 모음곡〉이 프랑스 양식에 기대고 있지 않음은 물론이다. 바흐는 여기에서도 다른 모음곡집들에서처럼 독일, 이탈리아, 프랑스 등 여러 지역의 양식들을 혼합하고자 한다. 그럼에도 '프랑스 모음곡'이라는 명칭이 프리드리히 빌헬름 마푸르크가 1762년에 쓴 한 간략한 주석 글에 처음 등장하며, 요한 나콜라우스 포르켈의 첫 바흐 전기에서도 이 작품 제목이 사용된다.

1720-22년경에 작곡된 것으로 추정되는 〈프랑스 모음곡〉의 처음 다섯 곡은 1722년의 〈안나 막달레나 바흐를 위한 작은 클라비어곡집〉(Clavier-Büchlein vor Anna Magdalena Bachin)에 초기 형태로 수록되어 있다. 여섯 번째 모음곡, 아마도 다섯 번째 모음곡도 처음 네 곡이 완성된 후에 써진 것으로 보인다. 〈프랑스 모음곡〉은 비교적 간결하고 단순한 형태와 음악으로 〈영국 모음곡〉, 〈파르티타〉와 구별된다. 협화음이 풍부하며 대위법적 작법도 제한적으로 사용된다. 연주 테크닉 역시 대체로 무난하다. 이러한 작곡기법적, 연주 테크닉적 무난함은 교육 목적에 기인한 것일 수 있다. 바흐의 제자 하인리히 니콜라우스 게르버의 증언에 따르면, 〈프랑스 모음곡〉은 〈인벤션과 신포니아〉 공부를 마쳤으나 〈파르티타〉나 〈평균율 클라비어곡집〉으로 넘어가기에는 실력이 충분하지 않은 학생들을 위한 것이었다. 악장의 수와 순서도 〈영국 모음곡〉에 비해 다양한데, 처음의 세 단조 모음곡은 네 기본 춤곡 악장인 알르망드, 쿠랑트, 사라반드, 지그 외에 두 부가적 춤곡 악장을, 네 번째와 다섯 번째 모음곡은 세 개, 마지막 여섯 번째 악장은 네 개의 부가적 춤곡 악

장을 내포한다.

3.1.3.2 〈영국 모음곡〉

'프랑스 모음곡'과 마찬가지로 '영국 모음곡'이라는 제목의 유래도 불분명하다. 바흐 사후 요한 크리스티안 바흐가 소유하고 있던 필사본의 표지에 적힌 "영국인을 위해 제작됨"(Fait pour les Anglois)이라는 글귀에서 유래했을 수 있다. 첫 바흐 전기 작가인 요한 니콜라우스 포르켈도 어느 한 고귀한 영국인을 위해 만들어졌다고 말한 바 있다. 어쩌면 당시 독일에서 통상적이었던 소프라노 음자리표와 베이스 음자리표 대신 영국에서 흔했던 높은음자리표와 베이스 음자리표를 사용한 데 기인했을지도 모르겠다. 여하튼 〈영국 모음곡〉 역시 영국 음악이나 영국 음악 양식과 관계가 없다. 바흐는 여섯 모음곡(BWV 806-811)을 묶어낸 이 작품집을 '프렐류드를 동반하는 모음곡'(Suites avec prélude)이라고 칭했었다. 이로써 〈프랑스 모음곡〉과의 차이점이 명료해진다. 실제로 영국 모음곡들은 큰 규모의 프렐류드로 시작하는데, 그 프렐류드들은 다른 모음곡 악장들보다 늦게 작곡된 것으로 추측된다.

〈영국 모음곡〉은 〈프랑스 모음곡〉과 여러 면에서 다르다. 규모가 더 크고 피아노 테크닉적으로도 더 난해하며 기교적이다. 특히 시작 악장들과 지그 악장들에서 기교성이 두드러진다. 악장의 순서는 〈프랑스 모음곡〉에 비해 덜 다채롭고 더 공통적이다. 네 기본 춤곡에 한 쌍의 다른 춤곡 악장이 더해져 있다. 같은 춤곡 두 개가 하나의 쌍을 이루고 있으니, 이 모음곡집은 〈프랑스 모음곡〉보다 더 프랑스적이다. 아울러 〈영국 모음곡〉의 모든 쿠랑트들은 프랑스 쿠랑트의 3/2박자를 취한다.

영국 모음곡들은, 다시 말하지만, 모두 커다란 프렐류드로 시작하고, 현 바흐 연구에 따르면, 그 프렐류드들은 다른 춤곡 악장들보다 늦게 작곡되었는데, 특히 두 번째부터 여섯 번째 모음곡의 프렐류드들이 지니는 비중 및 독창성은 작품 전체의 특징이 되기에 충분하다. 〈영국 모음곡〉의 프렐류드들은 바흐의 바이마르 시기에 창작된 협주곡 풍의 푸가와도 유사하다. 다만 클라비어에 맞게 구성되어 협주곡의 특징적인 투티와 솔로의 대비는 포기된다. 또한 대조적인 중간 부분을 내포하는 세 부분 형식이 협주곡의 리토르넬로 형식에서보다 더욱 도드라진다. 프렐류드들은 그러나 리토르넬로 형식에서처럼 특징적인 도입 동기로 시작하고, 이후 그것을 투티 음형으로서 에피소드 패시지들의 재료 중 하나로 자리 잡게 한다. 흥미로운 것은 프렐류드의 주요 주제들이 바흐의 협주곡 마지막 악장에서처럼 처음부터 푸가 풍으로(3, 5, 6번), 혹은 인벤션 풍으로(2, 4번) 제시, 전개된다는 점이다. 이렇듯 대위법적 작법은 〈영국 모음곡〉의 주요한 특징 중 하나다. 독일적인 폴리포니, 이탈리아적인 협주곡 작법, 프랑스적인 양식화된 춤곡들의 긴장, 그러니까 독일, 이탈리아, 프랑스의 취향 및 기호들의 혼합이 〈영국 모음곡〉의 매력인 것이다.

3.1.3.3 〈파르티타〉

바흐 시대에 이탈리아어 '파르티타'는 변주 같은 여러 악장으로 이루어진 연작, 혹은 춤곡들을 모아 놓은 모음곡의 동의어로 사용되었다. 그런 의미에서 바흐의 세 번째 모음곡집인 〈파르티타〉(BWV 825-830)는 모음곡의 역사를 마무리하는 마지막 절정이라 할 수 있다. 바흐는 1726-30년에 여섯 모음곡을 우선 개개로 출판하고는 1731년에 한데로 모아 〈클라비어 연습곡집 1부〉(Clavierübung Teil I)로 인쇄했다. 그의 감독 아래 출판된 첫 작품집이었다. 교육적 의도가 다분히 풍기는 이 작품집의 제목은 라이프치히의 선임자 요하네스 쿠나우의 전통을 잇는 것이기도 했다. 세 번째와 여섯 번째 파르티타는 이미 1725년의 〈안나 막달레나 바흐를 위한 작은 클라비어곡집〉

(Notenbüchlein für Anna Magdalena Bach)에 수록되어 있었고, 첫 번째 파르티타는 1726년 쾨텐의 왕자 엠마누엘 루드비히 폰 안할트-쾨텐에게 헌정된 것이었다.

바흐의 여섯 파르티타는 바흐에 의해 이미 절정에 달한 '모음곡 예술'의 결정판이다. 음악적 표현력, 예술적 상상력에 있어 이 작품에 범접할 수 있는 것은 바이올린 솔로를 위한 세 파르티타 정도뿐이다. 각 작품, 각 악장의 양식적 고유성도 뚜렷하다. 유사한 두 작품이나 두 악장을 찾아보기란 거의 불가능하다. 음악적 의미도 다양하고, 연주 테크닉의 차원도 무척 높다. 바흐는 작곡가로서 개척자이자 완성자였고, 악기의 가능성과 한계를 창의적으로 탐구한 비르투오소이기도 했던 것이다. 그래서 〈파르티타〉의 악장들은 하나같이 연주자에게 지극히 다채로우면서도 고차원적인 연주 기량을 요한다. 섬세한 아티큘레이션, 빠른 도약 등이 당연하듯이 쓰인다. 그 밖에도 〈파르티타〉는 연작의 관점에서 미래를 향해 있는 획기적인 작품이다. 악장들을 이어주는 거대한 음악의 끈이, 하나의 크고 유의미한 통일체를 이루는 악장들의 연관성이 동기적 수단 없이 형성되고 실현된다. 이는 마치 베토벤의 후기 피아노 소나타들을 예시하는 듯하다.

영국 모음곡들처럼 파르티타들도 도입 악곡으로 시작한다. 그리고 그 도입 악장들을 비롯해 모든 악장에 풍부한 상상력과 다채로움이 배어 있는데, 여섯 파르티타는 우선 프렐류드, 신포니아, 판타지아, 오베르튀르, 프레암블룸, 토카타 등 양식적, 성격적으로 서로 다르고 독특한 도입 악장을 취한다. 알르망드, 쿠랑트, 사라반드, 쿠랑트의 네 기본 악장에 더해져 있는 춤곡들의 다채로움도 화려하다. 그것들은 춤곡의 전형에서 벗어나 성격소곡에 가까이 다가서 있기도 한데, 두 번째 파르티타에는 카프리치오가, 세 번째 파르티타에는 부르레스카와 스케르초가 삽입되어 있고, 네 번째 파르티타에는 아리아가, 다섯 번째와 여섯 번째 파르티타에는 각각 템포 디 미뉴에토와 템포 디 가보타가 더해져 있다.

3.1.4 〈클라비어 연습곡 2부〉

1735년에 인쇄된 〈클라비어 연습곡 2부〉(Clavierübung Teil II)에는 두 대조적인 작품이 수록되어 있다. 〈이탈리아풍의 협주곡〉(Concerto nach italienischem gusto) BWV 971과 〈프랑스 양식의 서곡〉(Ouvertüre nach französischer Art) BWV 831이 그것이다. 그런데 〈이탈리아풍의 협주곡〉은 대중에게 애호되는 쳄발로 작품 중 하나인 반면, 〈프랑스 양식의 서곡〉은 거의 연주되지 않는다. 그 까닭을 헤르만 켈러의 언급에서 유추해 볼 수 있는데, 켈러는 "바흐의 의도는 클라비어 연습곡 2부에서 이탈리아와 프랑스의 두 우세한 작품 양식의 전형을 맞세우는 것이었다. […] 그렇다면 바흐가 이탈리아 양식에서는 열정적이고 집중적일 것이고, 프랑스 양식에서는 거리감을 두며 냉랭할 것이라는 염려가 근거가 없지 않다"[6]고 했다. 하지만 〈프랑스 양식의 서곡〉은 〈클라비어 연습곡 1부〉의 파르티타들과 비견될 수 있을 정도로 높은 음악적 수준, 다채로운 기교, 독창적인 작곡기법을 두루 아우른다.

3.1.5 〈클라비어 연습곡 4부〉

소위 '골드베르크 변주곡'이라 일컬어지는 작품의 본래 제목은 '아리아와 다양한 변주로 구성된 클라비어 연습곡'(Clavier Übung bestehend in einer Aria mit verschiedenen Veraenderungen)이다. 이 기념비적인 작품의 기원에 대해서는 상당히 정확하게 알려져 있다. 포르켈에 따르면, 드레스덴에 주재하고 있던 러시

---

6. Hermann Keller, *Die Klavierwerke Bachs. Ein Beitrag zur Ihrer Geschichte, Form, Deutung und Wiedergabe* (Leipzig: C. F. Peters, 1950), 206.

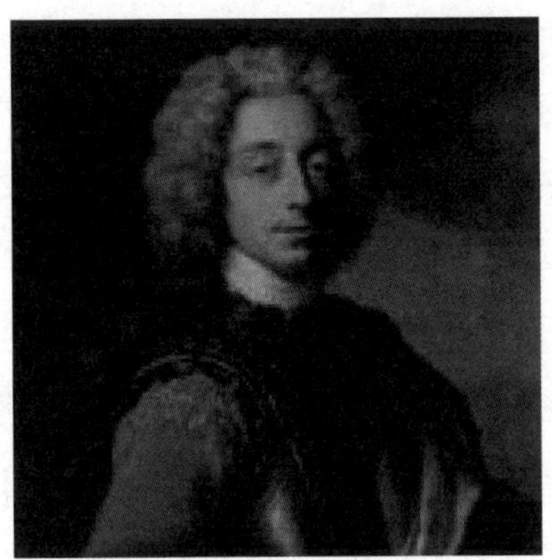

요한 곳트립 골드베르크

아 대사 헤르만 칼 폰 카이저링 백작이 불면증에 시달려 잠을 청해보고자 매일 밤 그의 쳄발리스트인 요한 곳트립 골드베르크로 하여금 옆방에서 음악을 연주하게 했는데, 이때 골드베르크가 연주할 만한 부드러우면서도 조금은 경쾌한 클라비어 악곡들을 몇 개 써 달라고 백작이 바흐에게 의뢰했다. 그렇게 만들어진 변주곡이 백작의 마음에 썩 들어 골드베르크는 자주 그 변주들을 연주했다고 포르켈은 전해주고 있다. 바흐는 사례로 100루이 금화와 황금 컵을 받았으며, 카이저링 백작은 1736년 바흐가 드레스덴의 궁정 작곡가 칭호를 부여받을 때 도움을 주어 보답했다.

1742년 〈클라비어 연습곡 4부〉로 출판된 소위 〈골드베르크 변주곡〉 BWV 988은, '클라비어 연습곡'의 임무를 충실히 수행하고 있으며, 궁극적으로는 최고 경지의 작곡기법을 기반으로 한 당대 쳄발로 연주 테크닉의 통합본이었다. 그리고 시대를 초월한 작품의 의미에서는 베토벤의 〈디아벨리 변주곡〉과 어깨를 나란히 한다. 연주를 위해서는 바흐가 몇몇 변주에서 지시하고 있듯이 두 단 손건반의 쳄발로가 필요한데, 특히 13번째 변주에서처럼 연주 테크닉뿐 아니라, 음향의 측면에서도 이 악기가 요구된다.

부드러우면서 친근감 도는 G장조의 '아리아'는 사라반드의 성격을 띤다. 선율의 윤곽과 장식은 바흐의 것이라고는 믿을 수 없을 정도로 프랑스 갈랑 양식의 색채가 짙다. 바흐는 그 아리아를 1725년의 〈안나 막달레나 바흐를 위한 작은 클라비어곡집〉에서 가져왔다. 그러나 변주의 대상은 선율이 아니라 차분히 움직이는 베이스와 그것의 화성이다. 마치 샤콘느처럼 말이다. 그럼에도 아리아의 선율은 조각으로 쪼개져 변주에 은닉되기도 하고, 13번과 25번처럼 장식과 감정이 넘치는 변주에서는 형태를 갖추고 등장하기도 한다. 여하튼 상선율이 아니라 베이스의 선을 변주의 대상으로 삼은 바흐의 결정은 연주 테크닉 연습곡, 대위법 악곡, 모음곡 악장, 성격소곡 등 모든 음악의 가능성을 끌어내 나열해 나갈 수 있는 자유로 이어졌다. 아울러 주제와 변주들의 화성적 연관성은 상당히 느슨해, 각 변주는 개별 악곡으로서 상당히 독립적이다.

전체 작품은 명료한 구조성을 보이는데, 30개 변주는 먼저 크게 두 부분으로 나뉜다. 15번 변주 다음에 새로운 시작을 알리듯 프랑스 서곡 풍의 16번 변주가 위치하기 때문이다. 그 외에도 바흐는 거시적 원칙에 따라 변주들을 나열한다. 세 번째 변주마다 카논(변주 3, 6, 9, 12, 15, 18, 21, 24, 27)을 놓는데, 카논 성부들의 첫 음정 간격이 1도 유니슨(변주 3)에서 시작해 2, 3, 4, 5도 등을 차례로 거쳐 9도(변주 27)에까지 이름으로써 〈골드베르크 변주곡〉의 카논 변주들은 모든 음정 관계를 아우르게 된다. 또 이때 카논은 대부분 자유로운 베이스의 대선율 위에서 2성부로 진행되며, 매우 기교적이고 부분적으로는 춤곡의 성격을 띠곤 한다. 4도와 5도 카논은 두 번째 성부가 주제의 전위형을 연주하는 소위 '전위카논'이다.

카논 변주들 사이에는 두 유형의 변주가 위치한다. 다만 여기에서는 카논 변주들과 같은 규칙성을 찾아보기 어렵다. 두 유형 중 하나는 연주 테크닉의 문제(변주 1, 5, 8, 11, 14, 17, 20, 23, 26, 28, 29)를 다루는데, 이때 연주 테크닉은 점차 난이도를 높여 간다. 이에 특정한 음악적 아이디어, 즉 형식적이거나 양식적인, 혹은 표현적인 아이디어가 주축이 되는 변주들(변주 2, 4, 7, 10, 13, 16, 19, 22, 25, 30)이 더해진다. 마지막에 그대로 되풀이되는 '아리아'는 무척이나 다채로웠던 이 거대한 작품을 둥글게 마무른다.

3.2 류트 음악

우리에게는 바흐가 류트 음악(BWV 995-1000, 1006a)을 쓰고 남겼다는 사실이 다소 낯설다. 아마 악기와 악기의 역사에 이유가 있을 것이다. 류트가 시대를 풍미했던 때는 16-17세기였다. 전파의 정도, 사용의 빈도, 문화적 중요성에 있어서 이때 류트는 당대의 클라비어에 충분히 비견될 만했다. 이후 류트는 대중을 떠나 전문가의 악기, 생경한 악기가 되었고, 그러한 상황은 19세기 말부터 20세기 초 바흐의 류트 음악 연구 및 발행에 어려움을 안겼다. 더욱이 작품들에 악기가 지정되어 있지 않아 오랫동안 의심과 논쟁이 있었고, 특히 연주 테크닉적으로 바로크 류트에 부합하지 않는 것들이 적지 않아 류트 연주자들 사이에서도 류트 작품이 아닐 것이라는 의견이 대두되곤 했다. 오늘날에는 그것들이 류트를 위한 음악인 것으로 인정되어 『신 바흐 전집』(Neue Bach-Ausgabe)의 한 권이 류트 음악으로 꾸려져 있다.

바흐는 류트라는 악기를 아주 잘 알았다. 그가 연주자로서 이 악기에 능했는지는 확신하기 어렵다. 확실한 것은 바흐가 실비우스 레오폴트 바이스 등과 같은 당대의 명성 높은 류트니스트들과 친분이 있었다는 사실이다.

우리가 알고 있는 바흐의 류트 작품들은 대부분 높은 작곡기법적 수준을 보인다. 그 가운데에서 〈c단조 모음곡〉 BWV 997은 특이한 소나타적 악장

때문에 늘 논의의 대상이 된다. 이 모음곡은 프렐류드로 시작하여 푸가로 이어진 뒤에 사라반드와 지그로 마무리되는데, 이때 푸가 악장이 주제의 응답을 역행형으로 하고 이에 반음계적으로 상행하는 대선율을 더한다. 중간 부분에 이르러서는 느슨한 짜임의 전개부를 펼친 후 돌연히 처음 부분을 그대로 되풀이해 재현부를 형성하는 듯하다. 1740년대 초중반 즈음에 작곡된 것으로 추정되는 〈프렐류드와 푸가, 그리고 알레그로 E♭장조〉 BWV 998도 프렐류드, 푸가, 알레그로의 독특한 악장 배열을 취한다.

쾨텐 시기에 작곡된 〈프렐류드 c단조〉 BWV 999는 피아노 편곡으로 더 잘 알려져 있는데, 동형을 유지하면서 규칙적으로 움직이는 모습이 〈평균율 클라비어곡집 1권〉의 프렐류드들을 연상케 한다. 나머지 작품들은 편곡작이다. 〈g단조 모음곡〉 BWV 995는 〈첼로 솔로를 위한 모음곡〉 BWV 1011을 편곡한 것으로 1727-31년경에 써졌고, (흔하지 않은) 14줄 류트로 연주되어야 한다. 〈g단조 푸가〉 BWV 1000은 〈바이올린 솔로를 위한 소나타 g단조〉 BWV 1001의 두 번째 악장을, 그리고 〈E장조 모음곡〉 BWV 1006a는 〈바이올린 솔로를 위한 파르티타 E장조〉 BWV 1006를 옮긴 것이다. 바흐는 류트를 성악 작품들에도 사용했다. 〈요한수난곡〉 첫 버전(1724)의 아리오소 '보아라, 나의 영혼아'(Betrachte, meine Seel), 〈마태수난곡〉 첫 버전의 아리아 '오라, 달콤한 십자가여'(Komm, süßes Kreuz), 장례 칸타타 〈왕비시여, 한 번만 더 빛을〉(Laß, Fürstin, laß noch einen Strahl) BWV 198 등이 대표적이다.

3.3 오르간 음악

3.3.1 자유 오르간 음악

요한 제바스티안 바흐는 오르간 음악의 거장이었다. 오르간 음악이 크고 중요한 문화적 가치를 지니는 시대의 끝자락에 살았던 그의 오르간 음악은 그때까지 이어져 내려온 오르간 음악의 전통들을 완성한 것이었다. 바흐는 특히 비전례적인 '자유 오르간 음악'에서 '자유롭게' 다채로운 악곡 및 형식의 유형들을 쓰고 펼쳤는데, 그것들은 유럽의 여러 지역에 뿌리를 둔 것들이었다. 바흐는 일찍부터 연주로써, 작곡으로써 그 여러 지역 출신 선배 작곡가들의 악곡과 형식들을 익혔다. 그리하여 이탈리아의 프레스코발디와 비발디, 프랑스의 루이 마르샹, 남독일의 프로베르거와 요한 카스파 페르디난트 피셔, 북독일의 게오르그 뵘, 북스테후데, 라인켄 등의 영향을 두루 받아들였다.

바흐의 오르간 음악은 크게 '자유 오르간 음악'과 '오르간 코랄 편곡'으로 나뉜다. 우선 전자에는 프렐류드, 판타지아, 토카타, 푸가, 트리오소나타 등이 속하고, 이들 대부분은 바이마르 궁정에서 오르가니스트로 재직하는 동안 제작되었으리라 추정된다. 다만 바흐는 서서히 규모가 크고 분명하게 구

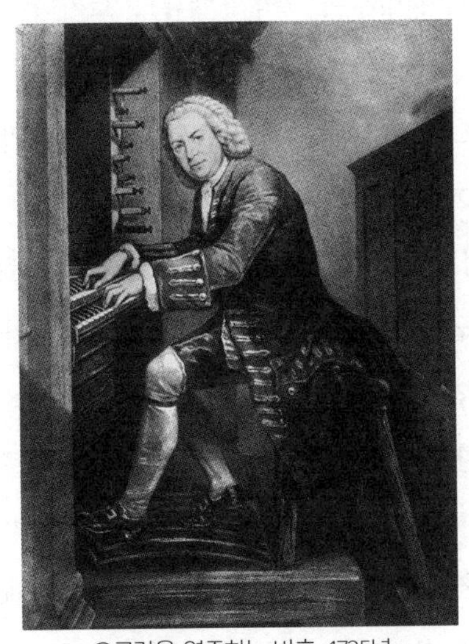

오르간을 연주하는 바흐, 1725년

별되면서도 서로 연관성을 갖는 악곡 쌍, 즉 프렐류드와 푸가, 토카타와 푸가, 판타지아와 푸가 등으로 향한다. 이때 프렐류드, 토카타, 판타지아는 사실상 뚜렷하게 구분되기 어려워진다. 당대에는 건반악기로 연주되는 전주나 후주를 가리키는 명칭이 여럿 있었고, 바흐 시대의 이론에 따르면 그것들은 서로 구별되며 혼용될 수 없는 것이었으나 실제로는 그렇지 않았던 것이다. 그럼에도 바흐의 것들에서는 특유의 모습이 감지되곤 한다. 프렐류드는 다채로운 형태의 분산화음을 빠르거나 느리게 움직이게 하는 경우가 흔하고, 동기적이고 주제적으로 명료하게 구분되는 구조를 보이며, 때로는 협주곡 악장의 특징을 띠어 투티와 솔로 패시지가 대조를 이룬다. 또 토카타의 가볍고 유희적이며 연주 테크닉적 기교성이 도드라지는 면면들은 바흐의 토카타들에서도 눈에 띈다. 그러나 BWV 538과 BWV 540의 토카타 같은 규모가 큰 곡들은 엄격하게 동기와 구조에 집중한다. 판타지아는 토카타와 유희적 성격을 나누면서도 화성적 과감성과 실험성을 드러낸다. 바흐는 다만 늘 형식과 형태를 느슨하게 다루어 그의 프렐류드, 토카타, 판타지아는 그 발전의 정점과 종점에서는 서로 닮아있다.

푸가 역시 바흐의 음악에서, 특히 그의 오르간 음악에서 정점에 이른다. 바흐의 오르간 푸가들은 클라비어 푸가들과 다름없이 대부분 3성부 혹은 4성부이며, 페달 성부를 노련하게 대위법적 짜임으로 끌어들여 타 성부들과 동등한 성부로 취급한다. 흥미로운 것은 바흐의 푸가가 점차 커지고 때때로 대위법적 구성의 엄격성, 모든 가능한 폴리포니 작법을 쓰고 드러내곤 한다는 것이다. 다른 한편으로는 느슨한 구조도 의도적으로 취한다. 판타지아와 토카타의 요소들, 특히 협주곡 악장의 요소들을 겹쳐내면서 말이다.

바흐는 트리오소나타를 오르간 음악으로 옮겼다. 바로크 시대에 두 선율 악기와 두 콘티누오 악기로 연주되는 트리오소나타의 대가는 아르칸젤로 코렐리였다. 바흐는 그의 본보기를 자기의 방식, 자기의 음악으로 소화해 냈는데, 이것을 오르간 음악으로 전이시킨 것은 바흐의 혁신적이고 독창적인 업적 중 하나이다. 바흐는 오르간 음악으로 트리오소나타를 들여놓으며 트리오소나타의 세 독립적이고 동등한 성부들의 진행 원칙을 고수했다. 다만 이때 그의 독주 악기들을 위한 트리오소나타들에서는 주로 교회소나타의 구조가 사용된 반면에, 오르간 트리오소나타에서는 특이하게도 협주곡 형식, 즉 빠른 두 악장이 느린 중간 악장을 감싸는 형태가 선택되었다. 동시에 선율의 형태가 성질과 성격이 다른 악기에 동화되어 페달 성부가 단순해진다.

오르간 소나타들의 창작 시기는 바흐의 다른 오르간 작품들과는 달리 비교적 확실하다. 그것들은 1727-32년에 라이프치히에서 작곡되었다. 오르간 소나타들에 대해 포르켈은 "바흐는 이것을 장남 빌헬름 프리데만을 위해서 썼다. 프리데만은 위대한 오르가니스트가 되기 위해 이 곡들을 공부했고, 실제로 그러한 존재가 되었다. 이 곡들의 아름다움은 말이나 글로 표현할 수 없다. 이 곡들은 작곡가의 원숙기에 만들어졌기 때문에 이러한 류의 작품 중 대표작으로 간주될 수 있다"[7]고 평가했다.

3.3.2 오르간 코랄 편곡

바흐의 오르간 음악에 또 한 커다란 축으로 자리 잡고 있는 것은 코랄 편곡이다. 오르간 코랄 편곡이 바흐의 창작에서 중요한 역할을 했던 때는 그가 교회 직에 몸담고 있던 아른슈타트, 뮐하우젠, 바이마르, 라이프치히 시기였다. 루터교의 회중 찬송가인 코랄은 예배에서 두 가지 기능을 했다. 하나는 회중의 노래 기능이며, 다른 하나는 그 회중 노래의 기악 전주, 후주, 혹은

---

7. Forkel, 『바흐의 생애와 예술 그리고 작품』, 152.

간주 기능이다. 기악 전주, 후주, 간주의 시간이나 길이는 당연하게도 제한적이다. 또 당연하게도 그 전주와 후주, 간주는 청자에게 쉽게 감지되는 코랄의 행들을 정선율로 사용한다. 몇몇 경우에만 예술적인 야심이 강하게 드러나며 전례 외의 목적으로 작곡되어 큰 규모를 취한다. 〈저 높은 하늘에서 내가 왔노라〉(Vom Himmel hoch, da komme ich her) BWV 769가 한 예이다.

회중의 노래에 기대야 하는 코랄 오르간 음악들은 다른 오르간 음악들보다 짧지만, 구성 재료에 대한 집중도가 높고 표현력과 상징성이 강하다. 그리고 바흐의 건반악기 음악 전반에 깔려 있는 교육적 목적도 담고 있다. 다만 연주보다는 작곡 이론에 대한 지침의 전달 의도가 더 짙다. 아울러 코랄 오르간 음악들은 양식적 도구들의 집합체이기도 하며, 자유 오르간 음악과 달리 대부분 바흐가 직접 구성한 작품군 혹은 모음집에 속해있다.

우선 코랄 파르티타들(BWV 766-768, 770)은 코랄 선율을 주제로 한 일련의 변주들로 구성되어 있다. 사이사이 모음곡 악장들의 형태, 나폴리 오페라 아리아의 영향이 느껴지고, 작품들의 목적은 전례용이라기보다 사적이고 관조적인 연주용인 듯하다. 쳄발로나 클라비코드로도 연주가 가능한데, 파르티타들의 눈에 띄는 공통점은 때때로 밀도 높게 4성부를 넘어서는 화음이 입혀진 코랄을 맨 앞에 둔다는 것이다. 또 첫 변주(파르티타)에 2성부의 변주(파르티타)를 뒤따르게 하고 페달은 마지막 즈음에 투입하는 것도 공통적이다.

'노이마이스터 코랄'(BWV 1090-1120)은 18세기 말 튀링엔의 오르가니스트 요한 곳프리트 노이마이스터가 82곡의 오르간 코랄을 묶어낸 악곡집에 수록되어 있는 코랄들을 의미한다. 노이마이스터의 코랄집에는 그의 스승인 게오르그 안드레아스 조르게를 비롯해 여러 바흐 가문 작곡가들의 작품이 실려 있는데, 그중 38곡이 요한 제바스티안 바흐의 것이다. 1985년 예일대학교에서 크리스토프 볼프에 의해 발견되었으며, 볼프는 바흐의 '노이마이스터 코랄'이 18세기 초, 그러니까 1710년 이전에 작곡되었을 것이라 추정했다. 바흐가 자신의 양식을 찾아가는 과정에서 보인 모방과 푸가, 푸게타, 즉흥곡 작법과 함께 강한 표현력이 특징적이고, 북독일 오르간 전통에 기대는 모습이 뚜렷하기 때문이다.

바흐의 〈작은 오르간곡집〉은 1713년에서 1716년 사이에 바이마르에서 생산된 것으로 추정된다. 여기에는 45개의 짤막한 코랄 전주곡(BWV 599-644)이 모아져 있다. 본래 바흐는 이 코랄 전주곡집을 164곡으로 구성하려고 했다. 교회력의 순서에 따라 코랄들을 오르간 음악으로 '재구성'한 164곡 말이다. 그러나 바흐는 대림절부터 부활절까지의 코랄 전주곡은 대체로 완성했으나, 나머지 절기들을 위한 것은 단 10곡만 마무리했다. 인상적인 것은 〈작은 오르간곡집〉에 바흐가 단 제목이다.

이 악곡집의 코랄들에서 페달을 오블리가토로 취급함으로써 페달 학습에 숙달되고, 코랄을 다양하게 전개해 나가는 방법을 초보 오르가니스트들에게 가르쳐줄 수 있는 작은 오르간곡집

이 긴 제목에서는 바흐의 전형적인 목적이 명료하게 드러난다. 연주와 작곡에 대한 교육 목적이 그것이다. 오르가니스트를 위한 이 교육용 전례음악 선곡집에 담겨 있는 악곡들에서는 몇몇 공통점이 발견되는데, 가장 눈에 띄는 것은 BWV 611과 618을 제외하고는 거의 늘 가장 잘 들리는 상성부에 놓이는 정선율이다. 또 그 정선율은 대부분 거의 장식되지 않거나 그저 가볍게 장식되고 만다. 그러한 코랄의 유형을 '작은 오르간곡집 유형'이라고 일컫는 이유다. BWV 614, 622, 641 정도가 예외의 경우에 속한다. 그 밖에도 페달 성부를 포함해 4성부 구성이 일반적인데, 코랄의 정선율이 두 성부에

의해 카논으로 전개되는 경우도 빈번하다. BWV 600, 608, 618-620, 624, 629, 633, 634가 이에 해당한다.

작곡기법 역시 상당히 통일적이다. 즉, 각 악곡은 하나의 특징적인 동기로 엮여 나가는데, 그 동기는 코랄 선율의 전개로부터 끌어낸 것이기도, 코랄의 가사가 말하고자 하는 것들 중 하나와 연관된 것이기도 하다. 수사학적 음형 혹은 음형론으로 음악을 해석할 여지가 많고, 숫자 상징도 중요한 역할을 한다. 바흐의 오르간 코랄 편곡들에서 흔히 그러하듯 말이다.

'라이프치히 코랄'이라고도 불리는 바흐의 〈18개 코랄〉 BWV 651-668은 바흐가 세상을 뜬 1750년에 출판되었다. 그래서 그가 마지막까지 손수 출판을 챙기지 못했다. 1745년 이후에 바흐는 바이마르에서 쓴 17개 코랄 편곡들을 다시 매만졌고, 거기에 마지막 18번째의 것으로 〈작은 오르간곡집〉의 〈우리가 커다란 곤궁에 처할 때〉(Wenn wir in höchsten Nöten sein) BWV 641을 손질한 〈나 이제 당신의 보좌 앞으로 나아갑니다〉(Vor deinen Thron tret' ich hiermit) BWV 668을 더했다. 바흐의 마지막 작품이 된 이 코랄은 바흐 사후에 미완성으로 남은 〈푸가의 기법〉 다음에 놓였다. '라이프치히 코랄' 대부분은 여러 버전으로 존재해, 처음부터 점차 무르익어 나가는 과정을 좇아볼 수 있다. 또 양식적으로는 고풍스러운 것부터 정교하고 서정성이 짙게 묻어나는 것에 이르기까지 다채롭고, 작곡기법적으로는 패러프레이즈, 수식, 페달 성부에 정선율 놓기, 오르간 트리오 기법 등 코랄 편곡 기술을 두루 아우른다.

〈쉬블러 코랄〉 BWV 645-650의 본래 제목은 '다양한 양식의 여섯 코랄'(Sechs Choräle von verschiedener Art)이다. 1746년에 첼라 출신 오르가니스트 요한 게오르그 쉬블러에 의해 출판되어 '쉬블러 코랄'이라는 별칭을 얻게 되었다. 다섯 코랄은 칸타타 다섯 곡(BWV 140, 93, 10, 6, 137)에서 아리아를 선별해 오르간 음악으로 편곡한 것이고, 여섯 번째 코랄 BWV 646의 원본은 알려져 있지 않다. 이 여섯 걸작은 가장 잘 알려지고 가장 대중적인 바흐의 오르간 코랄 음악이다. 여기에서 우리가 다시 한번 상기해야 할 것은 바흐 시대에 자기 것이든 다른 작곡가의 것이든 편곡을 하는 일은 일상이었다는 점, '오리지널 문화'는 아직 시작하지 않았다는 점이다. 이 작품들이 편곡작이라는 이유로 평가절하되어서는 안 된다는 의미이다.

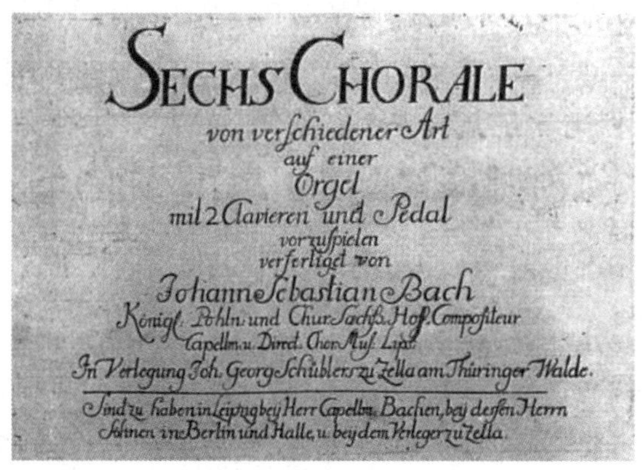

1746년 쉬블러 코랄 첫 출판본 표지

〈쉬블러 코랄〉의 여섯 작품은 같은 작곡기법적 원칙을 따른다. 대중의 호감을 끄는 이유들 중 하나인 무난한 작법, 코랄의 정선율에 맞서는 독립적인 대선율이 그것이다. 무엇보다 하나같이 시적인 아이디어를 품고 있는 쉬블러 코랄들은 건반악기 음악의 역사에서 중요한 전환점, 즉 성격소곡으로 향하는 전환점을 나타낸다.

총 26곡으로 이루어진 〈클라비어연습곡 3부〉(Clavierübung Teil III)에서 먼저 눈길을 끄는 것은 쌍으로 나열되는 구성이다. 동일한 코랄 선율을 대상으로 페달을 동반하는 코랄과 손건반으로만 연주되는 코랄을 쌍으로 묶어 나열하는 구성 방식 말이다. 작품집의 전체 구조를 보면, 우선 맨 처음과 끝에서 E♭장조의 프렐류드(BWV 552/1)와 푸가(BWV 552/2)가 작품집을 감싸고 있다. 그리고 프렐류드에 이어 21개의 코랄 편곡이 뒤따른다. 그중 처음 아홉 곡은 루터교 예배의 키리에와 글로리아 독일어 버전(BWV 669-677)이다. 이후 루터교 교리문답의 '십계명', '신앙고백', '주기도문', '세례', '회개', '성찬'의 가사를 단 여섯 코랄이 차례로 나열된다. 그 코랄들이 각각 페달을 동반하는 코랄과 손건반으로만 연주되는 코랄을 쌍으로 묶고 있는 것이다(BWV 678-689). 마지막 푸가 앞에는 네 듀엣(BWV 802-805)이 놓인다. 〈클라비어연습곡 3부〉는 1739년 라이프치히에서 출판되었는데, 이전의 작품집들이 예전에 작곡해 둔 것, 혹은 그것들을 손질한 곡들을 모아놓은 것과 달리 〈클라비어연습곡 3부〉의 악곡들은 출판 전에 새로 작곡되었다.

3.3.3 개별 코랄 편곡들

바흐의 코랄 편곡들 대부분은 개별 악곡으로 전해지고 있다. 먼저 코랄 선율에 자주 4성부 이상의 두터운 화음이 입히는, 또 코랄의 행들이 짤막한 간주적 패시지에 의해 연결되는 아른슈타트 시기의 여덟 코랄 편곡(BWV 715, 722, 725, 726, 729, 732, 738, BWV 번호 없는 〈오 죄 없는 하나님의 어린 양〉[O Lamm Gottes, unschuldig])이 있다. 바흐는 일찍부터 코랄 편곡의 유형들을 배우고 익혔는데, 코랄 판타지아, 코랄 푸게타와 코랄 푸가, 오르간 모테트, 트리오 등의 그 유형들은 라이프치히 시기까지 계속되었다.

코랄 판타지아는 전통적으로 오르간 전주곡 테크닉의 거의 모든 수단을 동원해 정선율을 '가공'한다. 바흐 이전에도 라인켄, 브룬스, 북스테후데가 그러한 코랄 판타지아를 썼다. 이들의 코랄 판타지아를 익힌 바흐는 혼합적이고 때로는 왜곡된 듯한 형상들로써 그 전형들을 극복했다. BWV 695, 712, 713, 718, 720, 721, 735, 739, 740, 747, 751, 762 등이 대표적이다. 코랄 푸게타와 코랄 푸가는 코랄의 첫 행에서 가져온 하나의 동기나 주제, 혹은 여러 행들에서 따온 여러 동기로 모방의 진행을 펼친다. 이러한 면면을 내포하는 작품들로는 BWV 696, 697, 698, 699, 700, 701, 702, 703, 704, 707, 716, 723, 733, 736, 741, 749, 750, 755, 756, 757 등이 꼽힌다. 그밖에 카논 코랄로는 BWV 744, 752, 763이, 플래미시의 폴리포니를 연상시키는 모테트 양식의 코랄로는 초기 작품들인 BWV 724, 765 등이 있다.

3.4 실내악

3.4.1 독주 실내악

실내악은 바흐의 방대한 작품들 가운데에서 중요한 위치를 점하며, 형식 및 편성의 폭넓은 스펙트럼을 보인다. 바흐의 실내악은 대부분 쾨텐 시기에 창작되었다. 레오폴드 폰 안할트-쾨텐의 개혁파 궁정에서 바흐는 교회음악을 쓸 의무가 없었고, 실력파 연주자들로 구성된 궁정 악단을 위한 세속음악 생산이 바흐의 직무였으니 어쩌면 당연하다. 다만 이 시기의 실내악들이 정확히 언제 작곡되었는지를 알아내는 것은 어렵거나 불가능하다. 심지어 당연히 쾨텐 시기에 작곡되었다고 오랫동안 믿어져 왔던 작품들이 최근 바흐 연구에 의해 그 이전 시기의 작품들로 밝혀지거나 유력하게 추측되는 경우도 드물지 않다.

바흐는 흔히 시대의 완성자로 일컬어진다. 알버트 슈바이처가 그의 바흐 평전에서 바흐의 음악을 '끝'으로 규정한 이후 그 관점은 거의 확고해졌다. 슈바이처는 바흐를 "현존하는 모든 것들을 유일무이의 완전함으로 옮겨놓고자 한 예술가, 과거와 현재 세대의 모든 예술적 탐구, 소망, 창조, 갈망, 방황을 품고 있었던 예술가"[8]로 평하며, 바흐의 음악은 이전의 음악 형식과 장르와 양식과 표현 수단들을 총괄하고 독창적으로 완성한 '끝'이었다는 점을 역설했다. 요컨대, 바흐는 바로크 음악의 총괄자이자 완성자였다. 하지만 이러한 시각은 편협하거나 옳지 않은 것일 수 있다. 바흐의 실내악이 그 대표적 증거이다.

바흐의 바이올린과 첼로를 위한 솔로 소나타 및 모음곡에 비견될 만한 것은 이전에 존재하지 않았다. 바흐 이전에는 바소 콘티누오 없이 선율악기와 건반악기를 위한 순수한 이중주를 만든 작곡가가 없었다. 바흐의 솔로 음악은 이렇게 놀랍도록 새롭고, 그의 이중주 소나타는 고전주의와 낭만주의, 즉 근대 소나타의 출발점으로 여겨지기에 손색이 없다.

바흐 시대의 실내악을 지배했던 것은 소나타였다. 물론 그 소나타는 빈고전주의부터 20세기까지 지속된 소나타와 같지 않은 것이었다. 바로크의 소나타는 세 가지 유형으로 구분되는데, 먼저 교회소나타는 느린 첫 악장, 빠른 두 번째 악장, 느린 세 번째 악장, 빠른 네 번째 악장의 구성이며, 코렐리 이후에 널리 애호되었다. 네 악장 가운데 두 번째 악장은 대위법적 짜임새가 강하고, 푸가로 전개되는 일도 빈번하다. 세 번째 악장은 유일하게 조성을 이동시킬 수 있다. 실내소나타는 모음곡와 유사한 춤곡들의 모음인데, 바흐는 실내소나타를 소나타라고 칭한 적이 없다. 바흐에게 소나타는 교회소나타이던지, 혹은 세 번째 소나타 유형인 빠른 첫 악장, 느린 두 번째 악장, 빠른 세 번째 악장의 세 악장짜리 소나타를 의미했다.

바흐는 필립 슈피타가 "정신의 승리"라 칭한 〈바이올린 솔로를 위한 소나타와 파르티타〉 BWV 1001-1006을 1720년에 정성스럽게 정서했다. 이 작

---

8. Albert Schweitzer, *J. S. Bach* (Leipzig: Breitkopf & Härtel, 1908), 1.

품집에는 교회소나타와 파르티타가 교대로 배치되어 있는데, 그 "정신의 승리"의 작품들은 바흐 사후에 한 세기가 넘도록 거의 잊혔다가 요세프 요아힘에 의해 다시 울려 퍼졌다. 바흐의 기악 작품들 대부분이 그런 것처럼 여기에도 교육의 목적이 다분하지만, 요아힘에 의한 '부활' 이후 이 작품집은 연주 테크닉으로나 예술성으로나 더 이상의 것은 있을 수 없는 '기념비'로서 바이올린 비르투오소들의 레퍼토리에 빠지지 않고 있다.

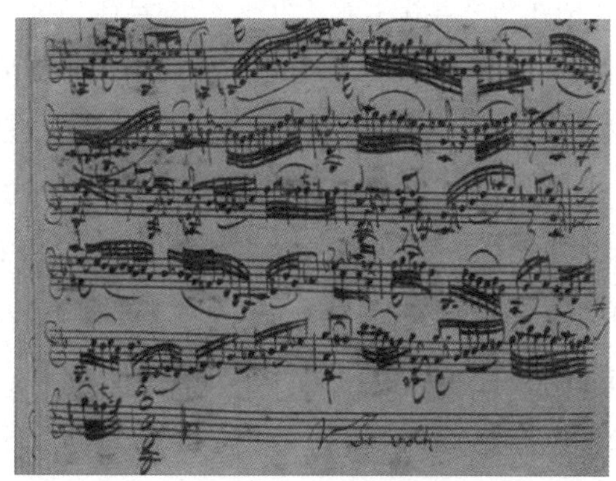

〈g단조 바이올린 소나타〉 BWV 1001, 1악장(Adagio)의 마디 12-23
(아래에 바흐의 서명이 적혀 있다)

〈첼로 솔로를 위한 여섯 모음곡〉 BWV 1007-1012에서도 바흐는 훗날의 어느 작곡가도 이 장르에서 흉내 내지 못할 새로운 것을 해낸다. 작곡기법적, 양식적 원칙은 〈바이올린 솔로를 위한 소나타와 파르티타〉의 그것과 유사하다. 과감한 바소 콘티누오의 포기, 단 하나의 현악기에서 실현되는 진정한 다성부 음악이 그것이다.

바흐의 자필본이 전해지지 않아 이 모음곡들이 언제 작곡되었는지는 정확히 알 길이 없다. 쾨텐 궁정에서 궁정 악단 소속의 저명 감바 및 첼로 연주자 크리스티안 페르디난트 아벨을 위해 썼을 것이라 추측될 뿐이다. 당시 바흐에게 첼로는 바이올린과 달리 이탈리아에서 건너온 새로운 네 줄 악기였다. 다루어 본 적이 없는 악기로 최고의 것을 생산해 낸 것이다.

〈첼로 솔로를 위한 여섯 모음곡〉은 1824년 파리 자넷 에 코텔르 사에서 처음으로, 이후 1827년 라이프치히 브라이트코프 & 헤르텔 사에서 출판되었다. 하지만 부활의 순간은 파블로 카살스를 통해서야 겨우 맛본다. 이제 〈첼로 솔로를 위한 여섯 모음곡〉을 가까이 들여다보면, 여섯 모음곡이 형식적으로 상당히 유사하다. 프렐류드로 시작하고 독일 바로크 모음곡의 전형적인 네 악장인 알르망드, 쿠랑트, 사라반드, 지그가 정해진 순서대로 이어진다. 이때 바흐는 지그 앞에 다른 춤곡들을 놓는데, 1번과 2번 모음곡에서는 두 미뉴에트를, 3번과 4번 모음곡에서는 두 부레를, 5번과 6번 모음곡에서는 두 가보트를 놓는다. 조성의 순서도 여섯 작품이 하나의 사이클로 구상된 것일지 모른다는 추측을 낳게 한다. 즉, 〈첼로 솔로를 위한 여섯 모음곡〉은 조성적으로 두 그룹으로 나뉘는데, 각 그룹이 단조를 장조가 감싸고 있는 형태를 취한다. 첫째와 셋째 모음곡이 각각 G장조와 C장조로 둘째 모음곡의 d단조를 감싸고, 넷째와 여섯째 모음곡이 각각 E♭장조와 D장조로 다섯째 모음곡의 c단조를 둘러싸고 있는 것이다. 그럼에도 각 모음곡이 독특하고 고유한 연주 테크닉, 양식, 짜임을 담아내기에, 애초 여섯 작품이 한 사이클로 구상되었다고 확신하기는 어렵다.

3.4.2 듀오소나타

쳄발로와 독주 악기를 위한 바흐의 소나타들은 기악 듀오의 장르에서 선구적 성과를 일구었다. 콘티누오 악기군에서 화음을 채우는 역할로부터 건반악기를 벗어나게 한 첫 유의미한 작품들이었다. 쳄발로가 오른손과 왼손을 동등하게 움직이면서 음 하나하나로 말하고 표현하게 된 것이다. 그 대표작인 〈바이올린과 쳄발로를 위한 여섯 소나타〉 BWV 1014-1019는 1718년에서 1722년 사이에 쾨텐 궁정에서 작곡된 것으로 추정된다. 그중 다섯 소나타는 교회소나타의 4악장 구조를 취하며, 마지막 소나타는 빠른 첫 악장, 느린 둘째 악장, 빠른 셋째 악장, 느린 넷째 악장, 빠른 다섯째 악장의 상당히 독특한 악장 구조를 보인다. 네 악장의 다섯 소나타는 두 번째 악장에서 원조성을 이탈하는데, 대부분 병행조로 움직인다. 그리고 이 소나타들은 전체적인 구조에서는 유사하지만, 작법과 표현에서는 고유성이 짙다.

〈비올라 다 감바와 쳄발로를 위한 소나타〉 BWV 1027-1029는 아쉽게도 그리 자주 들을 수 있는 바흐 음악이 아니다. 비올라 다 감바가 통상적인 악기에 속하지 않고, 이 악기를 대체할 수 있는 비올라나 첼로는 음향도 연주 테크닉도 비올라 다 감바와 다르기 때문이다. 비올라나 첼로로 연주한다면, 빈번히 '타협'을 해야 한다는 의미이다. 이 세 소나타는 라이프치히에서 칼 프리드리히 아벨을 위해 작곡되었으며, 그 가운데 첫 두 작품은 4악장의 교회소나타 구조를, 세 번째 것은 느린 악장이 중간에 놓이는 세 악장의 유형을 따른다.

3.4.3 트리오소나타

바로크 시대에 트리오소나타는 주요하고 중요한 기악 장르 중 하나였다. 당대에 트리오소나타 작품들이 숱하게 쏟아져나온 이유다. 하지만 바흐의 트리오소나타는 단 네 작품(BWV 1036-1039)뿐이다. 더욱이 당대에 가장 즐겨 쓰인 트리오소나타 편성인 두 대의 바이올린과 바소 콘티누오를 위한 것은 단 한 곡(BWV 1037)뿐이다. 그럼에도 이 트리오소나타 BWV 1037의 네 악장(느림-빠름-느림-빠름)은 하나같이 생동감 넘치며 다채로움을 뽐낸다. 바로크 트리오소나타의 최고 걸작 중 하나로 꼽힐 수 있는 까닭이다. 두 번째 악장의 정교한 삼중 푸가, 라르고 악장에서 명상적인 카논을 펼쳐나가는 두 바이올린, 교회소나타의 관습을 거스르며 마지막 악장에 자리하고 있는 지그가 특징적이다. 다만 이 소나타가 바흐가 아닌 요한 곳트립 골드베르크의 작품이라는 주장도 있다.

3.5 협주곡

3.5.1 〈브란덴부르크 협주곡〉

〈브란덴부르크 협주곡〉의 본래 제목은 '여러 악기로 연주되는 여섯 협주곡'(Six Concerts avec plusieurs instruments)이다. 바흐는 이렇듯 프랑스어 제목을 붙이고는 1721년 3월에 손수 적은 헌정문과 함께 악보도 직접 정서해 크리스티안 루드비히 폰 브란덴부르크 후작에게 헌정했다. 그 이유로 필립 슈피타에 의해 '브란덴부르크 협주곡'이라 불리기 시작했다. 1718-19년 겨울 바흐는 쾨텐 궁정에 필요한 쳄발로를 구입하기 위해 베를린으로 가 그곳에서 브란덴부르크 후작을 만났다. 이때 후작으로부터 작품 의뢰를 받았으니, 바흐는 두 해가 지나고 나서야 〈브란덴부르크 협주곡〉으로 후작의 청을 들어준 셈이다.

〈브란덴부르크 협주곡〉의 여섯 협주곡 BWV 1046-1051이 언제 작곡되었는지는 아직 명확하게 밝혀져 있지 않다. 다만 지극히 다양한 악기 편성, 협주곡 및 양식 유형을 내포하고 있는 점으로 미루어 보아, 폭넓은 협주 가능성, 다양한 악기 조합을 목적으로 이미 완성되어 있던 협주곡들 가운데에서 선별한 것으로 보인다. 또 각 협주곡의 독특한 작법과 어법은 이것들이 다른 시기에 창작되었을 것이라는 추측을 낳게 한다. 이에 따라 여러 근거들

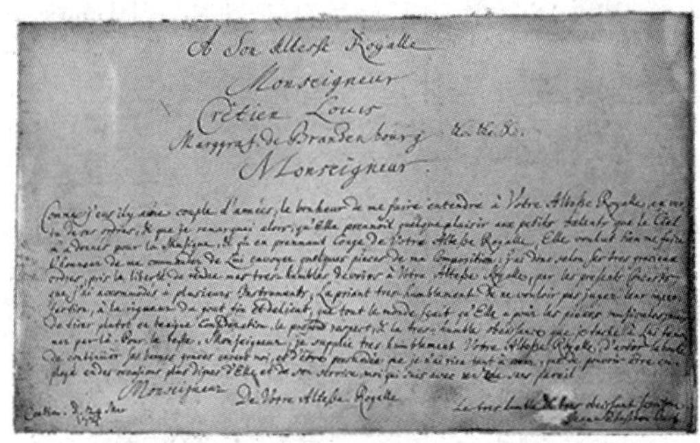

크리스티안 루드비히 폰 브란덴부르크 후작에게 바친
바흐의 자필 헌정문

을 토대로 협주곡들의 기원과 창작시기를 추정하는 연구 결과들이 꾸준히 발표되어 왔는데, 그 결과들을 종합해 보면 쾨텐 시기, 바이마르 시기, 쾨텐과 바이마르의 두 시기에 걸쳐 창작되었다는 세 가지 견해로 나뉜다.

바흐 사후 18세기 말에 〈브란덴부르크 협주곡〉을 비롯한 바흐의 협주곡들은 전문가들이 향유하는 음악으로 인식되면서 필사본을 통해 전수되는 데 그쳤다. 19세기에 들어서도 '바흐 르네상스'의 빛을 보지 못했다. 20세기 전반기에도 상황은 크게 달라지지 않아, 〈브란덴부르크 협주곡〉의 전곡 연주는 독일에서조차 센세이션이었다. 20세기 후반기에 들어 〈브란덴부르크 협주곡〉이 대중들에게까지도 친근한 바로크 기악으로 자리매김했다면, 이는 무엇보다도 시대와 양식의 차이 혹은 간극에 관대해진 청중들을 매료하기에 충분한 작품들의 생기와 에너지, 특별한 보편적 가치 때문일 것이다.

3.5.2 바이올린 협주곡

바흐의 〈바이올린 협주곡〉 BWV 1041-1043은 오랫동안 쾨텐 시기에 작곡된 것으로 추측되었으나, 최근 바흐 연구는 라이프치히에서 콜레기움 무지쿰과의 연주를 위해 만들어졌다는 주장에 힘을 실어준다. 바흐는 비발디의 바이올린 협주곡에 대해 익히 잘 알았고 그것들을 편곡하며 집중적으로 습득하기도 했으나, 거기에 온전히 기대지는 않았다. 바흐는 결국 자신의 바이올린 협주곡을 이루어 냈다. 이때 그는 특히 투티와 솔로의 엄격한 구분을 포기함으로써 새롭고도 한 차원 높은 협주곡의 구조를 구현했다. 그리하여 바흐의 바이올린 협주곡에서 그 두 부분은 서로 만나고 겹친다. 서로의 동기를 섞고 그것들을 '가공'하면서 말이다. 물론 이탈리아의 빠른 첫 악장, 느린 둘째 악장, 다시 빠른 셋째 악장의 세 악장 협주곡 구조는 유지된다.

3.5.3 쳄발로 협주곡

바흐의 쳄발로 협주곡, 그중에서도 〈쳄발로 독주를 위한 협주곡〉 BWV 1052-1059는 다른 협주곡의 편곡들이다. 하지만 피아노 협주곡 장르사에 기여한 바가 무척 크다. 바이올린을 위한 장르에서 콘티누오 악기로 기능해 온 쳄발로까지 포괄하는 기악 장르로 협주곡의 개념을 확대했다는 점에서 그러하다. 나아가 성부 전개 방식 및 솔로의 역할, 조성의 움직임 등의 구성적, 구조적 면면들에서 비발디의 바로크 협주곡을 넘고 전고전주의의 클라비어 협주곡을 거쳐 모차르트의 피아노 협주곡으로까지 그 맥이 이어진다. 그리하여 바흐 연구자들은 바흐를 '근대 피아노 협주곡의 창시자'로 칭하는 데 거리낌이 없다.

바흐의 쳄발로 협주곡들은 1729-40년에 써진 것으로 보이는데, 이 시기에 바흐는 텔레만에 의해 1701년에 세워진 라이프치히의 콜레기움 무지쿰을 이끌고 있었다. 바흐는 콜레기움 무지쿰과 함께 침머만 커피하우스의 연주회 시리즈를 꾸렸고, 이 일은 협주곡에 대한 바흐의 관심을 되살리는 계기가 되었다. 그 결과물인 쳄발로 협주곡들은 한 대에서 네 대까지의 쳄발로 편성을 아우르고, 거의 모두 편곡작이다. 이와 관련해 상기해야 할 점은 당시 바흐의 제자 요한 루드비히 크렙스, 크리스토프 니헬만 등과 두 아들 빌헬름 프리데만, 칼 필립 엠마누엘이 훌륭한 쳄발리스트로 성장해 있었으며, 아들들은 아직 부모의 슬하에서 지내면서 콜레기움 무지쿰 연주에 참여했다는 사실이다. 특이하게도 쳄발로 한 대(BWV 1052-1059)와 두 대(BWV 1060-1062), 세 대(BWV 1063-1064), 네 대(BWV 1065)를 위한 다양한 독주 편성의 쳄발로 협주곡이 만들어진 배경이었을 것이다. 이 작품들은 두 대의 쳄발로를 위한 음악(BWV 1061a)에 리피에노를 더한 BWV 1061을 제외하고는 모두 선율악기를 위한 협주곡의 편곡작이다. 비교적 단순한 변화(BWV 1058, 1060, 1062)부터 강도 높은 손질(BWV 1053, 1057, 1063, 1064)까지 두루 아우르는 편곡 기법이 사용된 바흐의 쳄발로 협주곡들은 그러나 결과적으로 자체의 독자성을 확보하고 있다. 선율악기들에 비해 폭넓은 음역과 연주 테크닉의 가능성을 지닌 쳄발로가 편곡 과정에서 비교적 근소한 변형이나 (성부, 화음 등의) 첨가를 통해 선율악기용 원작을 쉽게 재현하게 하고 특유의 관용적 언어를 얻어낼 수 있게 하기에, 바흐는 굳이 신작의 필요성을 느끼지 않았을 수 있다.

4. 〈음악의 헌정〉

〈음악의 헌정〉(Musikalisches Opfer) BWV 1079는 바흐가 세상을 뜨기 3년 전에 완성한 작품이다. 기원은 이미 잘 알려져 있다. 1747년 5월 7-8일에 바흐는 아들 필립 엠마누엘이 쳄발리스트로 재직 중인 프로이센 프리드리히 2세의 포츠담 궁정에서 왕을 알현한다. 이때 플루티스트이자 작곡가이기도 한 프리드리히 2세는 바흐를 반갑게 맞는다. 그러고는 소위 '왕의 주제'를 직접 지어 바흐에게 주고는 그것으로 6성부 푸가를 즉흥 연주해 달라고 청한다. 바흐는 곧장 그 주제를 가지고 3성부 푸가를 연주한다. 그리고 왕의 허락을 얻고서는 자기가 택한 주제로 6성부 푸가를 들려준다.

라이프치히로 돌아오자마자 바흐는 '왕위 주제'를 가지고 6성부의 리체르카레뿐 아니라, 체계적으로 나열된 일련의 악곡들을 만들어 낸다. 1747년 7월 바흐는 작업을 완료한 후 작품을 인쇄, 출판해 왕에게 건넨다. 그는 표지에 라틴어 아크로스틱 'Regis Iussu Cantio Et Reliqua Canonica Arte Resoluta'를 적어넣었는데, 각 낱말의 첫 자가 합쳐져 RICERCAR를 만드는 이 말은 '왕의 분부에 따라 완성된 악곡과 그 외 카논의 기법으로 작성된 악곡들'이라는 뜻으로 작품의 내용을 말해준다. 실제로 바흐의 〈음악의 헌정〉은 '3성 리체르카레'(Ricercar a 3), '왕의 주제에 의한 무한 카논'(Canon perpetuus super thema regium), 다섯 곡의 '왕의 주제에 의한 여러 가지 카논'(Canones diversi super thema regium), '5도 위 카논 풍 푸가'(Fuga canonica in epidiapente), '6성부 리체르카레'(Ricercar a 6), '2성 및 4성 카논'(Quaerendo invenietis), '플루트, 바이올린, 쳄발로를 위한 트리오소나타'(Sonata sopr'il soggetto reale), '무한 카논'(Canon perpetuus)으로 구성되어 있다.

바흐는 〈음악의 헌정〉을 통해 자신의 크고 넓은 음악의 스펙트럼을 왕에게 한껏 펼쳐 보였다. 엄격한 대위법부터 실내악적 느슨함, 구성의 유연성과 유희까지 말이다. 그렇게 바흐는 전통적인 언어뿐 아니라 새로운 감정양식의 언어에도 능한 클라비어의 대가이자 노련한 카펠마이스터, 대위법 이론가이자 작곡가의 면모를 모두 드러내 보였다. 그러한 의미에서 〈음악의 헌정〉은 오늘날 '한 작품'으로 연주되는 경우가 흔한데, 이때 두 가지 순서를 따르곤 한다. 하나는 대칭적 구조를 형성하는 것으로, 두 리체르카레를 맨

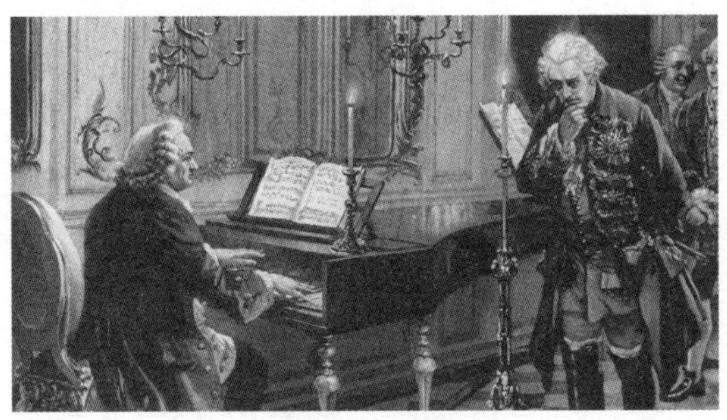

프리드리히 2세와 바흐

앞과 뒤에 배치하고, 그 사이에서는 다섯 개의 카논 군이 트리오소나타를 감싸도록 하는 것이다. 다른 한 가지는 두 리체르카레와 열 개의 카논을 연주한 후 트리오소나타를 마지막 절정의 순간으로 놓는 것이다. 악기 편성은 직간접적으로 지시되어 있는데, '트리오소나타'와 '무한 카논'은 가로 플루트와 바이올린, 콘티누오의 편성으로, '왕의 주제에 의한 여러 가지 카논' 중 두 번째 카논은 유니슨의 두 바이올린의 편성으로 지시되어 있으며, 두 리체르카레는 악보에 두 단으로 기보된 것으로 미루어 보아 쳄발로를 염두에 둔 것으로 보인다. 다만 6성부 리체르카레는 듣기에나 연주하기에나 쳄발로보다는 앙상블이 더 타당해 보인다.

5. 〈푸가의 기법〉

〈푸가의 기법〉(Die Kunst der Fuge) BWV 1080은 바흐의 대위법, 바흐의 푸가를 넘어 바흐의 예술의 마지막 정수이다. 중세 이래 유럽 음악의 '모국어'로 형성, 발전되어 온 대위법의 기념비적인 집대성이기도 하다. 최근 연구에 따르면, 바흐의 자필본은 대부분 1742년에서 1746년 사이에, 미완성 종결 푸가는 1748년 8월에서 1749년 10월 사이에 써졌다. 출판 작업은 1748년 초에 시작된 것으로 보인다. 바흐의 자필본과 1751년의 첫 인쇄본은 다행히도 모두 보존되었는데, 자필본은 베를린 국립도서관(Staatsbibliothek zu Berlin)에 소장되어 있다.

'흥미로운' 것은 바흐의 자필본과 첫 인쇄본이 일치하지 않는다는 점이다. 내용도 악곡 배열순서도 다르다. 온전한 자필본이 있었지만 소실되었을 것이라는 추측이 가능한 이유다. 다른 한편으로 자필본과 첫 인쇄본이 다르다는 것은 바흐가 〈푸가의 기법〉을 마지막 순간까지 매만지며 손질했다는 뜻이다. 그리고 작품이 완성되지 못한 상태에서 조판 작업이 시작되었다는 것은 바흐가 출판 과정에서 더해 넣을 요량으로 푸가를 계속 써나가며 작업에 참여했다는 뜻이다. 그렇다면 1751년의 첫 출판본 일부는 바흐가 직접 감수하고 동의한 것이었을 터이다. 하지만 첫 출판본의 완성도는 믿을 만한 것이 못 된다. 한 악곡의 초기 버전이, 한 악곡의 여러 버전이 함께 수록되는 등 편집 실수가 적지 않기 때문이다. 여하튼 〈푸가의 기법〉의 악곡들을 어떻게 배열해야 할지는 여전히 의문이고 숙제다.

〈푸가의 기법〉은 명상하는 듯한, 혹은 무심히 관조하는 듯한 d단조의 단일 주제를 취한다. 알버트 슈바이처는 이 주제를 "고요하고 진지한 세계다. 황량하고 완고하다. 색도 없고 빛도 없으며 움직임도 없이 거기 놓여 있다. 기쁨도 산만함도 없다. 그럼에도 우리는 그 세계에서 헤어 나올 수 없다"[9]고 읽고 해석했다. 그러나 주제는 변주되듯 모양새를 바꾸고 대주제들과 만나며 점차 활기를 더해 간다. 대위법의 밀도와 기술도 점차 높아져 간다. 그렇게 하나의 주제를 중심에 놓고 더할 나위 없이 다채로운 대위법적 기법, 대위법적 가능성이 펼쳐진다.

바흐가 손수 정서한 자필본은 모두 열네 악장, 즉 콘트라풍투스(Contrapunctus)라고 칭해지는 열두 푸가와 두 카논을 담고 있다. 첫 인쇄본에는 두 푸가(Contrapunctus 4, 14)와 두 카논(Canon alla Decima, Canon alla Duodecima)이 더해져 있다. 첫 인쇄본은 또 악곡들을 자필본과 다른 순서로 나열해, 단순푸가(Contrapunctus 1, 2, 3, 4), 반행푸가(Contrapunctus 5, 6, 7), 여러 주제의 다중푸가(Contrapunctus 8, 9, 10, 11), 거울푸가(Contrapunctus 12, 13), 카논(Canon per Augmentationem in Contrario Motu, Canon alla Ottava, Canon alla Decima in Contrapunto alla Terza, Canon alla Duodecima in Contrapunto alla Quinta), 세 주제를 위한 푸가

---

9. Albert Schweitzer, *Johann Sebastian Bach* (Wiesbaden: Breitkopf & Härtel, 1908), 374.

(Contrapunctus 14)로써 대위법의 교과서를 연상시킨다. 모든 푸가 및 카논의 유형을 망라하면서 점차 기법의 난도를 높여가는 교과서 말이다. 그 지극히도 다채로운 푸가와 카논의 유형들은 전위, 축소, 확대 등의 대위법적 기법까지 풍성하게 담아낸다. 대위법 외의 작곡기법적 구상도 8분음표나 16분음표의 지배적 움직임, 음들의 연결, 셋잇단음표의 흐름, 반음계, 특정 음정에 집중하는 음형 등을 거침없이 넘나든다. 〈푸가의 기법〉이 바흐의 대위법, 바흐의 기악 언어의 포괄적 결정체라 일컬어지기에 손색이 없는 이유다. 그 포괄성은 음악 표현의 포괄성으로 이어져 〈푸가의 기법〉은 '표현의 보고'이기도 하다.

사실 〈푸가의 기법〉은 대부분 4성부이고, 부분적으로 3성부와 2성부로 기보되어 있다. 즉, 푸가들은 3성부나 4성부이고 카논들은 2성부이다. 그런데 어디에도 악기가 지정되어 있지 않다. 바흐의 자필본에도 첫 인쇄본에도 어느 악기로 연주되어야 하는지 명시되어 있지 않다. 짜임새를 들여다보면, 어느 악곡은 쳄발로에 어느 악곡은 오르간에 보다 적합하다. "쳄발로와 오르간을 둘 다 사용할 수 있도록 구성되어 있다"고 바흐의 둘째 아들 칼 필립 엠마누엘 바흐도 확인해 준 바 있다. 악기가 지정되지 않음으로써 〈푸가의 기법〉의 추상성과 보편성은 더욱 높아졌다. 신화적 성격도 얻었다. 여전히 지속되고 있는 악곡 배열 순서에 대한 의문과 추정과 가설도 작품의 신화성을 부추긴다. 신화성에 힘을 보태는 또 한 요인이 있다. 바흐의 이름과 함께 그쳐 버린 마지막 푸가가 그것이다.

바흐는 〈푸가의 기법〉을 완성해 내지 못했다. 마지막 푸가에서 그의 이름 B(B♭)-A-C-H(B)의 음들을 달고 네 번째 주제가 등장하자마자 푸가도, 〈푸가의 기법〉도 중단되고 만다. 칼 필립 엠마누엘은 30여 년이 지난 1780년경 아버지의 육필이 멈춰버린 그곳에 "BACH의 이름이 대주제에 주어진 푸가의 이 지점에서 작곡가가 세상을 떠났다”는 글귀를 적어넣었다. 하지만 최근 바흐 연구는 〈푸가의 기법〉의 마지막 푸가가 사중푸가로 이미 완성되어 있었고, 완성본은 소실되었다는 주장을 펴기도 한다.

〈푸가의 기법〉 첫 인쇄본의 악보 앞쪽에는 또렷하게 눈길을 끄는 “안내문”이 적혀 있다. 바흐가 안질에 시달리다가 세상을 떠나게 되어 마지막 푸가를 완성하지 못했기에 “그가 실명의 상태에서 친구에게 받아쓰게 한 4성부 코랄을 끝에 넣어 그의 뮤즈들을 온전히 보존하고자 한다”는 글이다. ‘나 이제 당신의 보좌 앞으로 나아갑니다’ BWV 668이 그 코랄이다. 이 종결 코랄은 그러니까 〈푸가의 기법〉을 위해 바흐가 구상한 것이 아닌 인쇄본의 편집자에 의해 더해진 것이다.

바흐는 생애 마지막 두 해 동안 크게 쇠약해진 몸으로 작업했다. 〈푸가의 기법〉에서는 그러나 어떠한 쇠약함도 어떠한 무기력함도 읽히거나 들리지 않는다. 도전적이고 강인하며 선구적인 바흐의 정신만이 생동할 뿐이다.

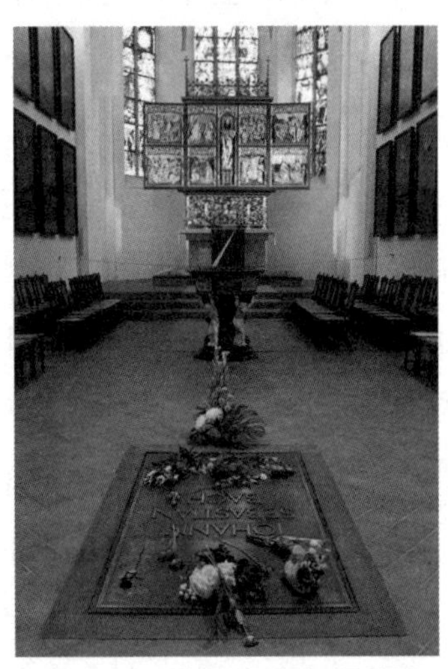

라이프치히 토마스 교회 제단 앞에 잠들어 있는 바흐

II.
자유 안에서 엄격을, 엄격 안에서 자유를:
모테트 〈주께 새 노래를 불러드리라〉 BWV 225

1. 바흐의 모테트, 그 역사적이고 수용사적인 의미

바흐의 작품에서 모테트가 차지하는 자리는 작고 협소하다. 수난곡들이나 칸타타들, 〈b단조 미사〉, 〈크리스마스 오라토리오〉 등과 비교하면, 그 자리는 더욱 작게 느껴진다. 하지만 역사적 시각으로 바라본다면, 바흐의 모테트가 지니는 의미는 상당히 특별하다. 바흐 사후부터 오늘날까지 그의 성악 작품으로 유일하게 단절의 순간을 겪지 않고 전수되고 있는 것이 모테트이다. 바흐가 세상을 떠나고 난 뒤에 칸타타들이 마드리갈적인 가사로 인해 사용처를 찾지 못하고 있을 때, 주로 시편을 포함하는 성경 구절과 코랄 시구를 가사로 취하는 모테트들은 작곡가의 아들들과 제자들, 후임자들에 의해 끊이지 않고 울려 퍼졌다. 그리하여 모차르트가 1789년 4월 프리드리히 빌헬름 2세를 알현하기 위해 베를린으로 가는 길에 들른 라이프치히에서 토마스칸토르 요한 프리드리히 돌레스가 이끄는 토마스 교회 합창단의 모테트 〈주께 새 노래를 불러드리라〉(Singet dem Herrn ein neues Lied) BWV 225 연주를 듣고는 이후의 창작품들에 짙은 흔적을 남기게 되는 감동의 체험을 한다.

19세기로 들어설 무렵에는 베를린 징아카데미가 바흐의 모테트들을 다루어, 1794년 칼 프리드리히 크리스티안 파쉬(Carl Friedrich Christian Fasch, 1736-1800)의 지휘 아래에서 연습되고,[1] 1804년에는 파쉬의 후임자 첼터(Carl Friedrich Zelter, 1758-1832)에 의해 연주 무대에 올려진다. 1802-03년에는 라이프치히의 브라이트코프 & 헤르텔 출판사가 그 바흐의 성악 작품들을 출판한다. 이로써 모테트는 19세기에 인쇄된 바흐의 첫 성악 작품이라는 역사적 의미를 띠게 된다. 동시에 본격적으로 '음악 시장'에 들어설 수 있는 발판을 갖추게 된다. 창작 분야에서도 소중한 전수의 결실을 보았다. 〈구원이 우리에게 이르렀도다〉(Es ist das Heil uns kommen her)를 비롯해 op. 29, 74, 110에 속한 브람스(Johannes Brahms, 1833-1897)의 일곱 모테트는 바흐의 전형이 없었다면 생겨나지 못했을 수 있다. 그 밖에도 바흐의 모테트는 500년이 넘는 시간 동안 풍부한 유산과 전통을 축적해 왔지만, 그 절정기는 이미 지나버린 모테트의 장르를 통해 다시금 성악 폴리포니의 걸작을 이루어 냈다는 점에서 중요한 역사적 가치를 지닌다. 대부분 실용적인 행사용 작품이지만, 예술작품의 미학적 자율성을 지향한 후대로부터 오늘날에 이르기까지 '그 자체로 충족된 것'으로 받아들여지고 있는 이유다.

이러한 역사적, 예술적 가치로 인해 바흐의 모테트 연구는 지난 한 세기 동안 여러 범위를 포괄해 왔다. 먼저 창작 시기와 배경 등 여전히 풀리지 않고 있는 문제점들에 대한 다각적인 '해결 시도'가 있었다. 물론 바흐가 라이프치히 토마스 학교 교장 에르네스티의 장례식을 위한 곡이라고 자필 악보에 직접 밝힌 〈성령이 우리의 연약함을 도우시네〉(Der Geist hilft unser Schwachheit auf) BWV 226은 제외되었다. 바흐의 모테트가 과연 몇 곡인지를

---

1. Hans-Joachim Hinrichsen, "Singakademie," in *Das Bach-Lexikon*, hrsg. Michael Heinemann (Laaber: Laaber Verlag, 2000), 486.

규명하려는 노력도 있었다. 대부분 순수 성악 작품으로 전수되고 있으나, 〈성령이 우리의 연약함을 도우시네〉의 파트보에 두 콘티누오 성부를 포함해 1합창단의 성부들과 함께 움직이는 현악기들, 2합창단의 성부들을 보조하는 두 오보에, 타이에(일종의 알토 오보에), 바순이 주어져 있다는 사실이 밝혀짐으로써 연주 방식 및 악기 반주 여부에 대한 논란도 일었다. 그러나 한 세기가 넘게 지속되고 있는 이 논란은 지금까지도 해결점을 찾지 못하고 있다.

바흐 학자들의 다각적인 모테트 연구에도 불구하고 작곡기법의 정교함을 살피는 작업도 여전히 부족하다. 이 글이 그러한 작업을 시도해 보고자 하는 이유이다. 특히 바흐의 모테트에서 중요한 전개 수단 중 하나로 취해지는 푸가에 초점을 맞추어 보려고 한다. 탐구 대상은 〈주께 새 노래를 불러드리라〉 BWV 225이다. "바흐의 종교적 성악 작품들에서 가장 탁월하고 가장 특이한 푸가"[2]를 담고 있을 뿐 아니라, 형태와 전개의 폭넓은 가능성을 모색하는 바흐의 성악 푸가가 흥미롭게 관찰되기 때문이다. 모테트를 대표하는 작곡기법인 대위법이 어떻게 그 정수인 성악 푸가로 '재탄생'되는지 살펴보는 일도 유의미할 것이다.

---

2. Klaus Hofmann, *Johann Sebastian Bach. Die Motetten* (Kassel: Bärenreiter, 2006), 75.

2. 〈주께 새 노래를 불러드리라〉의 창작 시기 및 배경에 대한 여러 가설들

〈주께 새 노래를 불러드리라〉는 〈성령이 우리의 연약함을 도우시네〉와 함께 자필본 총보 및 필사본 파트보로 보존되어 있다. 하지만 〈성령이 우리의 연약함을 도우시네〉와는 달리 〈주께 새 노래를 불러드리라〉의 총보와 파트보에는 창작 시기와 목적에 대한 어떠한 정보도 주어져 있지 않다. 먼저 슈피타(Philipp Spitta)와 테리(Charles Sanford Terry), 슈미더(Wolfgang Schmieder)가 1723년에서 1734년 사이에 라이프치히에서 새해 음악용으로 작곡되었을 것이라는 추측을 내놓았다.[3] 쉐링(Arnold Schering)은 1746년 1월 1일이라는 구체적인 날짜를 제시했다. 1745년 12월 25일에 드레스덴 평화조약이 체결되고 나서 프로이센의 점령군이 1746년 1월 초하루에 라이프치히를 떠나게 된 것을 축하하기 위해 성대한 음악을 작곡, 연주했다는 것이 그의 주장이

3. Philipp Spitta, *J. S. Bach* II, 2. Aufl. (Leipzig: Breitkopf & Härtel, 1916), 433; Charles Sanford Terry, *J. S. Bach* (Leipzig: Insel Verlag, 1929), 366; Philipp Spitta, *Johann Sebastian Bach*, gekürzte Ausgabe mit Anmerkungen und Zusätzen von Wolfgang Schmieder (Leipzig: Breitkopf & Härtel, 1935), 283.

다.[4]

20세기 후반기에 들어 자필본 악보 종이의 워터마크, 바흐의 필체, 파트보 필사본의 필사가들에 대한 연구 결과를 토대로 뒤르(Alfred Dürr)는 〈주께 새 노래를 불러드리라〉의 작곡년도를 1726-1727년경으로 추정해 냈다.[5] 이어서 슐체(Hans-Joachim Schulze)가 1726년 6월에서 1727년 4월 사이로 그 시간적 범위를 좁혔다.[6] 여러 가설이 제기되고 있지만, 지금까지도 좀처럼 해결점을 찾지 못하고 있는 문제는 작곡의 목적과 용도이다. 하지만 그 가운데에서 '새해 음악용', '장례식, 혹은 추도식용', '생일 축하용'이라는 세 가설이 진지하게 고려될 만하다.

새해 음악용이라는 가설을 처음 제기한 이는 슈피타이다. 슈피타는 그의 바흐 전기에서 악곡 구조와 가사 내용을 짚어가면서 아무런 근거 없이 "이 작품은 새해 음악으로 작곡된 것이 틀림없다"[7]고 단정했다. 이후 쉐링이 동일한 제목의 새해 칸타타 BWV 190의 시작 합창이 이 모테트처럼 시편 149장 1절, 150장 4절과 6절을 가사의 기반으로 놓는다는 점, BWV 16의 레치타티보(2번)에서 새해에는 새 노래를 부른다는 의미로 "오 그래서 새 노래가 울려 퍼져야 하지 않겠는가?"라는 가사가 등장한다는 점 등 라이프치히 시기의 여러 새해 칸타타들과 〈주께 새 노래를 불러드리라〉의 연관성들을 들어 슈피타의 '단정'에 근거를 마련해주었다.[8] 뒤르 역시 1727년 1월 1일에

4. Arnold Schering, "Kleine Bachstudien," *Bach-Jahrbuch* 30 (1933), 33-34.

5. Alfred Dürr, "Zur Chronologie der Leipziger Vokalwerke J. S. Bachs," *Bach-Jahrbuch* 44 (1957), 32-36.

6. Hans-Joachim Schulze, "Ein 'Dresdner Menuett' im zweiten Klavierbüchlein der Anna Magdalena Bach. Nebst Hinweisen zur Überlieferung einiger Kammermusikwerke Bachs," *Bach-Jahrbuch* 65 (1979), 60-63.

7. Spitta, *J. S. Bach* II, 433.

8. Schering, "Kleine Bachstudien," 34.

이 모테트가 새해 음악용으로 연주되었을 가능성이 있다고 밝혔다. 1727년의 새해 칸타타 연주가 증명되고 있지 않다는 이유에서였다.[9] 다만, 이 새해 첫날에 왜 모테트를 연주했는지는 의문으로 남아 있다. 당시 라이프치히의 주요 예배에서 칸타타 대신 모테트를 연주하는 일은 흔치 않았기 때문이다.

1912년 베른하르트 프리드리히 리히터(Bernhard Friedrich Richter)는 두 번째 곡의 코랄 가사가 인생의 무상함을 그리고 있다는 점을 근거로 〈주께 새 노래를 불러드리라〉가 장례식용으로 작곡되었을 것이라 추측했다. 장례식 음악에 어울리지 않는 시편 가사는 죽음을 앞둔 이가 자신의 장례식을 위해 직접 선택한 것일 수 있다고 했다. 또 〈주께 새 노래를 불러드리라〉에서는 제1곡과 제3, 4곡의 열광적인 환호의 합창(시편) 사이에 진지한 가사 및 음악의 코랄(2합창단)과 아리아(1합창단)가 위치하는데, 이 독특한 음악과 가사의 조합에 관해 리히터는, 시편 가사는 죽은 자가 미리 결정한 것으로, 그 사이에 놓인 코랄과 아리아의 절들은 남은 자들의 심정을 반영하는 것으로 해석했다. 하지만 리히터는 자신의 주장이 상당히 과감한 것임을, 그리고 그 증거의 확보가 쉽지 않다는 점을 자인했다.[10]

장례식, 혹은 추도식용 음악이라는 리히터의 가설에 뉴먼(S. T. M. Newman)과 모건(Wesley K. Morgan)이 동조했다. 하지만 근거들은 다르다. 그중에서 특히 뉴먼의 것이 흥미로운데, 뉴먼은 아리아의 가사 "우리의 피난처요 빛이 되시어"(Drum sei du unser Schirm und Licht)와 "올곧고 굳게 (당신과 당신의 은혜를 믿는) 자에게"(Wohl dem, der sich nur steif und fest)에 샤인(Johann Hermann Schein, 1586-1630)의 장송 노래 〈하나님이시여, 당신의 자비로움으로 저와 함께 하소서〉

---

9. Dürr, "Zur Chronologie der Leipziger Vokalwerke J. S. Bachs," 33.
10. Bernhard Friedrich Richter, "Über die Motetten Sebastian Bachs," *Bach-Jahrbuch* 9 (1912), 13-14.

(Mach's mit mir, Gott, nach deiner Güt)의 선율이 인용되었다는 점을 중요한 근거 중 하나로 제시했다.[11]

아멜른(Konrad Ameln)은 〈주께 새 노래를 불러드리라〉가 생일 축하용으로 작곡되었다고 주장했다.[12] 이 모테트의 자필 총보가 서둘러 써 내려간 필적을 보이고 작품의 규모와 구성이 평범하지 않으며 기쁨의 시편 가사와 환희의 음조가 두드러지므로, 그 어떤 축하 행사가 작곡 동기가 되었을 가능성이 크다는 것이다. 그리고 그 축하 행사는 병마에 시달리다가 건강을 되찾은 작센의 선제후이자 폴란드의 왕 프리드리히 아우구스트(Friedrich August, 1670-1733)의 생일을 위해 1727년 5월 12일 라이프치히 시와 대학이 개최한 대규모 행사라는 것이다. 즉, 아멜른은 당시의 기록들을 토대로 라이프치히 시와 대학이 얼마나 성대하게 그 행사를 준비하고 치렀는지 짚어나가면서, 결국 〈주께 새 노래를 불러드리라〉가 프리드리히 아우구스트를 위해 작곡되었다는 결론에 이르렀다. 신교 음악인 칸타타가 가톨릭 신자인 프리드리히 아우구스트의 탄생일을 기념하는 행사용 음악으로 적절하지 않았다는 것, 그래서 종파와 무관하면서 전례적으로도 자유로운 모테트가 적합했다는 것 또한 아멜른의 주장을 뒷받침하는 근거였다.

---

11. S. T. M. Newman, "Bach's Motet: 'Singet dem Herrn'('Sing ye to the Lord')," *Proceedings of the Musical Association*, 64th Session, April 28, 1938, 122-125.
12. Konrad Ameln, "Zur Entstehungsgeschichte der Motette 'Singet dem Herrn ein neues Lied' von J. S. Bach(BWV 225)," *Bach-Jahrbuch* 48 (1961), 29-34.

3. 모테트 〈주께 새 노래를 불러드리라〉

당시 라이프치히 토마스 학교의 칸토르였던 돌레스가 기획한 행사에서 합창단은 독일 음악의 조부인 제바스티안 바흐의 이중 합창 모테트 〈주께 새 노래를 불러드리라〉로 모차르트를 놀라게 했다. […] 합창단이 처음 몇 마디를 다 부르기도 전에 모차르트는 놀라서 멈칫했다. 그리고 몇 마디를 더 듣고 나서는 '이 곡이 무엇입니까'라고 소리쳤다. 그는 자신의 영혼을 온통 귀에 실은 듯했다. 노래가 끝났을 때 그는 기쁨에 넘치는 목소리로 '이 곡은 많은 가르침을 주는군요!'라고 외쳤다. […] 그러나 노래들의 총보는 그곳에 없었다. 그래서 모차르트는 필사된 파트보를 받았다. 모차르트가 아주 진지하게 무릎을 꿇은 채 주위에 널려있는 파트보들을 두 손으로 옆 의자들로 나누어 놓는 모습, 다른 일들은 완전히 잊고 거기에 있는 제바스티안 바흐의 악보들을 다 훑어볼 때까지 자리를 지키는 모습은 지켜보는 사람에게 큰 기쁨이었다. 그는 악보의 복사본을 간청해 얻었고, 그것들을 소중하게 간직했다. 그리고 내가 크게 잘못 판단하지 않는 한, 바흐의 작품들과 모차르트의 〈레퀴엠〉, 특히 '크리스테 엘레

이존'의 대(大)푸가에 대해 잘 아는 사람은 모든 것에 능한 모차르트의 정기에서 그 옛 대위법 작곡가의 정신을 배우고 존중하며 온전히 이해한 면면을 분명히 알아볼 수 있을 것이다.[13]

모차르트가 라이프치히를 방문했을 때 자신이 직접 경험한 일들을 적어내려간 이 로흐리츠(Johann Friedrich Rochlitz, 1769-1842)의 글에서는 그 젊은 작곡가가 토마스칸토르 돌레스를 통해 바흐의 모테트 〈주께 새 노래를 불러드리라〉를 알게 되고, 그 음악에 감동해 하는 모습이 생생하게 묘사된다. 그리고 무엇보다 모차르트의 이후 작품들에 영향을 미친 바흐의 대위법과 푸가가 강조된다. 실제로 이 모테트는 바흐의 대위법과 푸가를 독특한 형태로 담아내는데, 그중에서 푸가는 총 네 악곡으로 구성된 이 모테트의 제1곡 후반부와 제4곡에 자리한다.

"탁월한 합창교향곡"[14]이라고도 칭해지는 이중합창 모테트 〈주께 새 노래를 불러드리라〉는 시편 149장 1-3절(제1곡)과 시편 150장 2, 6절(각각 제3곡과 제4곡)을 작품의 테두리로 취한다. 그리고 그 사이에는 마틴 루터와 동시대를 산 종교개혁가이자 라이프치히 토마스 학교 교장 요한 그라만의 코랄 가사 "나의 영혼이 주를 찬양하나니"(Nun lob, mein Seel, den Herren)의 3절(제2곡의 2합창단)과 작자미상 창작시(제2곡의 1합창단)의 조합이 위치한다. 하지만 제2곡에서 더 큰 비중을 차지하는 그라만의 코랄 가사가 루터 번역의 시편 103장 13-16절에 의거한다면, 이 모테트의 가사는 대체로 성경의 시편에 기대고 있는 것이다.

---

13. Johann Friedrich Rochlitz, "Verbürgte Anekdoten aus Wolfgang Gottlieb Mozarts Leben, ein Beytrag zur richtigern Kenntnis dieses Mannes, als Mensch und Künstler," *Allgemeine Musikalische Zeitung* 8 (21. November 1798), 116-117.
14. Richter, "Über die Motetten Sebastian Bachs," 13.

3.1 제1곡

제1곡은 동일한 길이의 두 부분(I: 마디 1-75, II: 마디 75-151)으로 나뉘고, 그 첫 부분은 아래와 같이 세 단락으로 구분된다.

[표 1] BWV 225, 제1곡의 부분 I 개관

단락	A		B				C	
세부 단락	a	a´	b	b´	b´´	b´´´	c	c´
마디	1-11	12-28	28-35	35-42	42-51	51-59	59-68	68-75
가사	Singet dem Herrn ein neues Lied 주께 새 노래를 불러드리라		Die Gemeine der Heiligen sollen ihn loben 성도의 회중은 그를 찬미할지어다				Israel freue sich des, der ihn gemacht hat 이스라엘은 자기를 지으신 자로 인하여 즐거워하며	

완결된 형태의 모테트를 나타내는 첫 부분은 전통적인 모테트의 구조를 따라 각 가사 단락에서 고유의 동기를 제시, 전개한다. 단락 A의 두 세부 단락을 이끌어가는 핵심 동기가 장단단격의 닥틸루스 리듬으로 경쾌함을 불어 넣는 가운데 모테트의 시작 마디들에서 눈에 띄는 것은 일곱 마디 동안 지속되는 페달포인트 B♭(1합창단의 베이스, 마디 1-7)과 그 위성부들의 멜리스마틱한 선율, 2합창단의 화성적 '외침음형'(마디 1-5)이다.

게르버(Rudolf Gerber)가 이 모테트의 제1곡을 두고 프렐류드와 푸가의 쌍을 성악으로 옮겨 놓은 것이며 첫 부분이 프렐류드에 해당한다고 말했다면,[15] 그는 아마도 긴 페달포인트와 상성부들에서 모방적으로 도입되는 동기

---

15. Rudolf Gerber, "Über Formstrukturen in Bachs Motetten," *Die Musikforschung* 3 (1950), 180.

[악보 1] BWV 225, 제1곡, 부분 I, 세부 단락 a, 마디 1–11

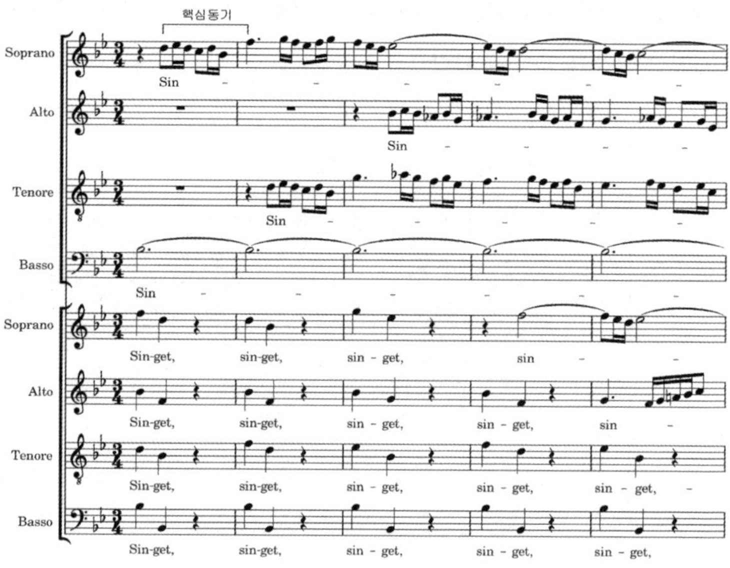
핵심동기
Soprano
Sin
Alto
Sin
Tenore
Sin
Basso
Sin
Soprano
Sin-get, sin-get, sin - get, sin
Alto
Sin-get, sin-get, sin - get, sin - get, sin
Tenore
Sin-get, sin-get, sin - get, sin - get, sin - get,
Basso
Sin-get, sin-get, sin - get, sin - get, sin - get,

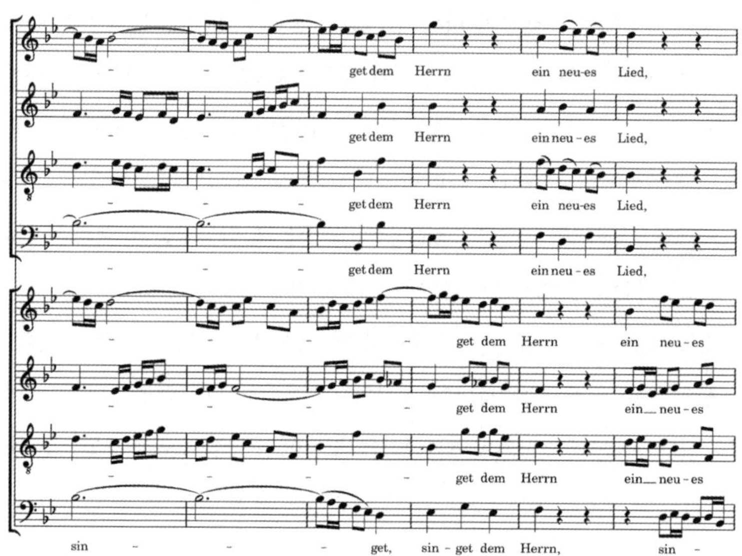
get dem Herrn ein neu-es Lied,
get dem Herrn ein neu - es Lied,
get dem Herrn ein neu-es Lied,
get dem Herrn ein neu - es Lied,
get dem Herrn ein neu - es
get dem Herrn ein neu-es
get dem Herrn ein neu-es
sin get, sin - get dem Herrn, sin -

를 염두에 두었을 것이다. 가사와 음악의 연관성은 더욱 흥미롭다. "노래하라"(singet)는 2합창단의 실라빅적이고 단호한 요구에 1합창단이 곧장 닥틸루스의 긴 멜리스마로 응하는 모습은 무척 인상적이고 극적이기까지 하다. 두 합창단이 "새 노래로"(ein neues Lied)를 짤막하게 주고받은 후에(마디 10-12) 세부 단락 a는 완전히 종결되고, 곧장 선행 단락이 F장조로 반복된다. 이때 두 합창단은 지금까지의 진행을 서로 교환함으로써 요구와 충족의 역할도 뒤바꾼다.

두 세부 단락으로 구분되는 구조, 두 합창단의 교환은 단락 C에서도 나타난다. 다만 여기에서는 제1곡의 후반부인 푸가로 들어서기 전에 대규모의 전반부를 종결하는 코다의 기능을 두 번째 세부 단락(c′)이 맡게 되어 교환의 모습이 뚜렷하지 않다. 또한 단락 C에서는 단락 A를 주도해 나가다가 단락 B에 이르러 약화되었던 닥틸루스 리듬이 다시 활기를 찾음으로써 재현부의 성격이 형성된다.

단락 C의 새 구성 재료가 되는 것은 1합창단의 외성부들에서 "이스라엘"(Israel)을 노래 부르는 8분음표의 굴림동기(마디 59-60)이다. 이것은 단락 A의 닥틸루스 핵심동기 변형과 결합해 특징적인 악구를 형성하는데(소프라노와 베이스, 마디 59-61), 그 악구의 반복 및 모방을 통해 단락 전반부의 틀이 구축된다. 후반부(c′)에 들어서는 두 합창단의 자유로운 교창(마디 68-71)에 이어서 더 이상 성부의 병행을 허용하지 않는 온전한 8성부의 전개로 육중한 종결이 이루어진다(마디 72-75).

이렇듯 공통적인 구조와 동기로 관계성을 맺고 있는 두 테두리 단락 사이에서 네 세부 단락으로 구성된 단락 B는 각 세부 단락을 두 합창단이 번갈아 가며 노래하는, 그러니까 두 합창단이 함께 노래하지 않는 느슨한 전개로 앞뒤의 밀도 높은 단락들과 짜임을 달리한다. 아울러 앞뒤의 단락들이 모방으로 시작하는 데 반해, 여기에서는 4성부의 자유로운 폴리포니가 출발을 고한다. 그 폴리포니를 엮어가는 주재료는 베이스가 노래하는 "회중"(Gemeine)의 동기이다(마디 28-29).

[악보 2] BWV 225, 제1곡, 부분 I, 단락 B의 주요 동기, 마디 28-29

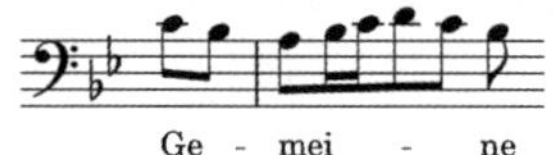

이 동기를 기반으로 하는 4성부의 8마디 단락(b, 1합창단)은 두 합창단을 번갈아 옮겨 다니며 세 차례 변형 반복된다. 이때 시선을 끄는 것은 단락 A의 핵심동기를 수용하는 두 번째 반복의 시작음들(1합창단의 소프라노와 알토, 마디 42-43)이다. 이는 여러 측면에서 모양새를 달리하는 이 중간 단락을 통일체를 이루는 부분 I의 일부로 구성하여(단락 A의 닥틸루스 리듬도 사라지지 않는다), 푸가인 부분 II에 이와 비견될 만한 것을 대립시키고자 한 바흐의 의도에서 비롯된 것일 수 있다. "시온의 자민(子民)은 저희의 왕으로 인하여 즐거워할지어다. 춤추며 그의 이름을 찬양하며 소고와 수금으로 그를 찬양할지어다"(Die Kinder Zion sei'n fröhlich über ihrem Könige, sie sollen loben seinen Namen im Reihen; mit Pauken und mit Harfen sollen sie ihm spielen)의 가사를 품고 있는 부분 II의 푸가는 긴 주제를 제시하며 시작한다.

여덟 마디에 이르는 이 주제의 확장 요인은 동기의 반복이다. 점차 유동적인 움직임을 더해가는 세 동기와 그 변형 반복은 가사의 내용과 연관되어 있다. 즐거워하고 춤추며 찬양한다는 내용의 가사가 음악에 반영되어, 팡파레로 흥겨운 시작을 알리는 듯한 F장조 3화음의 시작 동기, 유려하게 하강

[악보 3] BWV 225, 제1곡, 부분 II, 푸가의 주제, 마디 75-83

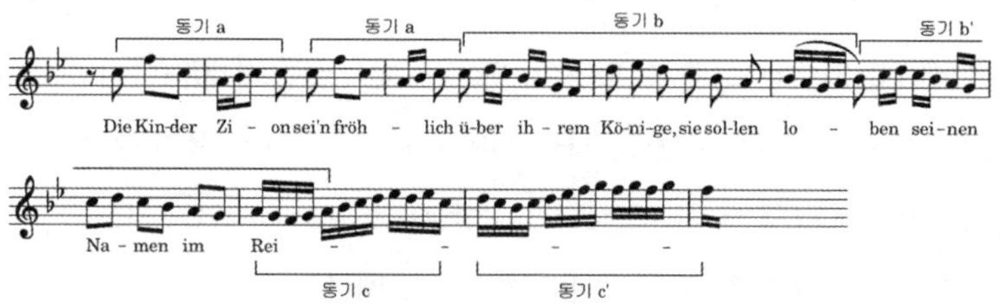

하는 선율에 감미로운 장식을 더하는 "찬양하며"(loben)와 "춤"(Reihen)의 긴 상행 콜로라투라 등이 긴 호흡의 활기차고 경쾌한 노래선율을 만들어 내는 것이다. 그리하여 기악의 푸가 주제에서는 흔히 찾아볼 수 없는 성악의 푸가 주제가 형성된 것이다.

2합창단이 부르는 "주께 새 노래를 불러드리라"(마디 75-96) 역시 간과하기 어렵다. 1합창단이 새 가사로 푸가를 시작 및 전개하는 동안 2합창단은 선행하는 부분의 첫 단락에서처럼 화성적이고 실라빅하게 '노래하라'는 요구의 '외침'을 지속하는 것이다. 그 극적 효과는 다채롭고 다이내믹한 주제로 인해 유발되는 푸가의 대위법적 긴장감까지 더해져 한층 더 고조된다. 다른 한편으로 2합창단의 '요구'의 재현은 서로 다른 가사와 전개 방식으로 뚜렷하게 구별되는 제1곡의 두 부분, 게르버가 말한 "프렐류드와 푸가"의 관계성을 성립시킨다. 두 부분의 관계성은 딸림조(F장조)로 이동하는 부분 I과 다시 원조(B♭장조)로 회귀하는 부분 II의 조성을 통해서도 이루어진다.

푸가의 제시부는 총 21마디에 이른다. 이미 주제의 형태에서 암시된 자유로운 푸가 작법은 제시부에서도 이어져, 1합창단의 알토와 테너가 각각 주제 응답(마디 82-90)과 주제(마디 89-97)를 노래한 후 베이스의 주제는 과감히 생략된다. 푸가의 규칙에 따라 모든 성부에서 주제를 제시하기에는 그 긴 길이가 공간적 부담을 줄 수 있기 때문일 것이다.

아래 [표 2]에서도 볼 수 있듯이, 바흐는 제시부와 전개부(마디 96-128)에서 주제를 소프라노 - 알토 - 테너 - 베이스(마디 96-104)로 옮겨 놓으며 점차 하강시키다가 다시 테너(마디 103-113) - 알토(마디 113-121) - 소프라노(마디 122-130)에 놓으며 상승케 하는데, 이때 전개부의 베이스 주제가 대칭의 축으로 작용한다. 바흐는 이러한 대칭 구조로써 제시부와 전개부의 내적인 결합을 꾀한 것이다. 베이스의 주제는 조성의 흐름에서도 중요한 전환점이 된다. 이때까지는 주제가 F장조와 B♭장조를 오간 반면, 이제는 E♭장조를 거쳐 c단조와 g단조 등의 단조 조성들을 모색한다.

제시부에서 또 흥미로운 것은 테너의 주제와 함께 대선율의 성부(소프라노)

[표 2] BWV 225, 제1곡, 부분 II 푸가 개관

구조	제시부	전개부	에피소드	스트레타
마디	75-96	96-128	128-137	137-151
주제 및 구성 재료	S I A I T I	B I – B II T I – T II A I – A II S I – S II	"춤" 콜로라투라/ 멜리스마 대선율/ 동음반복 대선율	B I – B II
				대선율: 주제의 4도음형/ 16분음표 음형들
주께 새 노래를 불러드리라	II	B I/II(주제): S I & S/A/T II T I/II(주제): S/A I & S/A II A I/II(주제): S I & S II S I/II(주제): ×	A/T/B I & A/T/B II → S/T/B I & S/T/B II → S/A/B I & S/A/B II	

S: 소프라노, A: 알토, T: 테너, B: 베이스
I: 1합창단, II: 2합창단

에서 "소고와 수금으로 그를 찬양할지어다"(mit Pauken und mit Harfen sollen sie ihm spielen)의 가사가 등장하는 것이다. 푸가 가사의 마지막 구절이 주제가 아닌 자유로운 대선율로 처리되는 가운데 "소고"(Pauken)에는 팡파레와도 같은 3화음의 음형이, "수금"(Harfen)에는 유동적인 멜리스마가 주어진다. 이러한 선율의 윤곽을 유지하면서 "소고와 수금으로 그를 찬양할지어다"의 대선율은 전개부에 들어서도 알토의 주제를 제외한 모든 주제들을 '반주'한다.

전개부에 이르러 주제는 2합창단의 가세로 고조된 음향을 입는다. 두 합창단의 동일한 성부가 주제를 유니슨으로 울리게 함으로써 음향을 배가하는 것이다. 주제의 음향 고조에서 그치지 않는다. 전개부를 특징짓는 또 다른 요소는 구조적 고조 현상이다. 그리고 그 구조적 고조 현상은 결정적으로 "주께 새 노래를 불러드리라"가 이중합창적으로 구성됨으로써 실현된다. 제시부에서는 "주께 새 노래를 불러드리라"가 푸가의 전개에 개입하지 않는 2합창단에 의해 불렸던 반면에, 전개부에서는 이것이 푸가의 성부들과 함께 엮여 유기적인 푸가의 전개로 파고드는 이질적 음향 조직으로 기능하는 것이다. 첫 주제부(마디 96-103)에서는 1합창단의 소프라노와 2합창단의 소프라노, 알토, 테너가([악보4] 참조), 두 번째 주제부(마디 103-113)에서는 1합창단의 소프라노, 알토와 2합창단의 소프라노, 알토가, 그리고 세 번째 주제부(마디 113-122)에서는 두 합창단의 소프라노가 이 가사를 화성적이면서도 낭송적으로, 박자의 틀은 고수하면서 실라빅하게 노래 불러 나간다.

주제부 때마다 위성부로 자리를 옮기며 서서히 상승하는 주제에 자리를 내어주면서 성부수를 줄여나가다가 결국 "주께 새 노래를 불러드리라"는 마지막 소프라노 주제 마디들(마디 122-127)에 이르러 모습을 감춘다. 푸가의 전개가 점차 우위를 점해간다는 뜻이다. 에피소드(마디 128-137)는 세 개의 세 마디 단위 구조(마디 128-131, 131-134, 134-137)로 이루어져 있는데, 이 세 마디 단

[악보 4] BWV 225, 제1곡, 부분 II, 마디 96-103

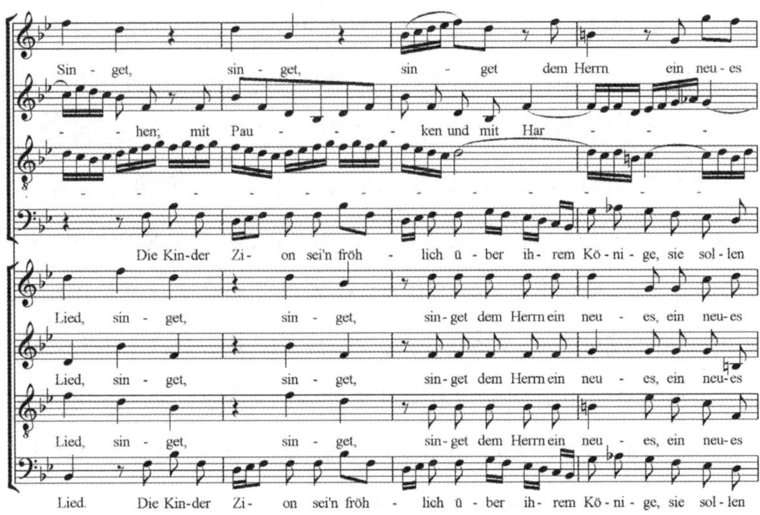

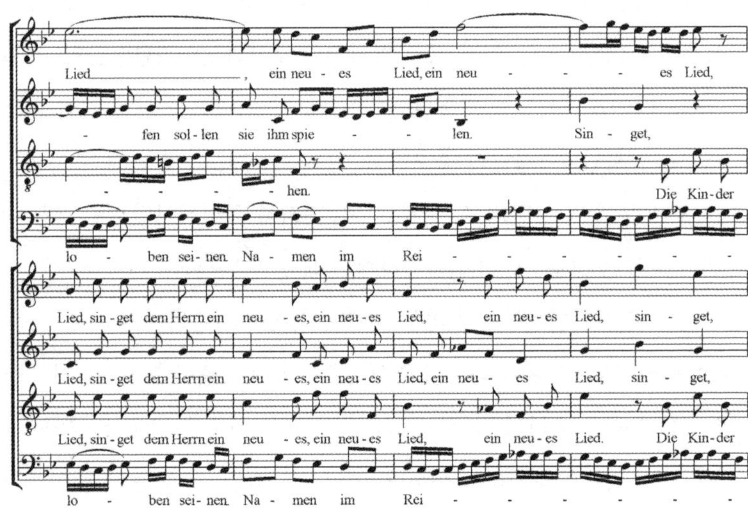

위를 구성하는 것은 선행하는 주제부의 1합창단 소프라노 주제를 종결하는 "춤"의 콜로라투라와 이전의 3화음적 "소고" 음형을 연상케 하는 동기를 멜리스마적으로 반복하는 첫 대선율, 그리고 동음반복으로 강한 낭송의 느낌을 주는 두 번째 대선율이다. 이 긴 에피소드에서 "춤"의 콜로라투라가 소프라노에서 알토를 거쳐 테너로 하강하고, 첫 대선율과 두 번째 대선율 역시 각각 2합창단의 소프라노 - 알토 - 테너, 2합창단의 알토 - 테너로 자리를 옮긴다면, 그리고 "노래하라"는 '외침'이 그 위성부들로 점차 강도 높게 파고든다면, 이는 푸가의 구성 재료의 '발전'이라는 에피소드 고유의 역할보다는 선행부와의 관계성, 무엇보다 모테트 첫 곡의 웅장한 종결을 위한 극적 효과가 전면에 놓임을 의미한다.

[악보 5] BWV 225, 제1곡, 부분 II, 마디 137-146

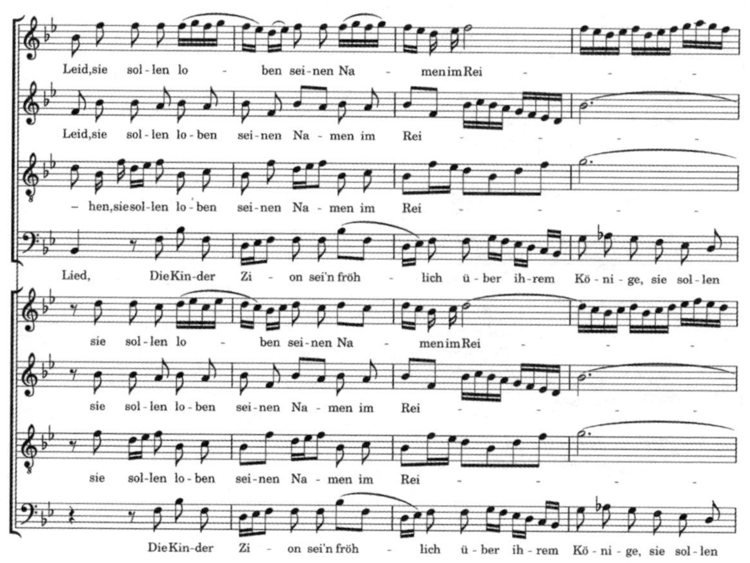

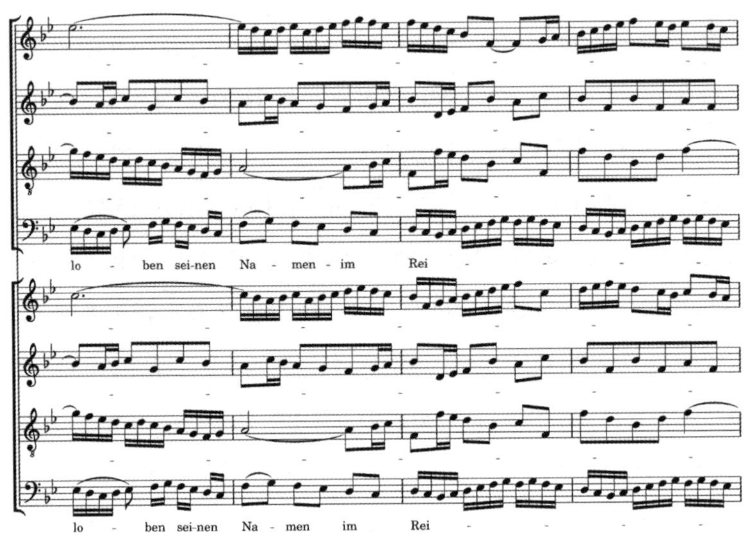

lo - ben sei-nen Na - men - im Rei - - - -
lo - ben sei-nen Na - men im Rei - - - -

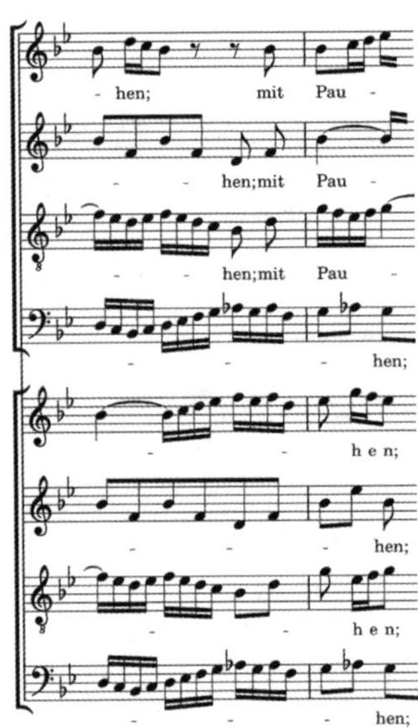

- hen; mit Pau -
- hen;mit Pau -
- hen;mit Pau -
- hen;
- h e n;
- hen;
- h e n;
- hen;

푸가와 함께 제1곡 전체를 종결하는 스트레타(마디 137-151)는 주제나 대주제 등을 스트레토로 결합하는 전형적인 푸가의 스트레타가 아니다. 음향과 폴리포니의 절정을 지향하는 스트레타이다. 우선 푸가에 주어진 시편의 절들을 종합하면서 유니슨으로 육중하게 노래 불러 나가는 베이스들의 푸가 주제 위에서 상성부의 대선율들이 서로 따로 진행하는 두 소프라노와 유니슨의 중간 성부들로 나타남으로써 전체적으로 음향이 배가된 5성부의 전개가 형성된다(마디 137-146). 이때 푸가 주제의 4도 도약 시작음형과 여러 모양새의 16분음표 음형들이 집중적으로 대선율들의 짜임에 관여하는데, 그렇게 어느 때보다 동기적으로 긴밀한 대위법적 전개가 가능해진다. 최종 마디들(마디 147-151)에 이르러 스트레타는 7성부의 이중합창으로 회귀한다.

3.2 제2곡

느린 움직임을 취하는 제2곡(마디 152-220)의 가사는 그라만의 코랄 가사 "나의 영혼이 주를 찬양하나니"의 3절(2합창단)과 작자미상의 창작시(1합창단)로 이루어져 있다.

코랄 가사:

Wie sich ein Vater erbarmet	아비가 어린 자식들을
über seine junge Kinderlein,	불쌍히 여김같이,
so tut der Herr uns allen,	여호와께서 우리를 불쌍히 여기시나니,
so wir ihn kindlich fürchten rein.	우리는 그를 자식으로서 경외하나이다.
Er kennt das arm Gemächte,	여호와는 이 불쌍한 피조물을 아시고,
Gott weiß, wir sind nur Staub,	하나님은 우리가 그저 진토임을,
gleichwie das Gras vom Rechen,	갈퀴에 걸려 있는 마른 풀과도 같음을,
ein Blum und fallend Laub.	한 떨기 꽃과 떨어지는 잎새임을 아시나이다.
Der Wind nur darüber wehet,	바람이 그 위로 지나면,
so ist es nicht mehr da,	모두 없어지나니,
also der Mensch vergeht,	인간은 사라져 없어지는 존재이매,
sein End, das ist ihm nah	이제 그의 끝은 가까웠노라.

아리아 가사:

두 합창단은 단 한 번도 함께 노래하지 않고 줄곧 교대하는데, 이때 이들의 음악적 성격은 확연히 구별된다. 2합창단은 코랄 〈나의 영혼이 주를 찬양하나니〉의 3절 선율을 고수하며 성도들의 노래를 상징하는 반면, 1합창단은 유동적이고 부분적으로는 낭송적인, 보다 내적 표현에 무게를 두는 성부들의 중창처럼 들린다. 음악의 비중은 1합창단의 아리아(약 51마디)에 놓인다. 2합창단의 코랄(약 25마디)에 비해 길이가 두 배에 달할 뿐 아니라, 제한된 동기들(5도 도약으로 종결하는 소프라노의 첫 못갖춘마디 음형[동기 a, 마디 153-154], 두 번째로 등장하는 소프라노의 못갖춘마디 음형[동기 b, 마디 157-158], 4도 순차 상행하는 알토 음형[동기 c, 마디 159]: [악보 6-1] 참조)을 다채롭고도 정교하게 변형, 결합시켜 나가는 작법이 코랄 가사의 처음 여섯 행과 교대되는 "하나님이시어, 우리의 앞날을 돌보아주소서"(Gott, nimm dich ferner unser an)를 주도해 나가는 모습은 무척 인상적이다. 마디 195에서 아리아는 코랄의 마지막 두 행을 남겨두고 새로운 단락으로 들어선다. 이전의 동기들, 특히 동기 a와 c를 변형, 전위, 확대하여 동형진행 악구들을 조직하고, 그 악구들을 2중 대위법적으로 처리하는 새 전개 방법을 취하는 것이다([악보 6-2] 참조).

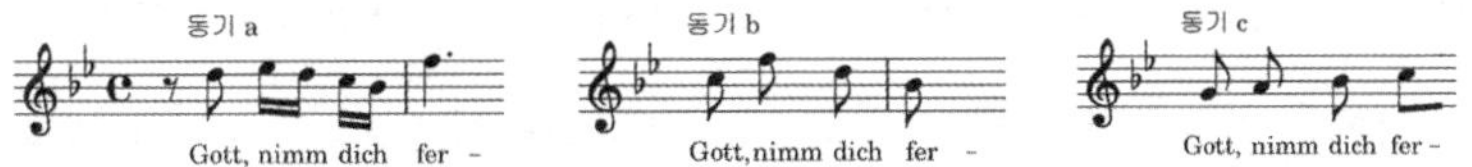

[악보 6-1] BWV 225, 제2곡, '아리아'의 세 동기

[악보 6-2] BWV 225, 제2곡, '아리아', 마디 195-199

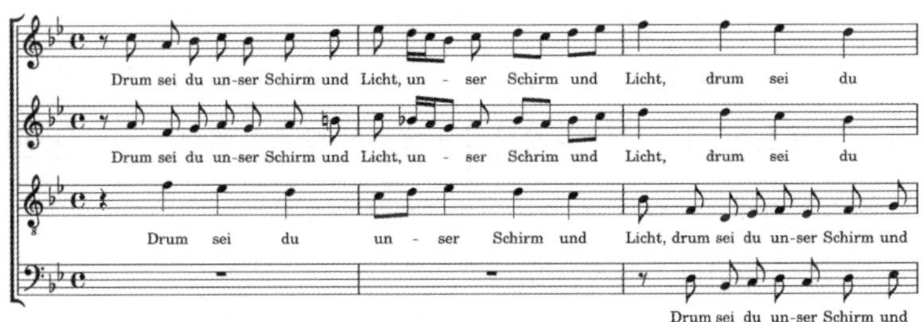

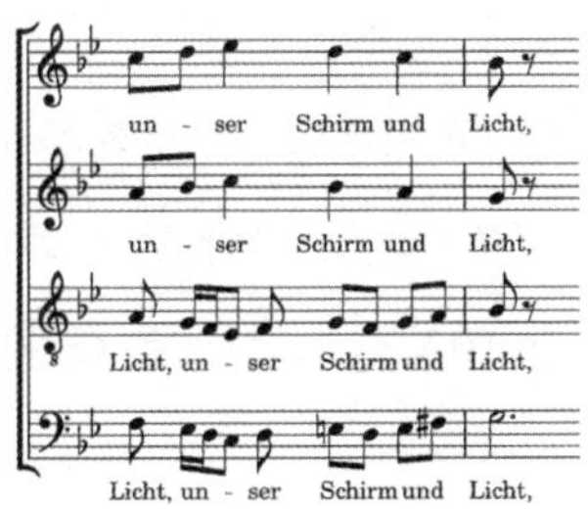

이러한 전개는 코랄의 마지막 행이 불린 다음에 '아리아'도 막바지(마디 210-220)로 접어들면서 다시 한번 되풀이된다(마디 210-214). 나머지 종결 마디들 역시 동형진행 악구들의 구성 요소들을 다소 변형하면서 모테트의 두 번째 곡을 끝맺는다. 제2곡의 '아리아'를 되돌아보면, 긴밀한 동기적 연관성을 통한 음악의 통일성이 그 어디에서보다 짙다는 결론을 얻게 된다.

3.3 제3곡

버금딸림조(Eb장조)로 시작하여 줄곧 "주의 위업을 찬양하며, 그의 지극한 존엄함을 찬양할지어다"(Lobet den Herrn in seinen Taten, lobet ihn in seiner großen Herrlichkeit)의 가사를 되풀이하는 제3곡(마디 221-255)은 네 악구를 토대로 a(1합창단, 마디 221-223) - a(2합창단, 마디 223-226) - b(1합창단, 마디 226-229) - b(2합창단, 마디 229-233) - a′(2합창단, 마디 234-237) - a(1합창단, 마디 237-239) - c(1합창단, 마디 240-244) - d(1합창단, 마디 246-248) - d′(2합창단, 마디 249-252) - d″(1합창단/2합창단, 마디 252-255)의 구조를 이룬다. 전반적으로 자유로운 단락 배열이 두드러지는 이 곡의 구조적 틀이 되는 악구들 사이에서 예기치 않게 등장하는 짤막한 연결음들(1합창단, 마디 233-234; 2합창단, 마디 239-240; 2-1-2합창단, 마디 244-246; 2-1합창단, 마디 248-249)이 형식의 유동성을 더한다.

전통적인 이중합창 기법이 사용되는 제3곡에서는 두 합창단이 메아리처럼 동일하게, 혹은 변형 확장된 형태로 방금 불려진 상대 합창단의 악구를 반복한다. 이러한 흐름 가운데에서, 특히 유동적이고 자유로운 구조적 틀 안에서 음악의 응집성을 꾀하는 요소는 우선 Eb장조(마디 223), c단조(마디 233), Bb장조(마디 234), Eb장조(마디 237), f단조(마디 244), Bb장조(마디 245) 등 다양한 화성으로 거듭 재현되는 첫 악구 a의 베이스 시작음형(Eb을 반복하는 4분음표와 두 8분음표)이다. 아울러 첫 악구 a의 머리동기, 즉 가사 "주를 찬양하라"(Lobet den Herrn)에 해당하는 3도 병행의 소프라노와 알토 동기가 사이 연결음들을 포함해 합창의 거의 모든 시작음들을 결정짓는다. 가사가 각 악구들에서 줄곧 동일하게 반복되기 때문에, 이 제3곡에서는 음악적인 구상과 구성이 우위를 점한다.

3.4 제4곡

제4곡(마디 256-367) "호흡이 있는 자마다 여호와를 찬양할지어다 할렐루야"(Alles, was Odem hat, lobe den Herrn, halleluja)는 두 합창단을 하나로 결합시켜 B♭장조의 4성부 푸가를 엮어나간다. 주제는 이전의 푸가 주제와 마찬가지로 상당히 길다.

[악보 7] BWV 225, 제4곡, 푸가의 주제, 마디 255-263

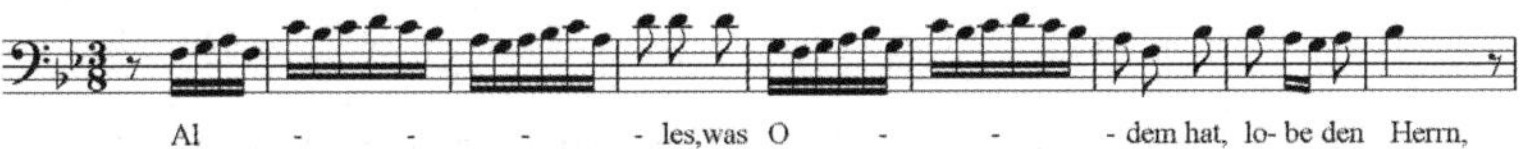

가볍고 생기 있게 오르내리며 신에 대한 찬미를 노래하는 이 주제는 역시 동기의 반복을 통해 길이를 확장하고 특징적 형태를 구축한다. 푸가의 형식적 틀은 세 부분(I: 마디 256-304, II: 마디 304-332, III: 마디 332-367)으로 이루어져 있다. 특이하게도 그 부분들은 폴리포니의 흐름을 마무리하는 "할렐루야"(halleluja)의 호모포니적 종지(마디 301-304, 331-332, 366-367)로 구분된다. 제시부(마디 256-287)도 평범치 않다. 제시부는 우선 푸가의 규칙에 따라 각 성부에서 한 번씩 주제를 출현시킨다(베이스[마디 256-263] - 테너[마디 263-271] - 알토[마디 271-279] - 소프라노[마디 279-287]). 하지만 처음으로 제시되는 주제가 선행하는 악곡과 매끄러운 조성적 연결을 꾀하기 위해 F장조로 출발하여 B♭장조로 끝맺는 '전조하는 주제'로 나타나고, 그 뒤를 잇는 응답이 B♭장조에서 시작해 F장조로 이동함으로써 한동안 4도 위의 응답 형태를 띠다가 마지막 순간에야 5도 위 응답에 이른다. 자유로운 푸가의 흐름에 물꼬를 트는 제시부에서 주제와 뚜렷하게 대비되는 대주제의 등장(베이스[마디 264-271] - 테너[마디 272-279] - 알토[마디 280-287])은 대위법적 짜임의 밀도를 높여 엄밀함과 자유로

움 사이의 균형을 이루어 낸다.

베이스를 제외한 3성부로 B♭장조로의 회귀를 꾀하는 에피소드(마디 287-292)는 주제의 세 번째와 네 번째 마디 동기들을 동형진행 및 모방하여 주제적 성격이 강한 비주제부를 형성한다. 여기에서 침묵했던 베이스 성부가 나머지 성부들의 "할렐루야" 대선율들 밑에서 다시 한번 주제를 노래 부른 후(마디 292-300), 푸가의 첫 부분은 거짓종지인 d단조(마디 302)를 거쳐 F장조로 끝맺는다.

푸가의 두 번째 부분(마디 304-332)은 테너(마디 304-312)와 소프라노(마디 314-322), 알토(마디 320-328)에 의해 주제가 전개된 뒤에 g단조로 종결된다. 주제의 스트레토(소프라노/알토)로 대위법적 고조 현상을 꾀하는 듯하다. 그렇지만 그 외의 성부진행에서는 특정한 동기나 작곡기법에 구속되지 않는 자유로움이 도드라진다. 조성적 측면에서는 딸림조와 으뜸조의 범위를 고수한 푸가의 첫 부분과 달리 두 번째 부분은 소프라노의 주제와 함께 나란한조인 g단조를, 알토 주제의 시작과 함께 c단조를 거쳐 다시 g단조(마디 326 이하)로 회귀한다. 대위법과 조성의 전개를 고려했을 때, 주제의 스트레토 단락은 푸가의 분기점임에 틀림없다. 그럼에도 전혀 위축되지 않는 자유와 긴장 완화에 대한 지향이 눈길을 끈다.

푸가의 세 번째이자 마지막 부분(마디 332-367)은 첫 부분의 에피소드(마디 287-292)를 상기하면서 버금딸림조(E♭장조)로 이동하는 에피소드(마디 332-335)를 앞세운다. 이후 다시금 에피소드(마디 344-355)에 의해 분리되는 두 차례의 주제 전개를 펼친 뒤 B♭장조로 종결한다. 이 마지막 부분은 소프라노의 첫 주제 전개 마디들(마디 336-344)에서 가상적 주제 스트레토를 시도하는데, 그 가상 스트레토를 이끌어 내는 베이스 성부(마디 338-344)가 주제에 가까운 모양새를 띠는 것이다. 하지만 바흐가 대위법적 기법을 통한 음악적 고조나 절정이 충분히 가능한, 그리고 자신의 다른 푸가 작품들에서 흔히 그러한 공간으로 이용하는 마지막 부분에서 굳이 주제의 스트레토를 피하고 자유로운 대선율에 비중을 둔다는 것은 분명 특이한 일이다.

[악보 8] BWV 225, 제4곡, 가상 스트레토, 마디 336-344

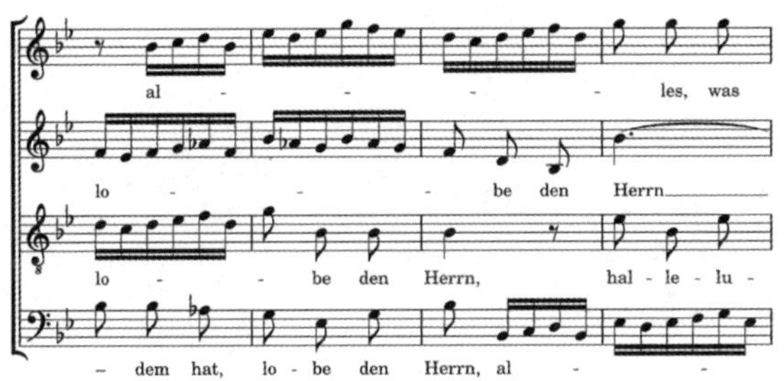

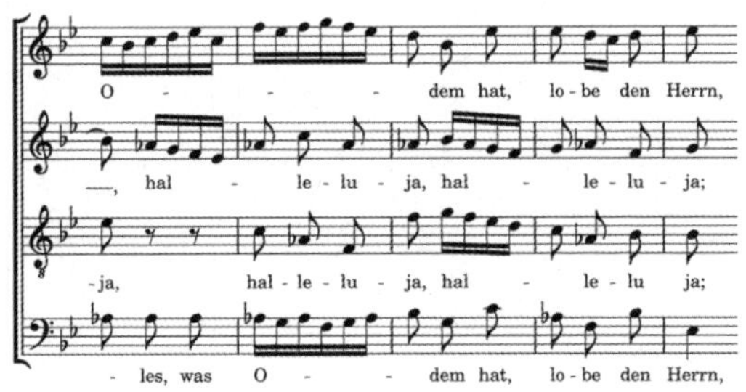

그 뒤를 따르는 긴 에피소드(마디 344-355)는 주제의 두 번째 마디 동기를 외성부 사이에서 강도 높게 모방하고 중간 성부들에서 변형하면서 B♭장조로 이동한다. 이로써 이 에피소드는 전조의 기능 외에도 유연하고도 장엄하게, 동시에 대위법적 긴장감을 더하며 푸가를, 모테트를 종결하는 역할을 수행한다. 마지막의 베이스 주제(마디 355-363)에 맞서는 대선율들은 제시부의

대주제 동기들, 특히 세 번째 마디의 16분음표 동기를 따옴으로써(알토[마디 357-360], 소프라노[마디 359]) 재현부적 성격을 유발하고, 결국 주제와 함께 g단조의 거짓종지로 마무리된다. 코다(마디 363-367)는 푸가의 최고음(b″)으로 치달으면서 화려하고 웅장하게 모테트를 끝맺는다.

4. 자유 속의 엄격, 엄격 속의 자유

바흐의 대규모 모테트 〈주께 새 노래를 불러드리라〉의 구조는 출처를 달리하는 가사의 구성에 따른다. 이때 구조의 테두리를 형성하는 시편 149장 1-3절과 시편 150장 2, 6절은 각각 151마디와 147마디로 그 길이가 유사하고, 또 공통적으로 2부분으로 이루어져 구조적 균형을 이룬다. 하지만 내부의 내용은 다르다. 마디 75를 기점으로 정확히 같은 길이의 두 부분으로 나뉘는 앞 테두리의 시편 절들은 박자(3/4박자)와 조성(딸림조로 이동하는 첫 부분과 으뜸조로 회귀하는 두 번째 부분)에 있어서, 그리고 무엇보다도 동기적 재료에 있어서 균형 잡힌 통일체를 이룬다. 반면 뒤 테두리의 두 시편 절들은 모양새와 흐름을 완전히 달리해, 조성(2절: 버금딸림조 → 딸림조, 6절: 으뜸조)과 박자(2절: 4/4박자, 6절: 3/8박자), 공간 비율(35마디[2절]:112마디[6절])뿐 아니라, 성부수(2절: 이중합창, 6절: 4성부), 성부 전개(2절: 자유로운 단락 배치, 6절: 푸가)에 있어서도 현저한 차이를 보인다. 따라서 〈주께 새 노래를 불러드리라〉의 형식은 거시적으로는 균형을 이루되, 미시적으로는 서로 다르고 구별되는 두 종류의 2부분 구성,

즉 하나는 비교적 긴밀하고 다른 하나는 대조적인 2부분 구성을 내포한다.

이러한 차이점은 테두리 악곡들에서, 나아가 모테트 전체에서 웅장한 종결로서 형식적, 음악적으로 중요한 위치를 점하는 푸가의 짜임새에서도 드러난다. 제1곡의 푸가는 열린 형식을 지향하되, 대칭적 성부 배치 등을 통한 구조성, 유기적 푸가 전개와 이질적 음향체의 양립으로 인한 다층성, 동기의 밀집성을 짙게 내포한다. 이와는 대조적으로 제4곡의 푸가는 형식의 유동성, 성부진행(대선율)의 자유분방함을 전면에 놓는다. 다만, 두 푸가의 구성과 흐름이 조직적이든 유연하든 간에 이것들이 바흐의 푸가들에서 흔히 볼 수 있는 현상은 아니다. 따라서 이 모테트의 푸가들이 특이하다고 여겨진다면, 이는 자유 안에서 엄격(제1곡)을, 엄격 안에서 무한의 자유(제4곡)을 실현해 내는 푸가가 모색되고 있기 때문일 것이다.

이중합창의 모든 성부 전개 가능성뿐 아니라, 다채로운 형식 및 폴리포니 유형, 성부 짜임을 담아내는 〈주께 새 노래를 불러드리라〉는 음악적 표현도 무척이나 풍성하다. 기쁨과 생기로 넘치는 첫 곡으로 시작해 명상적인 두 번째 곡과 해학적이고 쾌활한 세 번째 곡을 거쳐 거침없이 내달려 격정적인 종결을 이끌어내는 피날레에 이르기까지 말이다. 작품 전체의 내적, 외적 흐름을 주도하는 기쁨과 환호, 신에 대한 찬양과 감사가 가사에서 비롯되어 작은 동기들에까지 깊이 침투되어 있다는 점 또한 간과하기 어렵다. 이렇듯 자유 안에서 엄격을, 엄격 안에서 무한의 자유를 실현해 내는 푸가, 음악의 응집력과 통일성이 포기되지 않으면서도 온전히 구현되는 구성과 표현의 독창적 다채로움에 모차르트는 그리도 경탄했을 것이다. 마지막으로 우리는 바흐가 1723년 토마스칸토르로 부임했을 당시 15살이었던, 그리고 라이프치히에서 바흐의 모테트를 생생하게 경험한 샤이베(Johann Adolph Scheibe, 1708-1776)의 말을 상기해 볼 필요가 있다.

그 온전한 힘을 감지해 낼 수 있다면, 바흐의 종교적 모테트는 마음으로부터 경이로운 기쁨을 불러일으키고, 우리를 생기 넘치게 하는 동시에 사색으로 이끈다.[16]

16. Johann Adolph Scheibe, *Critischer Musicus* (Hildesheim: G. Olms, 1970), 179-180.

Ameln, Konrad. "Zur Entstehungsgeschichte der Motette 'Singet dem Herrn ein neues Lied' von J. S. Bach(BWV 225)." *Bach-Jahrbuch* 48 (1961): 25-34.

Dürr, Alfred. "Zur Chronologie der Leipziger Vokalwerke J. S. Bachs." *Bach-Jahrbuch* 44 (1957): 5-162.

Gerber, Rudolf. "Über Formstrukturen in Bachs Motetten." *Die Musikforschung* 3 (1950): 177-189.

Hinrichsen, Hans-Joachim. "Singakademie." In *Das Bach-Lexikon*. Herausgegeben von Michael Heinemann, 486-488. Laaber: Laaber Verlag, 2000.

Hofmann, Klaus. *Johann Sebastian Bach. Die Motetten*. Kassel: Bärenreiter, 2006.

Newman, S. T. M. "Bach's Motet: 'Singet dem Herrn'('Sing ye to the Lord')." In *Proceedings of the Musical Association*. 64th Session, April 28, 1938, 97-129.

Richter, Bernhard Friedrich. "Über die Motetten Sebastian Bachs." *Bach-Jahrbuch* 9 (1912): 1-32.

Rochlitz, Johann Friedrich. "Verbürgte Anekdoten aus Wolfgang Gottlieb Mozarts Leben, ein Beytrag zur richtigern Kenntnis dieses Mannes, als Mensch und Künstler." *Allgemeine Musikalische Zeitung* 8 (21. November 1798): 116-117.

Scheibe, Johann Adolph. *Critischer Musicus*. Hildesheim: G. Olms, 1970.

Schering, Arnold. "Kleine Bachstudien." *Bach-Jahrbuch* 30 (1933): 30-70.

Schulze, Hans-Joachim. "Ein 'Dresdner Menuett' im zweiten Klavierbüchlein der Anna Magdalena Bach. Nebst Hinweisen zur Überlieferung einiger Kammermusikwerke Bachs." *Bach-Jahrbuch* 65 (1979): 45-64.

Spitta, Philipp. *J. S. Bach* II. 2. Auflage. Leipzig: Breitkopf & Härtel, 1916.

Terry, Charles Sanford. *J. S. Bach*. Leipzig: Insel Verlag, 1929.

III.
바흐의 교회칸타타와 수난곡의 악기들, 그리고 그것들의 상징

1. '음악가' 바흐의 상징 수단, 악기

상징은 종교, 언어, 예술, 문학, 과학, 수학, 법률 등 인간의 삶, 인간의 모든 지적 행위에 편재한다. 그리고 이때 상징은 개념 정의가 불가능할 정도로 매우 다양한 사용 및 이해의 가능성을 포괄한다. 상징은 이렇듯 인류의 세계를 체험하고 파악하며 이해하는 데 필수적인, 그러나 무척이나 복합적인 또 다른 언어이다. 아울러 상징은 의식적, 무의식적으로 인지되고 사용되는데, 이러한 인지와 사용은 특히 예술 분야에서 두드러진다. 실제로 상징은 예술의 본질적 표현 수단이자 내용이고, 상징 없는 예술적 표현이란 생각하기도 존재하기도 어렵다.

여러 예술 장르 중에서도 특히 음악은 그 추상적이고 수사학적이며 수학적인 특질로 인해 상징의 탁월한 매체로 여겨진다. 그리고 음악의 상징을 가장 다채롭고 정교하며 풍성하게 실현해 낸 작곡가는 단연코 요한 제바스티안 바흐이다. 바흐가 왜 어느 작곡가보다도 강도 높게 상징의 언어를 사용했는지, 또 어떤 이유로 고유의 상징 체계를 발전시켰는지에 대해서는 리프만

(Edward A. Lippman)이 다음과 같이 답해준다.

독일의 후기 바로크에서는 종교적 정신과 음악 체계의 합리주의가 결합되어 인간의 표현력과 언어의 경험 세계를 넘어서는 형이상학적 의미를 만들어 냈다. 동시에 바흐의 작품들에서 나타나는 고도로 발전된 언어적 상징성을 통해 음향 및 리듬의 조직은 우주의 신적 원칙을 반영하는 확고부동의 경지에 도달했다.[1]

리프만의 이 주장은 바흐의 상징 언어 형성 배경으로 "형이상학적 의미"를 지목함으로써 바흐의 상징 체계가 왜 명쾌하게 설명되기 어려우며 폭 넓게 파악되지 못하고 있는지를 짚어준다. 사실 바흐의 여러 상징적 수단들 가운데 그동안 비교적 활발하게 조명되어 온 숫자상징도 여전히 논쟁으로부터 자유롭지 못하다. 이에 이 글은 가청성이 높아 듣고 들려주기 위한 음악을 쓴 음악가 바흐의 의도가 비교적 명확하게 감지되는 악기 상징에 주목한다. 또 가사를 통해 이야기하고자 하는 내용이 주어져 있기에 청자들이 무리 없이 납득할 수 있는 상징 해석이 가능한 성악 작품, 그중에서도 또 다른 상징의 보고인 종교와 결합한 성악 작품을 살피고자 한다. 어찌되었든 가사는 악기의 상징적 의미를 파악하는 데 중요한 열쇠가 될 것이고, 늘 긴밀하게 상징적 상호 작용을 꾀한 음악과 종교는 바흐의 작품에서 다시 한번 절정의 순간에 이르기 때문이다. 바흐가 사용한 악기들에 처음으로 진지하게 주목한 슈바이처는 〈크리스마스 오라토리오〉 제2부의 첫 곡인 '신포니아'(10번)에 편성된 악기들이 상징하는 바를 다음과 같이 해석하고 있다.

---

1. Edward A. Lippman, "Symbolik," in *Die Musik in Geschichte und Gegenwart* Bd. 12, hrsg. Friedrich Blume (Kassel, Basel, London, New York: Bärenreiter, 1965), 1793.

현악기들과 플루트들의 그 동기가 통상적으로 천사가 언급되는 곳에 나타난다는 점을 알아차린 사람, 그리고 네 대의 오보에가 독자적인 주제를 확보함으로써 현악기들로부터 완전히 독립되어 있어 -오보에들이 현악기들과 교대를 하든 현악기들의 반주를 동반하든- 결국 곡이 서로 다른 두 음향체에 의해 연주된다는 점을 주시하는 사람에게는 이 음악의 의미가 더 이상 의심될 수 없다. 여기에서는 목자들과 천사들의 합주가 그려지고 있는 것이다. 이로써 바흐는 다시 상황음악을 만들었다. 목자들은 들판에서 깨어 있으면서 샬마이를 불고, 그 위에서는 곧 모습을 드러낼 천사들이 벌써 떠돌고 있다.[2]

바흐의 신포니아를 악기들의 상징에 의한 일종의 묘사음악으로 치부한 슈바이처의 이 글에서는 낭만주의의 시각이 묻어난다. 바흐의 종교적 악기 상징은 그러나 상황묘사의 범위를 넘어서 있다. 그래서 이 글에서 시도될 악기 상징의 해석은 종교적 사상과 사고를 포괄한다. 칸타타와 수난곡의 아리아 및 레치타티보에 쓰인 주요 악기들에 집중하며, 이 두 독창 장르에 편성된 악기들, 특히 성악 성부와 대등한 음악적 중요성을 띠면서 신앙 성찰적이고 고백적인 가사의 아리아에 투입된 오블리가토 악기들이 지니는 상징적 의미를 살핀다.

---

2. Albert Schweitzer, *Johann Sebastian Bach*, 12. Aufl. (Wiesbaden, Leipzig, Paris: Breitkopf & Härtel, 2005), 637.

2. 바흐와 악기, 바흐의 악기

"악기란 본래 음향을 만들어 내는 도구에 불과한 것이 아니다. 악기는 인간들에게 초감성적인 세상과 신비로운 생명력을 보여주는 상징이기도 하다"[3]라고 정의된다면, 이는 악기로 초감성적인 효과를 꾀해온 인간들의 경험이 악기의 역사와 궤를 같이 하고 있음을 말해주는 것이다. 초감성의 영역으로 들어서고자 하는 인간의 표현 욕구를 실현케 하는 소리 매개로 악기가 사용되어 왔다는 뜻이다. 그리하여 악기는 제식 행위를 담당하고 자기 성찰을 전달하는 상징적 도구의 자리를 점한다. 이러한 관점에서 루터교의 성가는 "경건한 감정이나 사상의 표현이 아니라, 참회이고 죄의 자백이며 신앙고백이다"[4]라는 루카스 크리스트의 주장과 함께 바흐의 교회음악에서 악기가 사용되지 않는 경우를 찾아볼 수 없다는 사실을 상기해 보면, 바흐가 악기에

---

3. Rudolf Stephan(Ed.), *Das Fischer Lexikon - Musik* (Frankfurt am Main: Fischer Taschenbuch Verlag, 1957), 73.
4. Lukas Christ, "Das evangelische Kirchenlied," *Zwischen den Zeiten* 3 (1925), 368.

내재하는 상징적 표현 가능성을 필수의 수단으로 삼아 성서적 내용과 종교적 성찰을 작품에 담았을 것이라는 추측에 이른다.

아이제나흐의 시 음악감독 요한 암브로시우스 바흐의 아들이었던 요한 제바스티안은 어려서부터 여러 종류의 악기들을 다루었다. 그렇게 당대의 악기들에 정통했으며, 그 악기들의 대부분을 능히 연주해 냈다. 뛰어난 기술자이기도 해서 자신의 관리하에 있던 바이마르와 쾨텐 궁정, 라이프치히 성 토마스 교회와 성 니콜라이 교회의 악기들을 직접 고치고 점검했다. 악기 제작자들과 가까이 지내면서 류트클라비어, 포르테피아노, 비올라 폼포자 등과 같은 새로 고안된 악기들의 개량에도 기여했다. 바흐는 악기들의 물리적, 음향적, 기계적, 기술적 소리 산출의 원리들에 대해 자세히 알았고, 그에 합당하게 악기들의 쓰임새를 찾았을 것이다. 그리고 이때 바흐는 악기의 울림이 시간과 공간을 상징한다는 사실, 악기의 다양성이 다채로운 인간 삶의 스펙트럼과 연관될 수 있다는 점을 파악하고 고려했을 것이다.

악기의 상징성은 바흐의 바이마르 시기 종교적 성악 작품에서 감지되기 시작한다. 바흐는 1708년 바이마르 궁정 오르가니스트 겸 실내음악가로 부임하는데, 한 달에 한 번씩 새로 작곡한 칸타타를 예배에서 연주한다는 조건으로 1714년 3월 콘체르트마이스터 직에 오르게 되면서 자신의 작품 연주에 궁정악단을 이용할 수 있게 되었다. 바이마르 궁정악단의 규모에 대해서는 비교적 잘 알려져 있다. 전해져 내려오는 바이마르 궁정악단의 단원 명부(1714-1716)에 의하면, 악단은 카펠마이스터 요한 사무엘 드레제(Johann Samuel Drese, c.1644-1716)와 부카펠마이스터 요한 빌헬름 드레제(Johann Wilhelm Drese, 1677-1745), 콘체르트마이스터 겸 궁정 오르가니스트 바흐를 비롯해 소프라노 2명, 알토 1명, 테너 2명, 베이스 2명, 바이올리니스트 3명, 트럼페티스트 6명, 팀파니스트 1명, 바수니스트 1명, 실내음악가 1명 등 총 22명으로 꾸려졌다.[5] 단원 명부만 두고 보자면, 바이마르의 궁정 오케스트라는 불완전하고 작은 규모였다. 하지만 트럼페티스트가 궁정 청지기를, 바이올리니스트가 서기를 겸직하는 등 대부분의 음악가들이 다른 직무를 함께 맡고 있었던 것처럼 다른 본직을 가진 음악가들이 있었고, 이들의 이름은 그 명부에 오르지 않았다는 점을 고려해야 한다. 실제로 바흐의 바이마르 칸타타는 18곡(BWV 12, 18, 21, 31, 54, 61, 63, 132, 152, 155, 161, 162, 163, 165, 172, 182, 185, 199)에 달하는데, 이 칸타타들에 사용된 악기는 바이올린, 비올라, 비올라 다모레, 비올라 다 감바, 바순, 오보에, 리코더, 트럼펫, 팀파니 등으로 무척 다채롭다.

1717년 12월 안할트 쾨텐 대공의 카펠마이스터가 된 바흐에게 맡겨진 궁정악단은 주로 기악 연주자들로 구성되어 있었다. 그리고 그들의 주업은 세속음악 연주였으니, 바이마르의 궁정악단과 '기능'이 달랐다. 바흐의 창작 역시 세속적 기악으로 기울었는데, 실제로 이곳에서 작곡된 그의 종교적 성악 작품 〈만민들이여, 주님을 찬양하라〉(Lobet den Herrn, alle seine Heerscharen) BWV 부록 5는 기록으로만 그 존재가 확인될 뿐이다. 하지만 스멘트(Friedrich Smend)에 따르면, 바흐는 쾨텐에서도 여러 교회음악을 썼고,[6] 그렇다면 바이마르나 라이프치히에서만큼은 아닐지라도 바흐는 꾸준히 교회음악을 써나가면서 자신의 종교적 상징 체계를 발전시켰을 수 있다.

그 밖에도 바흐는 1717년부터 1723년까지 새로운 악기들을 사용함으로써 악기의 상징적 의미 및 내용을 더 다양화할 수 있는 발판을 마련했다. 가장 먼저 눈에 띄는 것은 가로 플루트(flauto traverso)이다. 〈브란덴부르크협주곡

---

5. *Bach-Dokumente* Bd. II: *Fremdschriftliche und gedruckte Dokumente zur Lebensgeschichte Johann Sebatian Bachs 1685-1750*, hrsg. Bach-Archiv Leipzig, vorgelegt und erläutert von Werner Neumann und Hans-Joachim Schulze (Kassel, Basel, London, New York: Bärenreiter, 1969), 62-63.
6. Friedrich Smend, *Bach in Köthen* (Berlin: Christlicher Zeitschriftenverlag, 1951).

[표 1] 바흐의 창작 시기별 악기들

악기	바이마르 시기	쾨텐 시기	라이프치히 시기
현악기	바이올린	(바이마르 악기) + 비올라 폼포자	유지
	비올라		
	첼로		
	비올로네		
	비올라 다모레		
	비올라 다 감바		
목관악기	오보에	(바이마르 악기) + 가로 플루트, 오보에 다모레	(바이마르/쾨텐 악기) + 피콜로 플루트
	오보에 다 카치아		
	리코더		
	바순		
금관악기	트럼펫	(바이마르 악기) + 호른	(바이마르/쾨텐 악기) + 트롬본, 코넷
타악기	팀파니	유지	유지
건반악기	오르간	유지	유지
	쳄발로		
발현악기	류트	유지	유지

5번〉 BWV 1050과 〈플루트 솔로를 위한 a단조 파르티타〉 BWV 1013에서 가로 플루트가 (독주 악기로) 등장한다는 점으로 미루어 볼 때, 이 악기는 1718년과 1720년 사이에 '바흐의 악기'가 되었을 것이다.[7] 〈브란덴부르크협주곡 1번〉 BWV 1046에는 처음으로 호른이 편성되었다. 오보에 다모레의 출현도 예사롭지 않다. 1717년부터 독일어권 지역에서 본격적으로 사용되기 시

---

7. 〈브란덴부르크협주곡 제5번〉과 〈플루트 솔로를 위한 a단조 파르티타〉의 창작년도는 여전히 불확실한데, 현재로서는 각각 1719-1720년과 1718년에 작곡된 것으로 보는 견해가 유력하다.

작한 오보에 다모레는 바흐가 라이프치히 칸토르 지원자로서 오디션 연주를 했을 때 처음 사용되었을 것이라 추정되며, 확실하게는 1723년 토마스칸토르가 된 후 작곡한 첫 칸타타 BWV 75에 처음으로 편성되었다.

라이프치히에서는 쾨텐 시기에 보다 폭넓어진 바흐의 악기들에 트롬본, 코넷, 피콜로플루트가 더해졌다. 트롬본과 코넷은 칸타타 BWV 23, 25, 28, 64, 135, 101, 121 등에, 피콜로플루트는 칸타타 BWV 8, 96, 103 등에 나타난다.

3. 악기들의 상징적 의미와 쓰임새, 그리고 그 근거

3.1 현악기와 관악기의 차이점

바흐의 종교 음악에 쓰인 악기들에 상징적 의미가 담겨있다는 사실은 현악기와 관악기의 분리 편성이 특히 눈에 띄는 〈b단조 미사〉의 '크레도'에서 감지된다. 가사 "한 분이신 하느님을 믿나이다"(Credo in unum Deum)를 노래하는 첫 곡(12번)에 현악기(바이올린)만 편성되고, "전능하신 아버지, 하늘과 땅과 유형무형한 만물의 창조주를 믿나이다"(Patrem omnipotentem, factorem coeli et terrae, visibilium omnium et invisibilium)의 가사를 부르는 다음 곡(13번)에 관악기들(오보에, 트럼펫)이 첨가되며, "또한 한 분이신 주 예수 그리스도"(Et in unum Dominum Jesum Christum)의 단락(14번, 마디 1-16)에서 현악기(바이올린)와 관악기(오보에 다모레)가 유니슨으로 움직인다면, 그리고 이어지는 "하나님의 외아들, 영원으로부터 성부에게서 나신 분을 믿나이다"(Filium Dei unigenitum et ex Patre natum ante omnia saecula) 단락(14번, 마디 17-41)에서 관악기가 다시 침묵한다면, 바흐가 현악기와 관악기에 서로 다른 의미를 부여했음이 분명하다는 것이다. 즉, 현악기는 성스러운 신의 영역에 속한 것, 관악기는 세상 피조물의 영역에 속한 것을 의미, 상징한다고 볼 수 있다. 그렇다면 "또한 한 분이신 주 예수 그리스도" 부분에서 현악기와 관악기가 유니슨으로 겹치는 모습은 신적 존재이자 인간적 존재인 예수를 그리고 있는 것으로 해석될 수 있다. 〈마태수난곡〉에서 레치타티보로 처리되는 예수의 말들이 단 한 번의 경우를 제외하고는 모두 현악기로 반주되고, 현악기가 침묵하는 그 단 한 번의 예외적 경우가 신의 부재, 신성의 상실을 담고 있는 예수의 기도 "하나님이여, 왜 저를 버리시나이까?"(Mein Gott, mein Gott, warum hast Du mich verlassen, 71번)라면, 이 흥미로운 현상들도 같은 맥락에서 이해될 수 있다.

이렇듯 현악기와 관악기가 각각 신과 천계, 피조물과 속계에 관한 것들을 뜻하고 상징하면서 때로는 독주로 때로는 합주로 연주되는 모습은 바흐의 다른 교회음악들에서도 흔히 발견된다. 앞서 인용한 〈크리스마스 오라토리오〉의 10번 '신포니아'에 대한 슈바이처의 글도 이러한 모습을 간파한 해석이다. 그렇다면 현악기와 관악기의 어떠한 차이점이 그러한 서로 다른 상징으로 이끄는가.

현악기와 관악기는 외형, 연주 방법, 음 발생 원리, 음 유지 방식 등 구조 및 조작법에서 근본적으로 구별된다. 현악기는 현들이 묶여있는 몸체로 이루어져 있고, 활로 현을 그음으로써 울림을 만들어 내며, 반음계를 넘는 세분의 음들을 생산해내고, 그 음들을 활 긋는 방향을 바꾸어 가며 지속할 수 있다. 반면 관악기는 현악기에 비해 형태, 연주 방식, 재료 등이 다양하지만, 공통적으로 관의 모양을 취하고, 호흡을 통해 소리를 만들어 내며, 연주 가능한 음들이 고정되어 있거나(목관악기) 자연음의 범위로 한정되고(바흐 시대의 관악기), 제한적인 날숨의 길이로 인해 무제한적인 음 유지가 불가능하다. 그러니까 지속적이고 시간의 한계를 뛰어넘는 음, 무한정적인 음높이를 실현할 수 있는 현악기는 영원성, 불변성, 전능의 신과 신의 세계를 상징하는 악기로 사용된 반면에, 피조물이 생명을 유지하기 위해 필요로 하는 호흡을 음발생의 동력으로 삼으며, 그 피조물들처럼 관의 모양새를 띠는, 또한 지속불가능하고 시간적으로 제한된 음과 한정적인 음높이로부터 자유롭지 못한 관악기는 유한성, 무력함, 죽어야 하는 운명의 피조물과 그것이 속한 세계를 상징하는 악기로 쓰였다는 것이다.

바흐가 현악기와 관악기에 이렇듯 대비되는 상징성을 부여한 데에는 다른 요인들도 있었을 것이다. 특히 현악기가 신과 천계에 속한 것들을 상징한다면, 당대의 류트니스트이자 음악이론가 에른스트 곳트립 바론이 전해주는 정보가 주목할 만하다. 바론에 의하면, 당시 독일어권 지역에서는 현악기의 앞판과 뒤판이 하늘과 땅으로 칭해지곤 했다. 그렇다면 그 하늘과 땅은 창조주로서의 신의 존재를, 앞판의 f자 구멍은 창세기와 요한복음서에서 언급되는 "열린 하늘"로 여겨졌을 수 있다.

3.2 현악기

현악기들은 〈마태수난곡〉에서 레치타티보로 불려지는 예수의 말들을 반주하며, 칸타타 BWV 22의 1번, BWV 45의 4번, BWV 88의 4번, BWV 159의 1번, BWV 187의 4번 아리오소들에서도 그리한다. 물론 이전에도 그러한 경우들이 종종 있었다. 카이저(Reinhard Keiser, 1674-1739)의 〈마가수난곡〉과 쉬츠(Heinrich Schütz, 1585-1672)의 〈십자가 위의 일곱 말씀〉(Die sieben Worte Jesu Christi am Kreuz)이 대표적 예이다. 스카를랏티(Alessandro Scarlatti, 1660-1725)의 〈요한수난곡〉과 헨델(Georg Friedrich Händel, 1685-1759)의 〈요한수난곡〉에서처럼 현악기들을 첨가해 예수의 말을 강조하기도 했다. 예수의 말들에 현악기들을 편성하는 바흐의 작곡 방식이 온전히 새로운 것으로 여겨지기 어려운 이유이다. 그러나 그 작법을 비롯해 바이마르 시기부터 라이프치히 시기까지의 종교적 성악 작품 전반에 걸쳐 악기 상징의 체계가 거의 일관성을 유지하고, 또 음악화되는 예수의 말들에 피조물적 요소들(관악기들)이 배제된다는 점에 있어서 바흐의 악기 사용은 분명 이전의 모델들과 구별된다.

다만 바흐의 〈요한수난곡〉에서는 예수의 말들이 현악기로 반주되는 레치타티보가 아닌 세코 레치타티보로 처리되어 위의 주장이 설득력을 잃는 듯하다. 그러나 그 이유는 비교적 간단하게 찾아진다. 신약성경의 요한복음서는 기사, 사건 배열, 관점, 용어 등에 있어서 소위 '공관복음서'인 마태, 마가, 누가복음서와 구분되는데, 요한복음서에서 보고되는 예수의 말 역시 '공관복음서'의 그것과 차이점을 보인다.[8] 그리하여 마태복음서 26-27장을 가사의 기반으로 삼는 〈마태수난곡〉에서는 예수의 말들이 가르침, 계시, 신에 대한 기도 등인 반면, 요한복음서 18-19장을 가사의 틀로 취하는 〈요한수난곡〉에서는 예수의 개인적인 대화나 반박[9]이 대부분이다. 따라서 바흐는 신성이 짙지 않은 요한복음서의 예수의 말들에 현악기를 투입할 필요성을 느끼지 않았을 것이다.

그 밖에도 현악기들로 반주되는 총 80여 곡의 칸타타 레치타티보와 아리오소들을 개관해 보면, 가사들이 신의 영광(BWV 51의 2번, BWV 62의 5번, BWV 120의 5번 등), 절대자로서의 신(BWV 28의 4번, BWV 110의 3번, BWV 188의 5번 등),

---

8. Rudolf Schnackenburg, 『복음서의 예수 그리스도』(*Jesus Christus. Im Spiegel der vier Evangelien*), 김병학 역 (경북: 분도출판사, 2009), 54-62, 475-510.

9. "너희가 누구를 찾느냐?", "바로 나다", "칼을 칼집에 꽂으라, 아버지께서 주신 잔을 내가 마시지 아니하겠느냐?", "내가 드러내 놓고 세상에 말하였노라. 모든 유대인들이 모이는 회당과 성전에서 항상 가르쳤고 은밀하게는 아무것도 말하지 아니하였는데 어찌하여 내게 묻느냐? 내가 무슨 말을 하였는지 들은 자들에게 물어보라. 그들이 내가 하던 말을 안다", "내가 말을 잘못하였으면 그 잘못한 것을 증언하라. 바른말을 하였으면 네가 어찌하여 나를 치느냐?", "네가 하는 그 말은 네 생각에서 나온 말이냐 혹은 나를 두고 다른 사람들이 말한 것이냐?", "여자여, 보십시오. 이 사람이 당신의 아들입니다", "자, 이분이 네 어머니시다", "목 마르다" 등.

예수의 신적 존재(BWV 47의 3번, BWV 86의 1번, BWV 165의 4번, BWV 173의 1번 등)
와 권세(BWV 69의 4번, BWV 116의 5번, BWV 148의 3번 등), 부활(BWV 8의 3번 등),
승천(BWV 7의 5번, BWV 55의 4번 등), 성찬(BWV 61의 4번, BWV 76의 2번 등), 천사
(BWV 19의 4번, BWV 130의 4번 등), 죽음과 죄악과 고난으로부터의 구원(BWV
12의 3번, BWV 43의 6번, BWV 54의 2번, BWV 55의 4번, BWV 56의 4번, BWV 66의 2번,
BWV 91의 4번, BWV 113의 6번 등) 등을 다루면서 높고 신성한 곳과 존재, 그것들
과의 관계를 거시적 주제로 삼는다. 그리고 이때 현악기들은 비올론첼로 피
콜로, 비올라 다모레까지 끌어들이면서 가사의 의미와 표상을 돋우고 심화
한다.

바흐의 종교적 독창 음악의 정수인 아리아에서는 현악기들을 동반하는
경우 신과 신국에 관한 가사가 대부분을 차지한다. 그리고 그 내용은 영광,
존엄, 권세, 자비, 영원성을 가진 신과 신국(BWV 20의 3번, BWV 27의 5번, BWV
63의 5번, BWV 93의 3번, BWV 108의 5번, BWV 153의 8번, BWV 165의 1번, BWV 176의
3번 등)[10], 규율, 참회에 대한 요구, 형벌, 분노가 있는 신과 신국(BWV 20의 6번,
BWV 45의 3번, BWV 73의 4번, BWV 90의 1번, BWV 154의 1번 등)[11]으로 분류된다. 물
론 두 대조적인 내용이 혼합되어 구분이 명확하지 않은 가사도 더러 있다
(BWV 57의 5번, BWV 74의 5번, BWV 109의 3번, BWV 134의 4번 등). 중요한 것은 바
흐가 신과 신국의 양면성까지 현악기들로 포괄했다는 점이다.

흥미로운 점은 다양한 편성의 현악기 앙상블을 동반하는 아리아(100여 곡)
가 현악기 솔로의 아리아보다 많다는 사실이다. 관악기들, 특히 목관악기들
이 주로 솔로로 편성되는 모습과 대조를 이루는 이 현상은 바흐가 동질의 음

---

10. 그 외에도 BWV 30의 3번, BWV 64의 5번, BWV 70의 5번, BWV 91의 5번, BWV 155의 4번,
    BWV 161의 3번, BWV 167의 1번, BWV 182의 4번, BWV 194의 5번 아리아 등이 여기에 속한다.
11. 그 외에도 BWV 22의 4번, BWV 33의 3번, BWV 81의 3번, BWV 92의 3번, BWV 153의 6번,
    BWV 168의 1번, BWV 199d의 4번, BWV 245의 30번 아리아 등이 여기에 속한다.

향으로 넓은 음역을 포괄하면서 풍부한 배음까지 발산하는 현악 앙상블의 풍성함, 온전함에서 신과 신국의 위대함, 숭고함에 적합한 음향을 본 결과였을 것이다. 한편 현악기 솔로가 주어진 아리아들 중에서는 바이올린 솔로가 30여 곡으로 가장 많으며, 비올라(BWV 5의 3번)와 비올라 다모레(BWV 245의 31번과 32번), 비올라 다 감바(BWV 106의 3번, BWV 244의 41번과 66번, BWV 245의 58번), 첼로(BWV 163의 3번) 솔로는 총 10여 곡에 불과하다. 어찌되었든 바흐가 특정한 한 현악기를 선택해 보다 정교한 선율을 이끌어나가게 한다면, 이것은 신이나 신국과 연관된 한 특정한 측면을 조명하고자 한 의도에서 비롯되었을 것이다. 그러한 추측은 바이올린 솔로와 함께 노래하는 아리아들(BWV 7의 4번, BWV 29의 3번, BWV 57의 7번, BWV 86의 2번, BWV 108의 2번, BWV 139의 2번, BWV 146의 3번)[12]에 의해 설득력을 얻는데, 그 아리아들은 대부분 연약한 인간이 예수와 성령을 통해 신에게 다가가고자, 구원되고자 하는 개인적 염원을 그린다.

3.3 관악기

3.3.1 목관악기

죽어야 하는 운명을 지고 있으며 구원의 대상이 되는 피조물, 그 피조물이 속한 세상을 상징하는 관악기들은 형태, 재료, 음향, 기능에 있어 무척 다양하다. 그리고 바흐는 그러한 관악기들이 제공하는 다채로운 표현 가능성을 충분히 활용한다. 관악기들을 악기 혹은 악기족 별로 구분해 피조물과 속계에 해당하는 것들의 다양한 현상을 상징하는 수단으로 사용하는 것이다. 따라서 관악기들의 상징성을 살피기 위해서는 우선 가사에 의거해 악기 및

---

12. 그 외에도 BWV 36의 7번, BWV 37의 2번, BWV 66의 5번, BWV 132의 5번, BWV 147의 5번, BWV 148의 2번, BWV 184의 4번 아리아 등이 여기에 속한다.

악기족의 특징적 표현 내용을 파악하고 상징성으로 연결되는 그 표현 내용을 담게 된 근거를 찾아볼 필요가 있다. 다만 미리 밝혀두건대, 이것은 각 악기나 악기족을 특정한 상징적 의미와 결부시키려는 시도는 아니며, 그보다는 악기별로 독특한 청각적 경험 세계를 자아내는 관악기들의 상징적 스펙트럼을 살피고, 이로써 바흐의 악기편성 의도를 추정하고 파악하고자 하는 것이다.

우선 리코더는 1714년부터 1726년까지 칸타타의 아리아와 레치타티보에 쓰였으며,[13] 〈마태수난곡〉의 25번 레치타티보 '오 고통이여'(O Schmerz)에도 편성되었다. 그렇다면 이 악기는 가로 플루트가 바흐의 작품에 도입된 이후에도 계속 사용된 셈인데, 흥미롭게도 바흐는 이 두 악기를 동시에 울리게 한 적이 없다. 심지어 한 칸타타의 서로 다른 악장들에 등장케 한 적도 없다. 재료와 음향이 유사한 두 악기에 서로 다른 상징적 의미가 주어졌다는 뜻이다. 실제로 리코더 솔로를 동반하는 칸타타의 레치타티보와 아리아들을 개관해 보면, 이 악기는 슬픔과 비탄, 더 정확히 말하자면 원죄와 죄악을 저지른 인간의 체념과 비통을 그리는 가사와 자주 만난다(BWV 39의 5번, BWV 46의 2번, BWV 81의 1번, BWV 119의 5번, BWV 122의 3번 등). 죽음에 대한 동경을 말하는 가사와도 결합된다(BWV 161의 1번과 4번, BWV 175의 2번 등). 그렇다면 여기에서 우리는 바흐의 동시대인인 마테존(Johann Mattheson, 1681-1764)이 리코더는 "가장 가볍고 단순해 보이지만 연주자나 청자나 그 소리가 오래 계속되면 피로감을 느끼게 된다. 연주자는 바순이나 오보에, 가로 플루트보다 바람을 더 많이 불어 넣어야 하고, 청자는 조용하고 기어들어가는 듯한 음향으로

---

13. 리코더가 처음으로, 그리고 마지막으로 사용된 칸타타는 각각 1714년 4월에 작곡된 BWV 182(1, 2, 4, 5, 7, 8번)와 1726년 6월에 작곡된 BWV 39(1, 5, 7번)이다.

인해 쉽게 지치기 때문이다"[14]라고 한 말을 상기해 볼 필요가 있다. 또한 작스(Curt Sachs, 1881-1959)는 "리코더의 소리에는 높은 배음이 결핍되어 있기 때문에, 이 악기는 높은 음역 외에서는 조용하고 어두우며 유약하다"[15]고 했다. 배음의 결핍, 어두움, 피로감, 유약함, 조용함으로 특징지어지는 이 악기는 그러니까 인간의 원죄와 타락에 따른 체념과 비탄에, 연약한 자의 죽음에 대한 동경에 적합한 악기로 여겨졌을 것이다. 이러한 맥락에서 그 저명한 리코더 연주자 한스-마틴 린데(Hans-Martin Linde)는 "요한 제바스티안 바흐는 20곡 이상의 칸타타에서 리코더를, 때로는 한 쌍으로 사용했는데 […] 이 악기는 비탄과 고통의 정서를 위한 것으로 분류되는 관습에 따라 〈마태수난곡〉에도 등장한다"[16]고 언급했다.

반면 쾨텐에서 사용되기 시작한 가로 플루트는 라이프치히 시기에 들어 칸타타들에 편성되기에 이르는데, 은총, 자비, 축복, 천국, 평안이 기다리는 미래를 그리는 가사와 조합되면서 선과 복이 깃든 앞날을 상징하는 악기로 자리매김한다(BWV 8의 4번, BWV 11의 8번, BWV 123의 5번, BWV 130의 5번, BWV 173의 2번)[17]. 1720년경에서야 독일어권 지역에 보급되기 시작했기에 그에게는 새로운 악기였을 가로 플루트의 위상이 작용한 결과였을 것이다. 아울러 마테존이 "가로 플루트는 알아듣기에 쉬운 음향적 표현으로 인해 잘 조절된 인간의 목소리에 가깝고, 따라서 절제감 있게 연주되면 그 소리의 질적 가치

---

14. Johann Mattheson, *Das Neu-Eröffnete Orchestre*(Hamburg, 1713) (Laaber: Laaber Verlag, 2007), 271-272.
15. Curt Sachs, *Handbuch der Musikinstrumentenkunde*(Berlin, 1919) (Wiesbaden: Breitkopf & Härtel, 1997), 301.
16. Gustav Adolf Theill, *Beiträge zur Symbolsprache Johann Sebastian Bachs* Bd. 2 (Bonn: Max Brockhaus, 1985), 111 재인용.
17. 그 외에도 BWV 30의 5번, BWV 110의 2번, BWV 180의 2번, BWV 195의 4번 등이 여기에 속한다.

가 매우 탁월하다"[18]고 했다면, 이 말은 바흐가 가로 플루트를 그리스도인들이 바라고 기대하는 복된 미래의 상징 수단으로 사용한 또 다른 근거가 될 수 있다.

가로 플루트는 또 특이하게도, 악기의 명칭대로, 가로로 위치된 상태에서 연주된다. 그리하여 연주자와 악기는 정죄의 상징, 예수 추종의 상징인 십자가의 형태를 만들어 내는데, 이것 역시 악기의 상징적 의미 형성에 일조한 듯하다. 칸타타와 수난곡의 레치타티보 및 아리아에서 자주 정죄(BWV 45의 5번, BWV 78의 4번, BWV 113의 5번, BWV 123의 5번, BWV 173의 4번)와 예수 추종(BWV 30의 5번, BWV 94의 4번, BWV 102의 5번, BWV 184의 2번, BWV 244의 10번과 65번, BWV 245의 13번, BWV 248의 15번)[19]을 다루는 가사를 달고 나타나기 때문이다.

바흐가 가장 즐겨 사용한 관악기는 오보에족이다. 그중에서도 오보에, 오보에 다모레, 오보에 다 카치아가 바흐의 선택을 누렸는데,[20] 이 악기들은 특히 아리아를 위한 솔로 악기로 애호되었다. 그리하여 오보에가 90여 곡, 오보에 다모레가 50여 곡, 오보에 다 카치아가 20여 곡의 아리아에 솔로 악기로 편성되었다. 다른 악기들과 함께 독주, 합주, 교대 연주를 하는 90여 곡까지 합치면, 모두 250여 곡의 아리아에 오보에족의 악기가 투입된 셈이다. 이제 오보에족 악기의 솔로와 함께 노래하는 레치타티보 및 아리오소마저 모두 모아 그 가사들을 개관해 보면, 오보에족은 성화, 즉 세례(BWV 37

---

18. Mattheson, *Das Neu-Eröffnete Orchestre*, 270.
19. 그 외에도 BWV 96의 3번, BWV 99의 3번, BWV 114의 2번 등이 여기에 속한다.
20. 바흐의 칸타타에서는 이미 1713년(BWV 208)에 저음 오보에 타이유(taille)의 이름이 나타나는데, 이 악기는 1723년부터 오보에 다 카치아에 의해 대체되는 경향을 보이면서 주로 앙상블에서 음향을 강화하는 역할 정도에 머문다. 하지만 타이유는 오보에 다 카치아와 다름없이 오보에보다 5도 아래의 f-g″ 음역을 가지는 F조 오보에이고, 바흐의 음악에 쓰인 타이유와 오보에 다 카치아의 동일성 및 상이성이 완전히 규명되어 있지 않은 까닭에 필자는 그가 사용한 최저음 오보에를 오보에 다 카치아의 명칭으로 통일한다.

의 5번 등), **기도**(BWV 68의 4번, BWV 193의 3번 등), **헌신**(BWV 16의 5번, BWV 48의 52
번, BWV 64의 7번, BWV 183의 3번, BWV 197의 82번 등), **사랑의 행위**(BWV 33의 5번,
BWV 76의 12번, BWV 77의 3번 등), **순종**(BWV 36의 3번, BWV 63의 3번, BWV 121의 2번,
BWV 154의 7번, BWV 190의 5번, BWV 248의 39번과 61번 등)[21], **고통과 불행과 시험
의 극복**(BWV 3의 5번, BWV 32의 5번, BWV 75의 5번, BWV 123의 3번, BWV 152의 2번,
BWV 194의 3번, BWV 197의 3번 등)[22], **규율**(BWV 49의 4번, BWV 88의 3번, BWV 122의
2번 등), **믿음**(BWV 9의 5번, BWV 48의 6번, BWV 89의 5번, BWV 107의 2번, BWV 148의
4번, BWV 187의 5번 등)[23], **회개**(BWV 48의 6번, BWV 102의 6번 등) 등을 통해 새로운
피조물로 거듭남과 동시에 구원에 이르는 거룩한 삶을 상징하는 악기로 쓰
인다는 결론에 이른다. 그러한 가운데 흥미로운 것은 '사랑의 오보에'인 오
모에 다모레가 실제로 '사랑'(Liebe)이라는 단어를 내포하면서 사랑을 강조하
는 가사들과 만나는 경우가 잦다는 점이다(BWV 36의 3번, BWV 94의 7번, BWV
151의 1번, BWV 170의 1번, BWV 248의 3/29/52/61번).[24] 또한 오보에보다 단3도 아래
인 a-b˝의 음역에서 움직이면서 '사랑의 발'(Liebesfuß)이라 불리는 서양배 모
양의 벨로 인해 부드럽고 표현력 강한 음향을 내는 이 악기는 그 음향에 어
울리게도 '평온'(Ruhe), '위로'(Trost), '감미로운'(süß) 등의 가사를 돋우기도 한
다(BWV 170의 1번, BWV 248의 18번과 19번, BWV 100의 5번, BWV 139의 5번, BWV 100

---

21. 그 외에도 BWV 24의 5번, BWV 29의 5번, BWV 30의 7번, BWV 75의 3번, BWV 84의 1번,
    BWV 92의 8번, BWV 93의 6번, BWV 156의 4번, BWV 170의 1번, BWV 174의 2번, BWV 183
    의 4번 등이 여기에 속한다.
22. 그 외에도 BWV 5의 4번, BWV 6의 2번, BWV 12의 4번, BWV 14의 4번, BWV 22의 2번, BWV
    26의 4번, BWV 38의 3번, BWV 44의 3번과 6번, BWV 47의 3번, BWV 56의 3번, BWV 57의 1
    번, BWV 69의 5번, BWV 104의 2번, BWV 111의 5번, BWV 124의 3번, BWV 139의 4번, BWV
    146의 7번 등이 여기에 속한다.
23. 그 외에도 BWV 1의 3번, BWV 52의 5번, BWV 78의 2번, BWV 80의 7번, BWV 94의 7번,
    BWV 109의 5번, BWV 147의 3번, BWV 157의 2번 등이 여기에 속한다.
24. 그 외에도 BWV 76의 12번, BWV 154의 7번, BWV 172의 5번, BWV 249의 9번 등이 여기에 속
    한다.

의 5번, BWV 197의 8번 등). 오보에 다모레보다 다시 단3도 아래의 음역을 갖는 오보에 다 카치아는 성화를 주제로 삼는 가사들 중에서도 특히 내면의 깊이가 묻어나는 고백적 가사와 결합되곤 한다(BWV 1의 3번, BWV 65의 4번, BWV 80의 7번, BWV 148의 4번, BWV 177의 3번, BWV 179의 5번 등).

이렇듯 오보에족이 성화의 상징성을 띠게 된 배경은 먼저 이 악기족 특유의 리드에서 찾아진다. 오보에족의 이중리드는 제작, 관리에 있어서나 음향 산출에 있어서나 연주자의 많은 연습과 수고를 필요로 하는데, 이것이 성화를 위해 인간들이 쏟는 정신적, 육체적 노력과 비교될 수 있기 때문이다. 바흐가 오보에족에 부여한 상징성은 결정적으로 이 악기족의 독특한 음향에 기인했을 것이다. 배음이 풍부하며 "비길 데 없이 훌륭하게 현악기들의 음향과 혼합되는 명료하면서도 부드러운 소리"[25]가 신과 신국에 다가서려 하고 결국 그 소망을 이루어 내는 피조물들의 성화 상징에 적합하다고 여겨졌을 가능성이 크다는 뜻이다.

3.3.2 금관악기와 타악기

"가장 강하고 가장 멀리 울려 퍼지는 악기이기 때문에 드넓은 전쟁터와 교회의 장엄한 분위기에서 자주 사용되는 트럼펫"[26], 또 중세 말기부터 늘 지배자의 상징이었고 왕과 귀족에게 특권적으로 사용이 허용되었던 트럼펫은 바흐의 종교적 음악에서 신의 절대적인 권세, 영광, 위엄, 존엄함, 위대함을 상징한다(BWV 5의 5번, BWV 43의 7번, BWV 51의 1번과 5번, BWV 59의 1번, BWV 70의 2

---

25. Jeremy Montagu, *Geschichte der Musikinstrumente in Barock und Klassik* (Freiburg im Breisgau: Herder, 1982), 46. 바로크 오보에의 이중리드는 현대 오보에의 그것처럼 폭이 좁지 않았다. 때문에 바로크 오보에의 음향은 현대 오보에보다 더 부드럽고 따뜻했다. 그리고 현악기들과 조화롭게 어우러질 수 있는 이러한 바로크 오보에의 음향은 당시 이 악기가 매우 빠르게 보급되어 오케스트라 악기로 자리 잡게 된 이유이기도 하다.

26. Mattheson, *Das Neu-Eröffnete Orchestre*, 265.

번, BWV 110의 6번, BWV 128의 3번, BWV 172의 3번, BWV 248의 8번 등). 이러한 상징성을 띠면서 트럼펫은 tromba(트럼펫), tromba da tirarsi(슬라이드 트럼펫)의 이름으로 쓰였다. 다만 이 두 악기의 상징적 차이점은 거의 드러나지 않을뿐더러, 슬라이드 트럼펫으로 연주되어야 할 성부에 트럼펫이 주어져 있는 등 지시된 악기의 정확성이 결여된 경우가 적지 않다. 흥미로운 것은 트럼펫이 편성되어 있는 레치타티보와 아리아들의 가사를 살펴볼 때, 신의 위엄과 권세가 온 세상에 절대적으로 미치는 심판의 날이 이 악기와 함께하는 모습이 종종 눈에 띈다는 점이다(BWV 70의 2번과 9번, BWV 90의 3번, BWV 127의 4번 등). 이는 몬테베르디(Claudio Monteverdi, 1567-1643) 이래로 작곡가들이 두려움과 공포의 그날을 주로 트롬본으로 그려나간 바와 구별된다. 바흐의 심판의 날은 예수의 희생을 통해 두려움과 공포가 극복된 절대자의 심판, 형벌에 대한 두려움이 아닌 영생과 구원을 가져올 절대자의 심판에 대한 기쁨과 기대가 넘치는 날로 다루어지기 때문일 수도 있다. 따라서 빛을 발하며 곧게 뻗어나가는 듯한 소리로 드높은 권세와 영광, 확고한 기대를 표출하는 트럼펫은 불안과 공포, 회의와 절망의 느낌을 유발하는 트롬본으로 대체될 수 없었을 것이다. 이러한 맥락에서 심판의 날의 트럼펫에 예외 없이 현악기들이 동반되는 것은 분명 우연이 아닐 것이다.

늘 트럼펫이나 호른과 짝을 이루면서 바흐의 교회칸타타에 40여 차례 등장하는 "장엄한 소리"[27]의 팀파니는 성체 축성 때 성체를 높이 들어 올리는 순간 트럼펫과 함께 팡파르를 울리는 기능을 부여받으며 15세기 후반기에 교회로 들어섰다. 이후 독일어권 지역에서는 중요한 축일에 연주되는 명성 높은 작곡가들의 교회음악에 트럼펫과 팀파니가 함께 투입되곤 했다. 이렇

---

27. Mattheson, 위의 책, 272.

듯 교회 안팎에서 엄숙하고 장엄한 경의의 표시로 울려 퍼졌던 팡파르의 기능에 뿌리를 두면서 팀파니는 특히 트럼펫을 위한 베이스로서 박자와 템포, 으뜸음과 딸림음을 잡고 강조하는 "질서와 규율의 토대이자 반주"[28]의 역할까지 담당했다. 바흐의 교회음악도 팀파니의 이러한 역할과 효과를 고수했다. 이에 더해 트럼펫의 '지배자적' 음향과 팀파니의 중후한 두드림을 결합해 위엄과 존엄의 느낌을 한껏 발한다. 바흐의 팀파니는 여기에서 그치지 않는다. 팀파니가 편성된 아리아들에서 신의 존엄과 위엄이 전면에 놓이는 대신 속세의 요소, 즉 구원의 전제가 되는 복종(BWV 59의 1번), 사탄에 대한 두려움(BWV 130의 3번), 구원에 대한 강한 소망(BWV 172의 3번)도 현저히 가미된다. 무상(無常)한 재료인 동물성의 가죽막과 식물성의 북채, 트럼펫을 위한 반주적, 예속적 저음악기의 기능이 그 이유였을 것이다.

호른은, 악기의 이름이 말해주듯이, 본래 동물의 몸에서 재료를 취한 악기로서 17세기 말까지 사냥 신호로 쓰이다가 18세기에 들어서야 비로소 예술 음악에 사용되기 시작한 자연과 가장 가까운 악기이다. 이러한 역사, 본래적 기능과 더불어 트럼펫류의 악기로 분류되곤 하되 트럼펫과 구별되는 마우스피스와 관의 형태로 인해 보다 부드럽고 어두운 음색을 내는 호른의 음향은 바흐의 교회음악에서 종교적 상징성과 직접적으로 연결된다. 그리하여 호른(corno), 사냥 호른(corno da caccia), 슬라이드 호른(corno da tirarsi), 프랑스 사냥 호른(corne du chasse)과 같은 악기들은 특히 바흐의 아리아에서 주로 늘 존재의 위협을 느껴야 하는 피조물의 근원적 두려움(BWV 162의 1번)과 복종의 운명(BWV 65의 6번, BWV 105의 5번), 파괴, 파멸, 죽음에 대한 위험과 위협감(BWV 14의 2번, BWV 46의 3번, BWV 89의 1번 등)을 상징한다.

---

28. Mattheson, 위의 책, 273.

바흐의 아리아에 사용된 혼합적 악기편성은 당대에 쓰여진 동류의 악곡들에서 유례를 찾아볼 수 없을 정도로 지극히 다채롭다. 가사가 내포하는 내용과 맥락이 복합적이고 다층적인 경우가 잦은 아리아들에 바흐가 이렇듯 다양한 악기들을 혼합해 편성한 것은 놀랍지 않다. 여하튼 혼합편성에서도 개별 악기들의 상징적 의미는 대체로 유지된다. 그것들이 조합되어 다층적인 가사의 내용을 반영하고 돋우며 또 다른 경험의 차원으로 이끌기도 한다. 한 예로서, 1726년 10월 27일에 삼위일체 축일 후 열아홉 번째 일요일을 위해 작곡된 BWV 56의 첫 테너 아리아가 "나는 십자가를 쾌히 지려네. 하나님의 사랑스러운 손으로부터 오는 것이니. 괴로움이 지나고 그 십자가는 나를 찬미되는 땅으로, 하나님께로 인도하리라. 그곳에서 나는 모든 염려를 무덤 속으로 넣어버릴 테고, 나의 구세주는 내 눈물을 닦아주시리라"를 노래 부르고, 이때 오보에 두 대, 오보에 다 카치아 한 대, 현악기들이 투입된다면, 음향적 우위를 점하면서 선율적 전개를 주도하는 두 오보에는 이 아리아의 요지인 헌신과 순종, 고통의 극복, 믿음을 통한 성화를 그려내고 있음에 틀림없다. 동시에 줄곧 오보에 성부들을 따르는 바이올린들은 성화의 목표이자 아리아가 염원하는 구원과 자비의 신, 평안의 신국을 담아낸다. 반면에 오보에 다 카치아와 이와 함께 움직이는 비올라는 비교적 낮고 어두운 음색으로 아리아 선율의 탄식동기에서도 드러나는 비탄의 순간, 내면의 고백을 나타낸다. 또 다른 예로서 오순절 주일을 위해 1725년에 작곡되었으며, 리코더 두 대, 오보에 한 대, 현악기들이 편성된 BWV 127의 세 번째 소프라노 아리아는 "흙이 이 몸을 덮을 때 영혼은 예수의 두 손 안에서 쉬고 있다네. 아, 조종 소리가 이제 곧 나를 부르리라. 그러나 나는 죽음을 조금도 두려워하지 않네. 나의 예수가 다시 나를 깨울 것이기에"의 가사를 노래 부른다. 그리고 여기에서는 성화와 구원에 대한 확신을 상징하면서 성악 선율의 주제를 선취할 뿐 아니라 음악적 흐름의 중심에 서는 오보에, 또 오보에 성부를 화성적으로 뒷받침하면서 죽음에 대한 동경을 그리는 리코더들이 가사의 구조와 내용을 그대로 반영한다. 아니, 반영에서 머물지 않고 그것들을 한층 더 돋우고 생기 있게 한다. "조종"이라는 단어가 노래될 때 피치카토로 조종의 소리를 묘사하면서 처음으로 등장하는 현악기들도 눈길을 끈다. 단순히 종소리를 묘사하는 데 그치지 않고, 세속의 삶이 끝나고 천국에서의 영생이 시작됨을 알리는 신호로도 읽히기에 흥미롭다.

4. 바흐의 악기, 바흐의 악기 상징: 성서 해석학의 체계

바흐의 음악은 체계적이고 조직적이다. 악곡의 구조가, 전개와 흐름이, 작곡기법이 그러하다. 바흐의 악기편성도 그러하다. 특히 교회음악을 위해 그가 선택한 악기들은 상당히 일관된 계획과 의도를 품고 있다. 그리고 그 계획과 의도는 종교적 시간과 공간, 종교적 존재와 그 위상, 종교적 삶과 심상, 감정, 추구, 행위, 사건, 상황 등과 관련되면서 상징성으로 확대된다. 그리하여 각 악기와 악기족은 고유의 상징적 의미를 띠면서 종교적 가사의 내용을 돋우고 심화하기도, 가사의 맥락을 또 다른 감각적 차원에서 명료화, 가청화하기도 한다. 이때 그 고유의 상징적 의미는 악기 및 악기족의 특징적 음향, 음색, 음질, 음역, 실현음, 형태, 구조, 재료, 연주법, 연주 자세, 본래 기능, 역사 등에 근거한다. 결론적으로 바흐의 악기편성은 개별 악기와 악기족의 다채로운 특징들로부터 이끌어내어진 상징적 표현 수단을 사용한 성서 해석학적 체계로 여겨질 수 있다.

악기를 도구로 하는 바흐의 상징 체계는 그의 패러디들을 통해서도 입증

된다. 예컨대, 정죄에 대한 강한 믿음에 경고하는 BWV 102의 5번 아리아가 〈F단조 미사〉 BWV 233의 '글로리아'에서 "당신 홀로 거룩하시며, 당신 홀로 주님이시며, 당신 홀로 지존하신 분 예수 그리스도"의 새 가사를 입게 될 때 가로 플루트가 바이올린으로 대체된다면, 이는 앞서 확인한 악기들의 상징적 의미와 부합하는 변화이다. 상징은 매우 적극적인 추측을 요한다. 그것이 추상성 강한 음악과 그 자체로 상징의 보고인 종교에 동시적으로 관련되는 상황에서는 더욱 그러하다. 하지만 고유의 상징 체계가 확립되어 있는 바흐의 종교 음악의 경우에는 설득력을 갖춘 해석이 분명히 가능하며, 그러한 해석은 작품 이해의 새로운 차원을 열어준다. 이때 바흐의 악기 상징성은 가청적이기에 보다 음악적이다.

Altenberg, Johann Ernst. *Versuch einer Anleitung zur heroisch-musikalischen Trompeter- und Pauker-Kunst*. Halle: Joh. Christ. Hendel, 1795.

Aringer, Klaus. "Pauke." In *Die Musik in Geschichte und Gegenwart* Sachteil Bd. 7. Herausgegeben von Ludwig Finscher, 1513-1532. Kassel, Basel, London, New York, Prag: Bärenreiter; Stuttgart, Weimar: J. B. Metzler, 1997.

Bach-Dokumente Bd. I: *Schriftstücke von der Hand Johann Sebastian Bachs*. Herausgegeben vom Bach-Archiv Leipzig. Kassel, Basel, Paris, London, New York: Bärenreiter, 1963.

Bach-Dokumente Bd. II: *Fremdschriftliche und gedruckte Dokumente zur Lebensgeschichte Johann Sebatian Bachs 1685-1750*. Herausgegeben vom Bach-Archiv Leipzig. Kassel, Basel, London, New York: Bärenreiter, 1969.

Christ, Lukas. "Das evangelische Kirchenlied." *Zwischen den Zeiten* 3 (1925): 358-386.

Dürr, Alfred. *Die Kantaten von Johann Sebastian Bach* Bd. 1. München: Deutscher Taschenbuch Verlag; Kassel, Basel, London: Bärenreiter, 1985.

Henseler, Ute. "Flöte." In *Das Bach-Lexikon*. Herausgegeben von Michael Heinemann, 198-199. Laaber: Laaber, 2000.

Lippman, Edward A. "Symbolik." In *Die Musik in Geschichte und Gegenwart* Bd. 12. Herausgegeben von Friedrich Blume, 1789-1803. Kassel, Basel, London, New York: Bärenreiter, 1965.

Mattheson, Johann. *Das Neu-Eröffnete Orchestre*(Hamburg, 1713). Laaber: Laaber Verlag, 2007.

Montagu, Jeremy. *Geschichte der Musikinstrumente in Barock und Klassik*. Freiburg im Breisgau: Herder, 1982.

Müller, Antje. "Viola pomposa." In *Das Bach-Lexikon*. Herausgegeben von Michael Heinemann, 542. Laaber: Laaber, 2000.

Prautzsch, Ludwig. *Bibel und Symbol in den Werken Bachs*. Libri Books on Demand, 2001.

Sachs, Curt. *Handbuch der Musikinstrumentenkunde*(Berlin, 1919). Wiesbaden: Breitkopf & Härtel, 1797.

Schnackenburg, Rudolf. 『복음서의 예수 그리스도』(*Jesus Christus. Im Spiegel der vier Evangelien*). 김병학 역. 경북: 분도출판사, 2009.

Schweitzer, Albert. *Johann Sebastian Bach*. 12. Auflage. Wiesbaden, Leipzig, Paris: Breitkopf & Härtel, 2005.

Smend, Friedrich. *Bach in Köthen*. Berlin: Christlicher Zeitschriftenverlag, 1951.

Stephan, Rudolf(Ed). *Das Fischer Lexikon - Musik*. Frankfurt am Main: Fischer Taschenbuch Verlag, 1957.

Theill, Gustav Adolf. *Beiträge zur Symbolsprache Johann Sebastian Bachs* Bd. 2. Bonn: Max Brockhaus, 1985.

Voigt, Woldemar. *Die Kirchenkantaten Johann Sebastian Bachs. Ein Führer bei ihrem Studium und ein Berater für ihre Aufführung*. Leipzig: Breitkopf & Härtel, 1928.

Wolff, Christoph. "Chor und Instrumentarium." In *Die Welt der Bach-Kantaten Bd. 1: Johann Sebastian Bachs Kirchenkantaten: Von Arnstadt bis in die Köthener Zeit*. Herausgegeben von Christoph Wolff, 157-167. Stuttgart, Weimar: J. B. Metzler; Kassel: Bärenreiter, 2006.

IV.
파토스와 로고스의 오르간 음악:
〈토카타와 푸가〉 BWV 540

1. 기원

〈토카타와 푸가〉 BWV 540은 크고 화려한 오르간 음악이다. '토카타'는 총 438마디로 바흐의 오르간 악곡들 중 가장 길다. 기교성도 상당하다. 규모도 크고 기교도 화려한 이 토카타가 언제 작곡되었는지는 알 수 없다. 기원에 대한 바흐 학자들의 의견이 분분한 가운데 바이마르 시기, 1714년 이후에 써졌을 것이라 게 중론이다. 또 페달 음역이 당시로서는 특이하게도 f'에까지 이르므로, 작센-바이센펠스 공작의 궁정 교회 오르간(푀르너 오르간)용이었을 것이라는 추측이 유력하다.

이렇듯 페달 성부의 음역을 푸가와 다르게 취하는 토카타는 애초 단독 곡으로 작곡되었을 가능성이 크다. 당대 악보 자료들도 이 두 곡을 쌍이 아닌 개별 악곡으로 따로 담고 있어 그러한 가능성에 무게를 실어 준다. 다만 훗날, 그러니까 1731년 무렵, 혹은 그 전에 토카타에 푸가를 더하게 되었을 때 바흐는 당연하게도 푸가를 토카타와 어울리게 만들었다. 그리하여 푸가도 토카타처럼 규모가 큰 이중 푸가의 형태를 띤다. 그리고 어느 오르간 푸가보다 길고 웅장하다. 두 악곡의 연관성 또한 뚜렷하다. 푸가의 두 주제가 각각 토카타 주제 선율의 고음들로 이루어져 있다. 그렇게 토카타와 푸가는 서로 다른 시기에 작곡되었지만, 한 쌍으로서 유기성과 통일성을 충분하게 품어 낸다.

2. 토카타

토카타는 서로 다른 짜임의 두 부분(I: 마디 1-176, II: 마디 176-438)으로 구성되어 있으며, 그 두 부분은 대략 2:3 비율의 공간을 차지한다. 짜임과 크기는 다르지만, 뚜렷한 동기적 연관성을 지닌다. 우선 각 부분의 첫 마디(마디 1과 마디 176)가 분산화음적 16분음표들로 유사하다. 종지하는 8분음표의 움직임(마디 81-82, 169-176, 178-180 등)도 서로 흡사하다. 토카타의 두 부분은 이렇듯 동기적으로 상응하지만, 작곡기법적으로는 상이하다. 첫 부분이 두 오르간포인트(F, C)를 기반으로 넓게 펼쳐지는 카논의 흐름을 취해 다소 평면적인 반면, 두 번째 부분은 조밀한 조직을 자아 나간다.

먼저 첫 부분을 더 가까이 들여다보면, 오르간포인트 F음 위에서 카논(마디 1-55)이 전개되고, 긴 페달 솔로(마디 55-82)가 그 뒤를 따른다. 이후 다시 오르간포인트 C음을 아래에 두고 카논(마디 83-137)이 펼쳐지고는 페달 솔로(마디 137-176)가 잇따른다.

[악보 1-1] BWV 540, '토카타', 마디 1-14

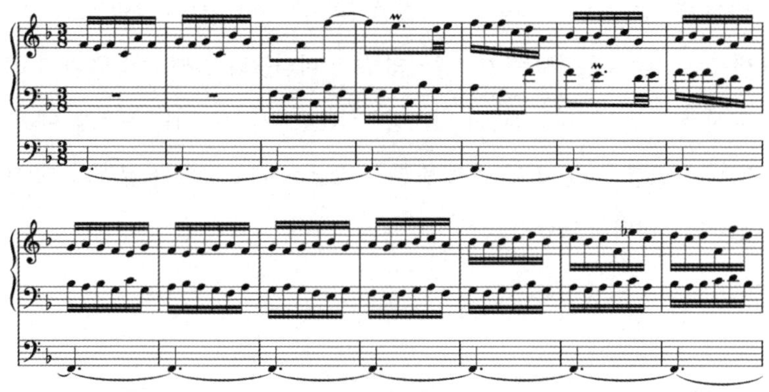

[악보 1-2] BWV 540, '토카타', 마디 55-66

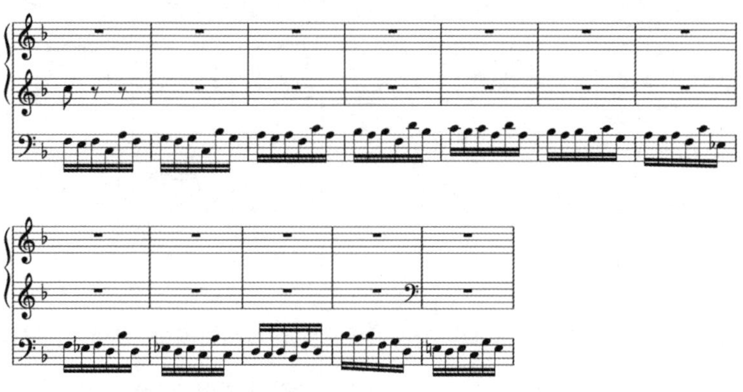

선행하는 부분과는 달리 상당히 복합적이고 촘촘한 짜임을 보이는 다음
의 두 번째 부분은 첫 부분의 음형들로 구성된 네 마디 악구의 동형진행 및
모방, 화음적 종지(마디 176-204), 그리고 종지의 목적점을 지연시키는 거짓종
지적 삽입 마디들(마디 204-218), 마지막으로 앞의 것들과 대조를 이루는 트리

오 에피소드(마디 219-238)로 흐르는 진행을 이후 네 차례 더 반복한다. 이때 첫 번째 반복(마디 238-290)에서는 거짓종지의 삽입 마디들이 생략되고, 세 번째 반복(마디 352-382)에서는 거짓종지의 삽입 마디들과 함께 트리오 에피소드의 패시지도 생략된다. 그리고 마지막 반복(마디 382-438)에는 트리오 에피소드가 빠져 있다. 그렇게 두 번째 반복(마디 283-289) 때 외에는 본래의 흐름이 그대로 되풀이되지 않는다.

[악보 2] BWV 540, '토카타', 마디 176-189

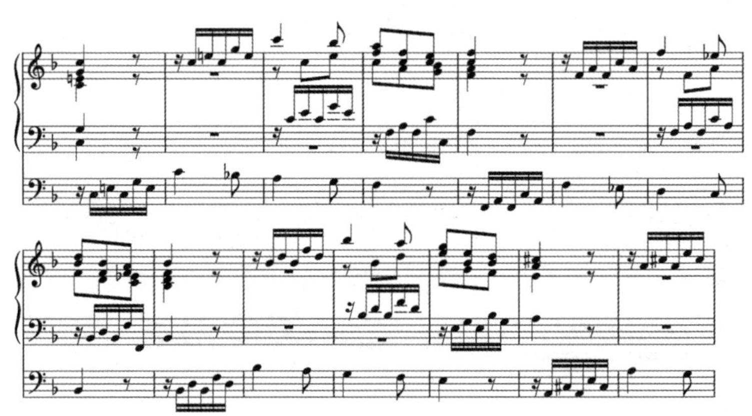

이렇듯 토카타의 두 부분은 작곡기법적으로 상이하지만, 둘의 연관성은 상당히 선명하다. 우선 첫 마디에 등장하는 음형이 거의 토카타 내내 지속된다. 물론 변형을 겪는 것은 당연하다. 두 번째 부분 첫 단락의 16분 쉼표로 시작하는 머리 동기 역시 그 기본 동기에서 파생된 것이다. 8분음표의 화음 동기도 두 부분이 공통으로 소유하는 요소이다. 그 동기는 먼저 첫 부분의 페달 솔로를 마무리하고(마디 81), 두 번째 페달 솔로도 마무리한다. 그러고는 두 번째 부분에 들어서 c단락의 마무리도 맡는다.

3. 푸가

BWV 540의 푸가는 이중 푸가이며, 세 부분(I: 마디 1-70, II: 마디 70-134, III: 마디 134-170)으로 이루어져 있다. 첫 부분에서는 제1주제가, 두 번째 부분에서는 제2주제가 제시 및 전개된다. 두 주제는 세 번째 부분에서 만나고 포개진다. 제1주제는 순차적으로 하행하는 두 동기로 엮여 있다. 리듬, 선율, 화성적으로 안정적이지만, 첫 동기의 반음계적 움직임을 비롯해 두 동기를 연결하는 6도 도약(d-b♭), 두 번째 동기의 당김음으로 인해 긴장감이 스며 있다.

[악보 3] BWV 540, '푸가', 제1주제

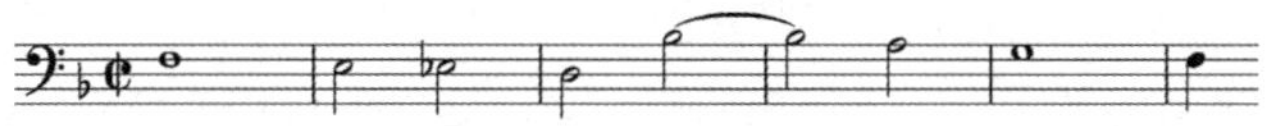

주제의 응답(중간성부, 마디 6-11)은 푸가의 첫 부분에서 중요한 구성요소로 기능할 대주제(하성부)와 함께 울린다. 대주제는 당연하게도 리듬적, 선율적

으로 주제에 맞선다. 주로 4분음표로 빠르게 진행하며, 주제가 하행할 때 상행하는가 하면, 주제의 순차적 움직임에는 도약으로, 주제의 도약에는 순차적 움직임으로 대립한다. a에서 d로의 하행 도약이 눈길을 끄는데, 푸가의 첫 부분에서 이 음형과 뒤따르는 4분음표의 상행(동기 a)이 대선율 및 에피소드 구성에 중요한 동기적 재료가 되어 준다.

[악보 4] BWV 540, '푸가', 제1주제의 응답과 대주제, 마디 6-11

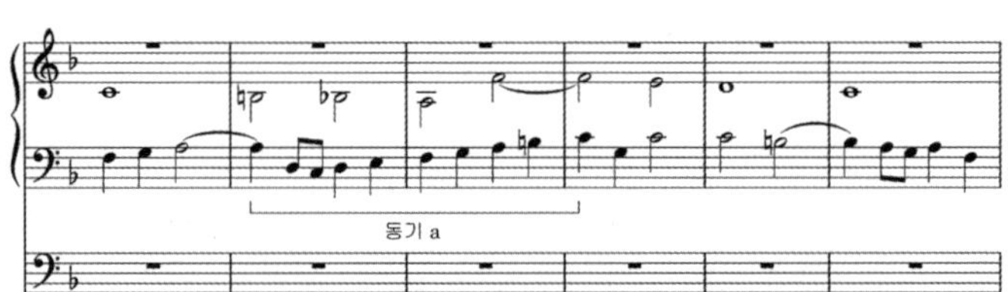

　　원조의 세 번째 주제구(상성부, 마디 12-17) 및 대주제(중간성부)와 함께 등장하는 대선율(하성부)은 대주제의 동기적 재료로 조직되어 있으며, 주제와 대주제의 선율적, 리듬적 흐름에 맞선다. 이러한 대립적인 움직임들과 대선율의 잦은 도약으로 인해 마디들은 활기를 띤다. 주제의 응답이 페달성부(마디 18-23)에서, 대주제가 상성부에서 연주될 때 하성부의 대선율은 잦은 도약으로 더욱 생기 있게 이들과 동행한다. 이 네 번째 주제구의 마디들에서는 모방 작법이 도드라진다. 처음 두 마디에서 대주제의 첫 동기가 건반의 아래 두 성부에 의해 반 마디 간격으로 모방된다. 마지막 두 마디에서는 중간성부가 대주제의 마지막 동기(마디 11)를 가져오고, 이것을 하성부(마디 22), 중간성부(마디 23), 상성부(마디 24)가 한마디의 간격으로 변형 모방한다. 그리하여 모방

의 악구가 제시부의 마지막 주제구와 뒤따르는 에피소드를 연결하게 된다.

[악보 5] BWV 540, '푸가', 마디 18-24

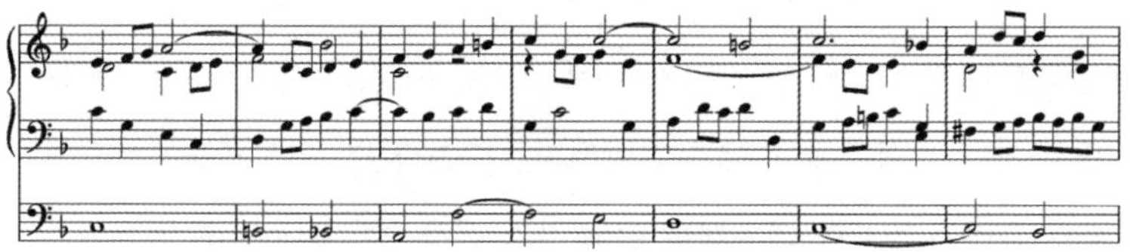

제시부 이후의 긴 에피소드(마디 23-29)는 전적으로 대주제에 기댄다. 여기에서 시선을 끄는 것은 대주제의 첫 동기와 마지막 동기가 합성된 듯한 음형의 동형진행(하성부, 마디 24-25), 대주제 마지막 동기의 모방(상성부/하성부, 마디 28-30)이다. 동형진행 뒤에 상성부가 지속적으로 상행하여 최고음 f″에 도달하는 것(마디 27) 또한 간과하기 어렵다.

제1전개부(마디 30-70)는 제시부의 조성적 범주에 머무는 네 주제구를 담아낸다. 이 주제구들 사이에는 에피소드가 위치한다. 주제구들에서나 에피소드에서나 주로 대주제의 동기가 모방된다. 첫 주제구(주제: 중간성부, 대주제: 상성부, 마디 30-35)와 다음의 에피소드(마디 36-38)에서 대주제의 동기 a가 계속 한 마디씩 넓어지는 간격으로 모방되는 것이다(하성부 → 상성부 → 페달성부 → 상성부). 에피소드는 그 모방과 더불어 새로운 최고음 b″(마디 38)에 도달한다. 이제 동기 a의 첫 음은 가치를 상실하며, 순차적으로 상승하거나 (전위된 형태로) 하강하는 4분음표의 수는 고정되지 않고 화성이나 악구의 진행에 따라 늘거나 줄어든다. 상성부에서 동기 a가 모방된 뒤 반 마디 간격으로 하성부가 그 동기를 넘겨받고, 다시 반 마디 후에 중간성부와 페달성부가 함께 그것을 전위된 형태로 반복한다. 그리하여 에피소드는 높아지는 음들과 조밀하고 정교한 모방으로 음악적 고조의 순간을 이루어낸다.

이어서 대주제의 동기 a는 우선 규칙적인 간격으로(두 번째 주제구, 마디 39-44), 이후 점차 넓어졌다가(에피소드, 마디 44-48; 세 번째 주제구, 마디 49-55) 좁아지는 간격으로(경과구, 마디 55; 네 번째 주제부, 마디 56-61) 거의 지속적으로 나타난다. 이때 마지막 주제구에서 점차 긴박해지는 모방진행, 외성부들에서 넓은 음역으로 울리는 주제와 대주제로 인해 극적 긴장감이 높아진다.

종결부(마디 61-70)에서는 대주제의 동기 a가 마지막 한 번을 제외하고 줄곧 전위된 형태로, 아울러 계속 달라지는 간격으로 모방된다. 후반에 들어서는 트릴과 점음표들을 달고 선율이 급격히 상승함으로써 극적인 진행이 연출된다. 제1전개부이자 푸가의 첫 번째 부분은 딸림조인 C장조로 마무리되고, 푸가의 두 번째 부분은 제2주제(상성부)와 대선율(중간성부)로 출발한다.

[악보 6] BWV 540, '푸가', 제2주제와 대선율, 마디 70-75

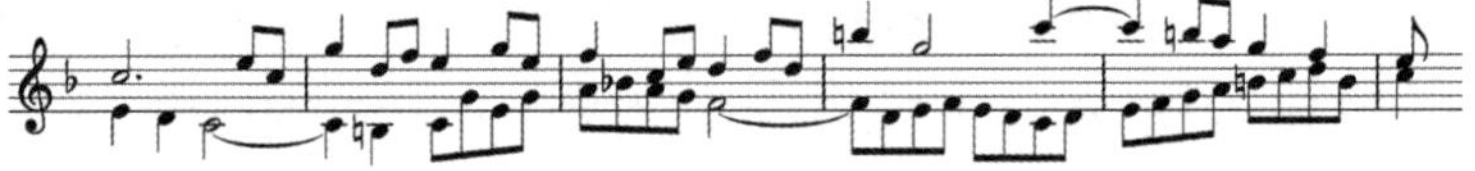

딸림조로 출현하는 제2주제는 제1주제처럼 여섯 마디로 구성되어 있다. 그러나 닥틸루스 리듬(전반) 및 당김음과 더불어 빠르게 진행하는 리듬(후반)으로써 제1주제와 대비되는 활기차고 다양한 움직임을 구사한다. 이 주제는 분산화음적 형태와 급격한 상승으로 이끄는 도약으로 인해 선율적으로도 제1주제와 달리 무척 경쾌하다. 대선율에서 시선을 끄는 것은 후반부의 8분음표들인데, 이 8분음표의 음형들이 앞으로 대선율과 에피소드 구성을 위한

동기적 원천이 되어 준다.

뒤따르는 원조의 주제구(중간성부, 마디 75-79)에는 첫 대선율의 8분음표 진행에서 가져와진 선율이 동반되며, 에피소드(마디 79-80)에서는 첫 대선율의 마지막 두 8분음표 음형이 치환, 전위, 모방된다. 이후의 에피소드들(마디 86-87, 93-100) 또한 대체적으로 그 치환, 전위된 음형들의 모방으로 조직된다. 다시 원조로 등장하는 세 번째 주제구(하성부, 마디 81-86)를 지나고 딸림조의 네 번째 주제구(중간성부, 마디 88-93)를 거쳐 D단조로 전조하는 에피소드(마디 93-100)에 이르러, 이미 언급된 바대로, 첫 대선율의 치환, 전위된 8분음표 음형들이 상이한 음높이에서 다섯 차례 모방되는데, 그 모방들은 궁극적으로 순차적으로 하행했다가 상행하는 진행(a-g-f-g-a-b♭)을 나타낸다. 긴 모방과 더불어 반음계적 움직임(중간성부, 마디 95-96; 하성부, 마디 97), 성부들의 반진행(마디 96) 등이 긴장감 가득한 에피소드를 구사해낸다.

[악보 7] BWV 540, '푸가', 마디 93-100

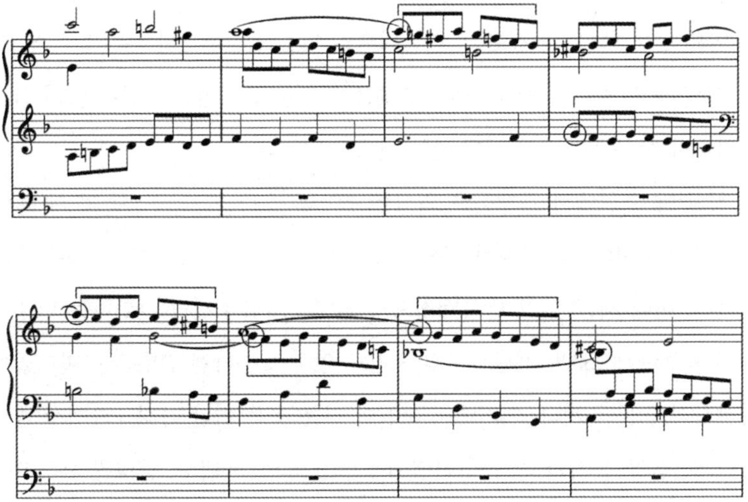

다음의 주제구들은 차례로 d단조(하성부, 마디 101-106), g단조(중간성부, 마디 110-115), c단조(상성부, 마디 119-124)를 취하며, 전조하는 에피소드들이 그 주제구들을 연결해 준다. 대선율과 에피소드들에서는 8분음표의 흐름이 지배적인데, 첫 대선율의 마지막 두 8분음표 음형이 원형과 전위형으로(d단조 주제구), 혹은 치환, 전위, 변형되어(에피소드, 마디 106-109, 마디 115-118) 사용된다. c단조의 주제 마디들은 닥틸루스 리듬(주제), 당김음(중간성부), 반음계적 점리듬(하성부)의 조합, 후반부의 분산화음 진행(하성부)으로 역동적인 순간을 빚어낸다. d단조로 전조하는 에피소드(마디 124-128)에 이어 원조인 F장조로 제1주제(중간성부, 마디 128-133)와 대주제(하성부)를 울리게 함으로써 바흐는 주제의 결합이 이루어지기 전에 제1주제를 상기시킨다.

푸가의 세 번째 부분은 주제의 결합으로 시작한다. 푸가의 이 마지막 부분에서 주제들은 C장조(마디 134-139), d단조(마디 142-147), B♭장조(마디 153-158), F장조(마디 158-163), 그리고 다시 F장조(마디 163-168)로 다섯 차례 포개지며, 두 번째와 세 번째의 주제 결합 사이에는 d단조의 제1주제(마디 147-152)가 놓인다. 주제들이 만날 때 긴 음가를 가지는 주제들의 첫 마디, 특히 제2주제의 첫 마디가 변화되거나 선율적, 리듬적으로 축소되는 현상이 눈에 띄는데, 이는 8분음표의 흐름이 지배적인 유려하고 경쾌한 움직임을 중단됨 없이 끌고 나가고자 한 작곡가의 의도에 따른 것으로 읽힌다.

첫 주제 결합에서 주제들은 외성부(제1주제: 상성부, 제2주제: 페달성부)에 놓여 뚜렷하게 들린다. 두 번째에서는 내성부(제1주제: 중성부, 제2주제: 하성부)에 위치하는데, 이때 제1주제가 반음계적으로 끝맺고, 제2주제의 하행하는 마지막 마디가 생략됨으로써 페달성부의 휴지로 인해 느슨하게 진행되는 마디들에 긴장감이 감돌게 된다. 여기에서 눈길이 가는 곳은 지난 마디 131에서 출현했던 8분음표 동기의 긴 동형진행(상성부, 마디 145-149)이다. 동형진행이 계속되는 동안 제1주제가 페달성부에서 시작되고, 8분음표 동기의 동형진행과 모방은 세 번째 주제 결합(제1주제: 중간성부, 제2주제: 페달성부)에서 다시 꾀해진다. 이후 네 번째(제1주제: 상성부, 제2주제: 하성부)와 마지막 주제 결합이 잇따른다. 마지막 때에는 제1주제가 페달성부의 저음부에서, 제2주제는 상성부의 고음부에서 울린다. 내성부들은 분산화음의 형태로 움직이면서 극적인 종결감을 더한다. 이 이중 푸가는 간결하고 차분한 종지(마디 168-170)로 끝마치지만, 그 전에 마지막 부분에서 주제들을 여러 차례 겹치게 해 절정에 이르고, 특히 마지막 세 주제부에서는 연이은 주제 결합 및 확대된 음역, 힘찬 대선율들의 움직임으로써 웅장하고 긴장감 강한 종결을 이루어낸다.

[악보 8] BWV 540, '푸가', 마디 163-168

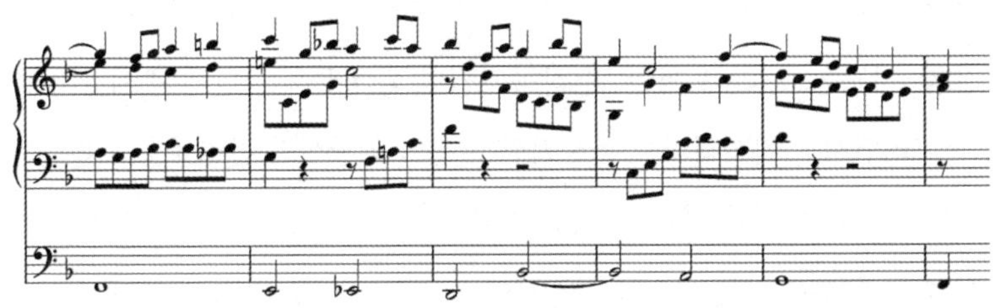

4. 파토스와 로고스의 오르간 음악

바흐는 BWV 540의 '토카타'와 '푸가'로 오르간 음악 특유의 장대함과 웅장함, 기교성, 그리고 짜임 및 작곡기법의 다채로움을 한껏 펼쳐냈다. 바흐는 그러면서도 거시적이고 미시적인 작품의 연관성과 통일성을 소홀히 하지 않았다. '토카타'와 '푸가'의 긴밀함을, '토카타'와 '푸가' 각각의 내적 연관성을 두루, 다양한 방법으로 한결같이 견지했다는 뜻이다.

바흐는 또 이 오르간 작품을 음악과 표현의 점진적 고조, 그 끝에서 마침내 도달되는 파토스적 절정의 흐름으로 구성했다. 그래서 단일 주제의 푸가가 아닌 이중 푸가가 필요했고, 이중 푸가가 지니는 표현 및 음악의 고조, 강화 가능성을 충분히 활용했다. 두 개의 주제를 우선 각각 제시, 전개한 후 결합하는 구조를 통해 푸가의 구조적 윤곽을 명확히 하고 두 주제의 대비로, 그 대비되는 주제의 결합으로 고조와 절정의 순간들을 빚어낸 것이다. 그 과정을 구체적으로 되돌아보면, 바흐는 제2주제의 길이와 화성적 윤곽을 제1주제의 그것과 일치시켜 무난한 주제 결합의 조건을 마련했지만, 동시에 제

2주제를 특히 리듬으로 제1주제와 뚜렷하게 구별되게 했다. 그렇게 제2주제
의 활기찬 닥틸루스 리듬은 제1주제와 구별되는 요인, 나아가 푸가에 활력
을 불어넣는 요소가 되었다. 음악의 고조 및 웅장한 종결은 형식(정적인 제1주
제의 제시 및 전개 → 활기찬 제2주제의 제시 및 전개 → 주제의 결합), 리듬(4분음표의 움직임
→ 8분음표의 움직임), 화성(둘째와 셋째 부분의 다양한 전조)의 유기적 흐름을 통해 구
현된다. 바흐의 이 푸가는 후기 낭만주의 작곡가들, 특히 더 이상의 격정은
존재하지 않는다고 외치는 듯한, 그러나 그 깊숙한 곳에서는 치밀한 조직성
을 구현한 막스 레거의 푸가들에서 다시 살아난다.

V.

〈바이올린 솔로를 위한 소나타와 파르티타〉, 그리고 그 푸가들: 특이성과 관계성에 대하여

1. '정신 승리'의 음악

대가의 정신은 이 악기[바이올린]에 참으로 엄청난 표현들을 불어넣었다. […]
이 작품은 물질적인 것을 뛰어넘은 정신의 승리이며, 그러한 승리가 화려하게
되풀이된 적은 아직 없다.[1]

필립 슈피타는 그의 바흐 전기에서 25여 쪽의 지면을 할애해 소나타와
모음곡의 양식사 및 장르사를 살피고 〈바이올린 솔로를 위한 소나타와 파르
티타〉(Sonaten und Partiten für Violine Solo) BWV 1001-1006의 양식적, 작곡기법
적, 성격적 짜임새를 거시적, 세부적으로 들여다보고 나서는 이렇게 결론지
었다. 슈피타 이후로도 바흐의 이 바이올린 음악은 바이올린 솔로 음악의 화
려한 출발이자 바이올린 문헌의 절정으로, 나아가 서양음악의 기념비적 작
품 중 하나로 확고히 여겨져 오고 있다. 실제로 파가니니(Niccolò Paganini, 1782-

---

1. Philipp Spitta, *Johann Sebastian Bach* Bd. 1, zweite unveränderte Auflage (Leipzig: Breitkopf &
   Härtel, 1916), 706.

1840)의 카프리치오, 이자이(Eugène Ysaÿe, 1858-1931)와 바르톡(Béla Bartók, 1881-1945)의 바이올린소나타 등과 같은 바이올린 솔로 작품들에 그 바흐의 음악이 짙거나 옅은 흔적을 남기고 있지만, 바흐의 광범위한 음악적 사고, 즉 지극히 폭넓은 스펙트럼의 형식과 양식, 작법, 감정, 연주 테크닉이 빚어내는 '바이올린 음악의 코스모스'는 어디에서도 다시 찾아보기 어렵다.

물론 바흐의 〈바이올린 솔로를 위한 소나타와 파르티타〉가 바이올린 솔로 음악의 첫 출발이 아니었음은 자명하다. 발터(Johann Jakob Walther, 1650-1717)의 〈바이올린 솔로를 위한 스케르초〉(Scherzi da Violino solo, 1676)와 〈호르툴루스 켈리쿠스〉(Hortulus chelicus, 1688), 비버(Heinrich Ignaz Franz Biber, 1644-1704)의 〈바이올린 솔로 소나타〉(Sonatae Violino solo, 1681), 베스트호프(Johann Paul von Westhoff, 1656-1705)의 〈바이올린 솔로를 위한 여섯 소나타〉(6 Sonate a Violino solo, 1694)와 〈바이올린 솔로를 위한 여섯 모음곡〉(6 Suiten für Violine allein, 1696) 등 바이올린 솔로 음악의 새로운 형식, 양식, 연주기법을 개척한 작품들이 앞서 있었다. 그리고 출판을 통해 바흐에게도 알려졌을 터인 그 작품들은 〈바이올린 솔로를 위한 소나타와 파르티타〉의 직간접적인 전형이 되었을 것이다. 덧붙이자면, 〈바이올린 솔로를 위한 소나타와 파르티타〉에서 교대로 놓이는 소나타와 모음곡의 구성은 여섯 소나타와 여섯 콘체르토가 번갈아 위치하는 알비노니(Tomaso Albinoni, 1671-1751)의 〈5성부를 위한 여섯 신포니아와 여섯 콘체르토〉(6 Sinfonie e 6 Concerti a 5) op. 2(1700)와 토렐리(Giuseppe Torelli, 1658-1709)의 〈열두 3성부 신포니아와 4성부 콘체르토〉(12 Sinfonie a 3 e Concerti a 4) op. 5(1692)를 금방 연상시킨다.

분명한 것은 무반주 바이올린 솔로라는 유형의 음악이 바흐의 시대에 즐겨지지도 온전하게 형성되어 있지도 않았던 장르라는 점이다. 달리 말해서, 무반주 바이올린 솔로는 콘티누오 없는 음악으로서 당대의 관습에 어긋나는 것이었다. 그럼에도 바흐는 〈바이올린 솔로를 위한 소나타와 파르티타〉로써 바이올린 솔로 음악의 본보기적 작품집을 생산해 냈고, 이러한 맥락에서 보이든(David Boyden)과 월스(Peter Walls)는 "음악적 구조에서든 바이올린의 연주 테크닉적, 표현적 가능성들에 대한 포괄적 탐구에서든 바흐의 솔로 바이올린 소나타와 파르티타(BWV 1001-1006)를 능가할 수 있는 것은 없다"[2]고 단언했다.

레오폴드 폰 안할트 쾨텐의 궁정에서 1720년에 완성된 〈바이올린 솔로를 위한 소나타와 파르티타〉에서 바흐는 비발디적인 기교성이나 비버적인 세련된 운궁법 등과 같은 요소들보다는 선율과 화성의 구성, 그 구성과 대위법적 작법의 결합, 그것들을 통해 조성되는 견고하고 균형적인 음악의 전개를 지향한다. 그리고 그것을 바탕에 놓고 소나타와 파르티타, 프렐류드, 푸가, 변주곡, 춤곡 등의 다양한 당대 기악 장르를 비롯해 즉흥적 작법, 노래 및 춤곡풍 언어, 엄격하고 대위법적인 양식까지 포괄하는 작곡 방식, 다채로운 표현, 다성적 연주와 섬세한 아티큘레이션 및 음향들을 구현하는 바이올린 연주기법 등을 담아낸다. 이로써 바흐는 바이올린이라는 악기를 새로운 예술적 차원으로 이끌었다. 아울러 바이올린 음악의 모범적 전집을 제작해 냈다. 그런데 그 바이올린 음악의 모범적인 전집에서 특별히 눈길을 끄는 지점이 있다. 소나타들의 '핵심'인 푸가들이다. 교회소나타의 두 번째 악장은 전통적으로 엄격한 모방 대위법으로 써졌는데, 바흐는 이를 강화해 두 번째 악장들을 푸가로 구성한 것이다. 세 교회소나타 BWV 1001, 1003, 1005의 두 번째 악장에 어김없이 놓이는 푸가는 다른 악장들에 비해 현저히 크고 넓은 공

---

2. David D. Boyden, Peter Walls, "Violin(I, 4: History and Repertory, 1600-1820)," in *The New Grove Dictionary of Music and Musicians* vol. 26, ed. Stanley Sadie (London: Macmillan Publishers Limited, 2001), 719.

간을 차지함으로써 우선 외형적으로 중요성을 드러낸다. 푸가들의 내부를 들여다보면, 역시 다른 악장들과는 구별되는, 그리고 무엇보다 건반악기를 위한 푸가들과는 구별되는 흐름이 흥미롭다. 먼저 엄격한 다성부적인 대위법적 단락과 자유로운 단성부적인 음형수식적 단락의 교대가 그러하다. 다채롭고 다양하되 하나의 맥락을 형성하는 듯한 주제들의 형상과 푸가의 구조, 대위법적 짜임새 등도 그러하다. 이에 무반주 바이올린 솔로의 푸가들이 자아 나가는 독특하고도 흥미로운 조직들에 주목해 그 푸가들이 〈바이올린 솔로를 위한 소나타와 파르티타〉에서 점하는 위치와 의미에 대해 알아본다. 아울러 선율악기인 바이올린의 독주에 의해 '또 다르게' 실현되는 바흐의 다성적 사고, 바흐 푸가의 정수를 가늠해 보고자 한다.

2. 〈바이올린 솔로를 위한 소나타와 파르티타〉의 기원에 대한
   가설들

1720년 바흐는 정성스럽게 적어 내려간 〈바이올린 솔로를 위한 소나타와 파르티타〉의 정서본을 완성한다. 이로써 〈브란덴부르크 협주곡〉, 〈평균율 클라비어곡집 1권〉, 〈인벤션과 신포니아〉로 이어져 나가는 쾨텐 시기의 대 작품집들의 출발이 고해졌다. 그러나 〈바이올린 솔로를 위한 소나타와 파르티타〉의 기원은 바이마르 시기로 거슬러 올라가는 것으로 추측된다. 그 추측의 첫 근거는 소실된 바흐의 자필본을 베낀 것으로 추정되는 두 필사본이다.

〈바이올린 솔로를 위한 소나타와 파르티타〉는 1802년에 처음으로 출판될 때까지 바흐의 정서본 외에 안나 막달레나 바흐에 의해 제작된 필사본을 비롯해, 바흐의 정서본과 거의 유사한 여러 필사본들과 정서본 이전의 바흐의 자필본을 베낀 것으로 추정되는, 정서본과 상당한 차이를 보이는 두 필사본으로 전해져 내려왔다. 현재 안나 막달레나 바흐의 필사본과 함께 베를린

국립도서관(Staatsbibliothek zu Berlin)에 소장되어 있는 그 두 필사본 중 하나는 오르가니스트이자 작곡가인 켈르너(Johann Peter Kellner, 1705-1772)가, 그가 자필로 명시한 대로, 1726년에 작성한 것이고, 나머지 하나는 18세기 전반기와 후반기에 두 무명의 필사가에 의해 작성된 것들을 묶어 놓은 것인데, 흥미롭게도 이 두 필사본에서 바흐의 예전 기보 습관이 나타난다. 즉, 바흐는 임시표(♯)로 반음 올려진 음을 본래의 자리로 돌려놓을 때 제자리표(♮) 대신에 내림표(♭)를 사용하는 옛 기보 방식을 1715년경까지 사용했는데, 이것이 두 필사본에 나타나고 있는 것이다. 그렇다면 〈바이올린 솔로를 위한 소나타와 파르티타〉의 개별 작품들의 창작년도는 무리 없이 1713-14년경으로 설정될 수 있다. 그러나 그 여섯 바이올린 솔로가 드러내는 상이한 구조적, 구성적, 작곡기법적 '발전'의 정도는 창작 시기의 범위를 보다 넓게 헤아리게 한다. 이러한 점에서 자크만(Dominik Sackmann)의 가설이 관심을 끈다. 자크만은 여섯 작품의 작업이 바흐가 1714년 3월부터 바이마르 궁정의 콘체르트마이스터로서, 1717년 12월부터는 쾨텐 궁정의 카펠마이스터로서 기악 연주를 이끌고 기획하는 직무에 종사하는 동안, 그러니까 1714년에서 정서본이 완성된 1720년까지 여러 해에 걸쳐 이루어졌던 것으로 본다. 그러면서 파르티타의 악장 유형, 푸가 악장들의 형태 및 작법, 화성 전개 방식과 형식적 구조 등을 검토하고 당시에 작곡된 바흐의 칸타타나 협주곡들과 비교한 결과, 'g단조 소나타' BWV 1001과 'd단조 파르티타' BWV 1004는 가장 이른 1714년에서 1715년 초 사이에, 'a단조 소나타' BWV 1003은 1715년에서 1717년 사이에, 'C장조 소나타' BWV 1005는 1718년에 쾨텐에서, 'E장조 파르티타' BWV 1006은 1719년에 작곡되었을 것이라고 밝힌다 -'b단조 파르티타' BWV 1002는 창작 시기가 확실한 유사 악곡들이 찾아지지 않아 이 가

정에서 제외되었다-.[3]

자크만의 가설과 그 근거들에 기댄다면, 〈바이올린 솔로를 위한 소나타와 파르티타〉에서 소나타들은 창작된 순서대로 나열된 셈이다. 또 소나타들 안에서, 특히 푸가 악장들에서 점진적인 작법의 '발전', 혹은 진보가 실현되고 있을 터이다. 이러한 기대는 아래의 푸가 고찰이 조명하게 될, 점차 정교해지고 밀도가 높아지는 대위법적 기법과 짜임새의 확인을 통해 충족될 수도 있다. 그러나 다른 한편으로는 바흐 음악의 창작년도나 시기를 추정할 때 작곡 양식이나 기법의 선적인 발전에 집중하는 논리가 작품의 청탁자나 창작 계기, 제공된 연주자들과 같은 다양한 현실들을 도외시하여 그릇된 결론에 이를 수 있기에 조심스럽다. 작품들의 구상 시점과 초기 형태, 교정이나 수정의 내용 및 범위 등 창작 과정들뿐 아니라, 창작 계기 등에 대한 의문에도 명쾌한 답을 줄 수 있는 사료들이 부족한 〈바이올린 솔로를 위한 소나타와 파르티타〉의 경우에는 더욱 그러하다.

사실 〈브란덴부르크 협주곡〉과는 달리 헌정문이 적혀 있지 않은 〈바이올린 솔로를 위한 소나타와 파르티타〉의 정서본은 그것의 용도와 헌정 대상에 대한 여러 가설을 낳았다. 도돌이표가 붙은 단락의 끝에서 악보를 넘길 수 있게 하거나 한동안 계속되는 템포의 표시를 다시금 적어 넣는 등 연주자가 읽기에 용이하도록 기보해 나가는 방식을 근거로 연주용 악보였을 것이라 추측되는 가운데, 바흐의 동료이자 저명 바이올리스트였던 피젠델(Johann Georg Pisendel, 1688-1755), 아벨(Christian Ferdinand Abel, 1682-1761) 등이 피헌정자로 짐작되곤 했다. 근래에는 시 음악가의 아들로서 바이올린을 첫 악기로 배웠

---

3. Dominik Sackmann, *Triumph des Geistes über die Materie. Mutmaßungen über Johann Sebastian Bachs 'Sei Solo a Violino senza Basso accompagnato'(BWV 1001-1006) mit einem Seitenblick auf die '6 Suites a Violoncello solo'(BWV 1007-1012)* (Stuttgart: Carus-Verlag, 2008), 31-33.

고 바이올리니스트로서 첫 직업을 얻었으며, 지긋한 나이에 이르러서도 바이올린 연주에 능했던 바흐 자신을 위한 것이었다는 주장이 유력하게 제기되고 있다.

3. 〈바이올린 솔로를 위한 소나타와 파르티타〉의 다층적 구조

본래 '베이스 반주 없는 여섯 바이올린 솔로'(Sei Solo a Violino solo senza Basso accompagnato)라는 제목을 달았던 〈바이올린 솔로를 위한 소나타와 파르티타〉에서 바흐는 당대에 가장 성행한 기악 장르인 소나타와 파르티타를 교대로 배치한다. 아울러 동질성 강한 4악장 구성의 교회소나타와 구성의 다양성이 특징적인 파르티타를 대비시켜 통일성과 다양성, 견고성과 유동성이 긴장감 있게 공존케 한다.

통일성과 다양성, 견고성과 유동성의 대비적 공존이라는 커다란 틀 안에서 바흐는 '시칠리아나'(Siciliana)와 박자(3/8), 템포(Presto)에 있어 코렌테를 연상시키는 악곡을 첫 소나타의 마지막 두 악장으로 놓아 파르티타로의 매끄러운 이행을 꾀한다. 혹은 마지막 소나타의 마지막 악장과 마지막 파르티타의 첫 악장을 알레그로의 밝은 성격, 3/4박자, 무궁동(moto perpetuo)의 움직임, 아르페지오에 스미어 있는 다성적 패시지와 단성적 악구의 결합 등으로 유사하게 처리해 두 장르 간의 경계를 부드럽게 허물면서 관계망을 자아낸다.

[표 1] 〈바이올린 솔로를 위한 소나타와 파르티타〉의 전체 구조 및 구성

g단조 소나타 BWV 1001	b단조 파르티타 BWV 1002	a단조 소나타 BWV 1003	d단조 파르티타 BWV 1004	C장조 소나타 BWV 1005	E장조 파르티타 BWV 1006
1. Adagio 2. Fuga 3. Siciliana 4. Presto	Allamanda+ Double Corrente+ Double Sarabande+ Double Tempo di Borea+ Double	1. Grave 2. Fuga 3. Andante 4. Allegro	Allamanda Corrente Sarabanda Giga Ciaccona	1. Adagio 2. Fuga 3. Largo 4. Allegro 　 assai	Preludio Loure Gavotte en Rondeau Menuet I+II Bourrée Gigue

작품집의 테두리에서 이렇듯 자연스러운 연결이 지향되고 있을 때, 그 사이에서는 규모와 예술적인 정교함이 돋보이는 'a단조 푸가', '샤콘느', 'C장조 푸가'가 각각 두 번째 소나타와 파르티타, 세 번째 소나타에 자리하면서 무게 중심을 이룬다.

〈바이올린 솔로를 위한 소나타와 파르티타〉에는 흥미로운 수의 비율도 숨어 있다. BWV 1001, 1002, 1003, 1004의 총 마디수가 1600으로 BWV 1005, 1006의 총 마디수 800의 2배에 달한다면, 2:1의 마디수 비율이 2:1의 작품수 비율과 상응하고 있는 셈이다.[4] 바흐의 무반주 바이올린 솔로 음악은 이렇게 여러 층으로 사고된 체계적 구조물이다. 여러 층의 사고는 작곡 양식과 언어, 작곡기법에서도 드러난다. 바흐는 먼저 소나타와 파르티타의 조합을 선택함으로써 형식, 양식, 언어, 작곡기법의 가능성을 폭넓게 열어 두었다. 그러고는 (특히 소나타에서) 즉흥 양식과 엄격 양식, 가창적 언어와 춤곡적

---

4. Sackmann, 위의 책, 13.

언어 등을 결합하고, (파르티타에서는) 변주곡과 춤곡의 양식적 특징들을 다채롭게 만나게 한다. 다른 한편으로는 통속성과 사변성의 합이 꾀해진다. 춤곡들, 특히 '롱도 풍 가보트'(Gavotte en Rondeau)나 '템포 디 보레아'(Tempo di Borea) 같은 단순하고 명료한 선율 및 구성의 춤곡들을 통해 통속적인 면면이, 지극히 정교한 작곡기법적 짜임새의 푸가들과 '샤콘느'에 의해 사변적인 면면이 형성되는 것이다. 무엇보다 시선을 끄는 것은 순수한 단성적 전개부터 여러 형태의 다성적 전개까지 두루 아우르는 성부 조직이다. 물론 교회소나타들에서는 단성적 진행이 마지막 악장에만 제한적으로 쓰이고, 그마저도 아르페지오의 음형을 빈번히 취해 내재적인 다성 패시지로 읽힌다. 이렇듯 대체로 다성적 흐름이 주도하는 교회소나타들에서 푸가는 소나타들을 관통하는, 나아가 〈바이올린 솔로를 위한 소나타와 파르티타〉에 깊숙이 배어 있는 다성성의 정점을 이룬다.

4. 무반주 바이올린 솔로를 위한 푸가들

바흐의 무반주 바이올린 솔로를 위한 소나타들은 외형적으로 상당히 유사하다. 예외 없이 모두 느린 악장과 빠른 악장이 교대하는 4악장의 구조를 보이고, 그 안에서 첫 악장들은 프렐류드적인 성격을, 두 번째 악장들은 푸가를, 세 번째 악장들은 조성의 변화를 —g단조의 BWV 1001, a단조의 BWV 1003에서는 세 번째 악장이 나란한조인 B♭장조와 C장조로, C장조의 BWV 1005에서는 버금딸림조인 F장조로 이동한다—, 마지막 악장들은 반복되는 2부분 형식에 무궁동을 공통적으로 취하기에 그러하다. 하지만 관찰의 시야를 넓혀보면, 아다지오를 공유하는 BWV 1001과 1005의 첫 악장을 제외하고는 소나타의 악장들에 서로 다른 템포 및 성격의 지시가 주어져 있고, 또 3/4박자를 같이 쓰는 BWV 1005의 테두리 악장들을 예외로 하면 각 소나타 내에서 동일한 박자의 반복이 피해질 뿐 아니라, 다채로운 유형의 박자들이 사용되는 등 음악적 표현과 감각의 측면에서 동적인 흐름이 분명하게 감지된다. 더불어 차례로 94, 289, 354마디를 차지하면서 다른 악장들에 비해 압도적으로 크고, 푸가에서 푸가로 이어지면서 고조되어 가는 형식적, 작곡기법적 역동성은 소나타들의 구심점을 이루는 동시에 파르티타의 다양한 악장 구성이 야기하는 유동성의 대척점으로 기능한다.

4.1 푸가의 주제들

소나타의 푸가 악장들로 시선을 옮기다 보면, 프렐류드로서 푸가와 짝을 이루기에 손색이 없는 첫 악장들이 주의를 끈다. 즉흥곡적 작법으로 푸가의 대위법적 작법과 대비되면서 상호보완적인 관계를 맺는 첫 프렐류드 풍의 악장들은 반종지로 마치는 열린 종결로써 두 번째 푸가 악장들과 더욱 명료하게 짝을 이룬다. 다만, 첫 소나타의 첫 악장은 예외적으로 완전종지로 끝마치는데, 이는 이 악장이 작품집 전체를 여는 '서곡'의 의미를 띠는 데 기인한다고 볼 수 있다. 실제로 이 '서곡' 악장은 '환상적 양식'(stylus phantasticus)을 펼치며 긴 여정의 화려한 출발을 고하는 듯하다. 여하튼 '프렐류드 악장'에 의해 준비되는 푸가들에서 주제는 각각 고유의 형태를 띤다. 먼저 첫 푸가의

[악보 1] BWV 1001, 1003, 1005 푸가의 주제들

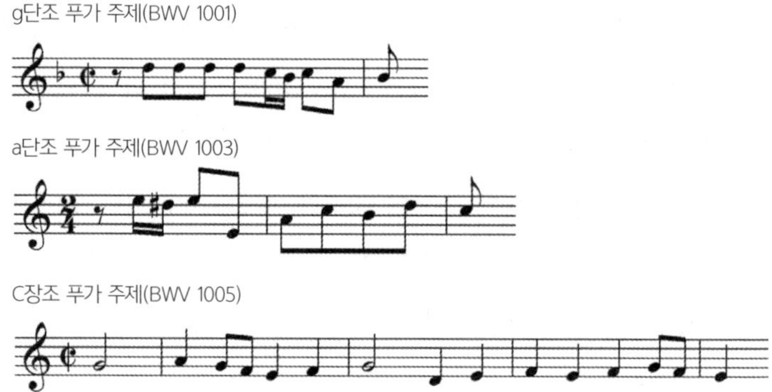

주제는 간결하고 예사롭다. 두 번째 푸가의 주제 역시 간략하지만, 여러 도약으로 인해 강한 인상을 안긴다. 마지막 세 번째 푸가의 주제는 순차적 진행과 여유로운 움직임, 두 부분 구성의 선율선으로 고요히 노래하듯 흐른다.

하지만 푸가의 주제들을 조금 더 가까이 들여다보면, 흥미롭게도 첫 주제에서 선명하게 드러나는, 5음에서 시작해 4음을 거쳐 3음으로 마치는 골격음들(g단조 푸가: d″-c″-b′, a단조 푸가: e″-d″-c″, C장조 푸가: g′-f′-e′)이 공유되고 있다. 이렇듯 푸가의 주제들은 다양한 모양새를 취하면서도 연관성을 견지하는데, 그 양면성은 흥미롭게도 푸가들의 구조 및 구성에도 스며있다.

4.2 g단조 푸가

바흐의 세 솔로 바이올린 푸가에서 공통적으로 취해지는 구조는 주제를 전개하는 대위법적 단락과 기교적이거나 수식적인 단성부적, 혹은 주제의 흔적이 짙은 다성부적 에피소드 단락의 교대이다. 그리하여 g단조의 첫 푸가는 제시부(마디 1-14)와 각각 d단조, c단조, g단조, g단조로 종지하는 네 전개부(I: 마디 14-24, II: 마디 24-55, III: 마디 55-87, IV: 마디 87-94)로 구성되고, 그 다섯 부분은 마지막 부분을 제외하곤 주제의 전개와 뒤따르는 에피소드로 엮여나간다. 이 첫 푸가에서는 하지만 그러한 형식적 틀이 상당히 자유롭게 다루어진다. 먼저 통상적인 주제(Dux) - 응답(Comes) - 주제(Dux) - 응답(Comes) 대신 주제(Dux) - 응답(Comes) - 응답(Comes) - 주제(Dux)로 시작한다. 이때 딸림조가 아닌 버금딸림조로 응답하는 제시부에서, 또 전개부를 여는 주제구들의 유동적인 수에서 -첫 전개부는 4개(마디 14-18), 두 번째 전개부는 2개(마디 24-26), 세 번째 전개부는 3개(마디 55-57)의 주제구로 대위법적 전개를 엮는다– 형식적 틀이 다시금 유연해진다.

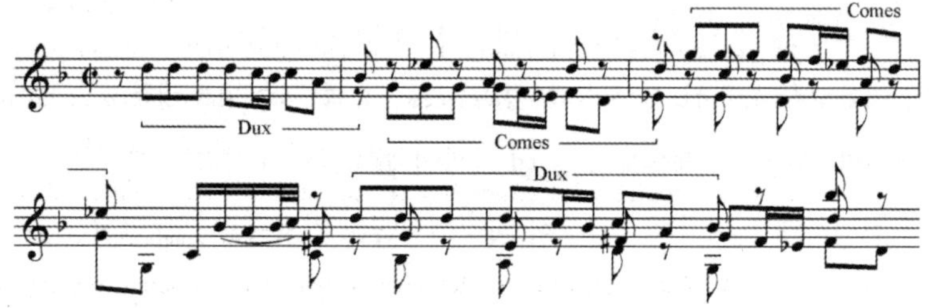

[악보 2] BWV 1001, g단조 푸가, 마디 1-5

자유로우면서도 특징적인 푸가의 형식 및 구성에 결정적으로 기여하는 것은 총 94마디 중 75마디가량을 차지하는 에피소드이다. 즉, 이 푸가에서는 에피소드가 음악의 흐름을 이끄는데, 우선 첫 에피소드(마디 5-14)는 8분음표와 두 16분음표의 주제 동기, 16분음표 음형, 화음적 패시지 등 이후 에피소드의 구성 재료가 될 것들을 펼쳐낸다.

[악보 3] BWV 1001, g단조 푸가, 마디 5-14

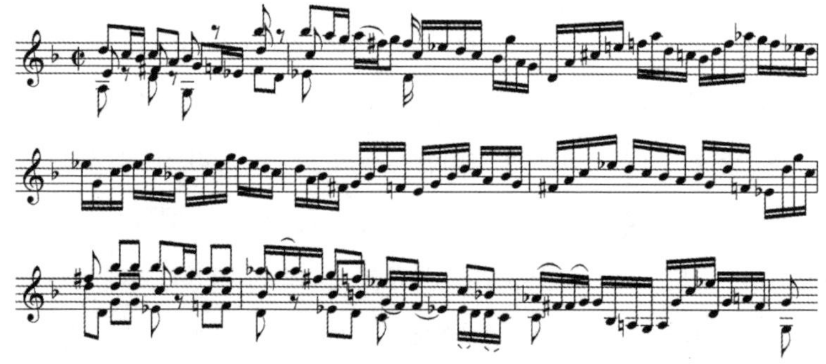

첫 전개부의 에피소드(마디 18-20)는 제시부의 것에 비해 무척 짧다. 생김새도 달라서 주제의 반복음들 중 약박의 것들을 쉼표로 처리하면서 시작하고, 주제의 8분음표와 두 16분음표 동기를 속행하며 마무리하는 악구를 연속 모

방함으로써 주제적 성격이 강한 대위법적 짜임새를 띤다. 아울러 전조의 역할에 충실하면서 곧 (d단조의) 주제 전개(마디 20-24)로 이어지니, 그렇게 클라비어를 위한 푸가의 에피소드에 가까워져 있다. 두 번째 전개부의 에피소드(마디 26-55)는 총 29마디로 길고 역동적이며 변화무쌍하다. 선행하는 에피소드의 것과 유사한 주제 변형을 모방, 동형진행하고는 근음(d')의 페달포인트 위에서 병행하는 두 성부의 패시지(마디 38-41)와 바이올린 특유의 아르페지오 음형 단락(마디 42-52)을 거쳐 결국 4성부의 조직 안에서 주제를 인용하는 순간(마디 52-53)에 이르는 전개를 펼치는 것이다. 그러면서 이 에피소드는 무엇보다 이 악장의, 나아가 이 소나타의 최고음인 f‴(마디 40)에 도달함으로써, 또 화려한 아르페지오와 강력한 3성부의 화음적 전개로써 대위법의 굴레로부터, 제한된 음역의 굴레로부터 완전히 벗어난다. 그러나 주제의 존재는 지워지지 않는다. 페달포인트의 패시지로 이끄는 마디들의 동기(마디 36, a'-g'-f'-g'-e'-f')에도, 아르페지오 단락의 음형(마디 42, d‴-c‴-b″-c‴-a″)에도 주제가 은닉되어 있다.

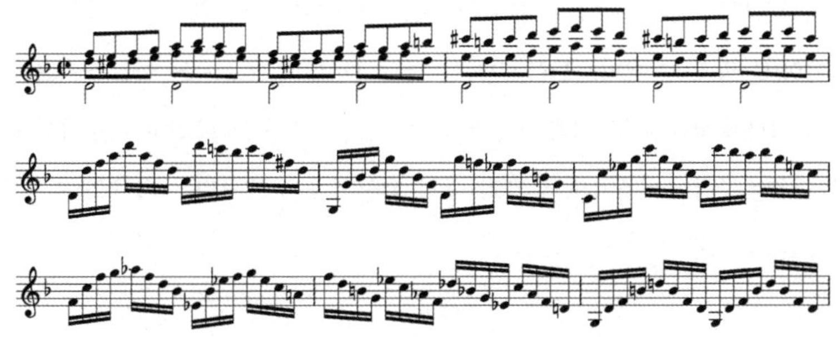

[악보 4] BWV 1001, g단조 푸가, 마디 38-47

바흐는 세 번째 전개부의 에피소드(마디 58-87)에도 29마디를 할애한다. 그리고 이번에는 주제에 강하게 기대며 4성부에까지 이르는 화음들로 현란하고 두터운 음향을 자아내기도(마디 58-63), 이전 에피소드들의 구성 요소들을 밀도 높게 엮어가면서 반음계적 움직임을 동반하는 주제의 변형(마디 74-75) 혹은 원형(마디 82-83)으로 극적인 전개를 더욱 고조시키기도 한다(마디 74-87). 하지만 다른 한편으로는 이전 에피소드에서와는 달리 주제에 의지하는 다성부적 짜임(마디 58-64, 74-77, 80-87)과 16분음표들의 수식음형적 짜임(마디 64-74, 77-80)을 거의 같은 비중으로 놓음으로써 조직의 균형을 견지한다. 그리하면서도 동일한 마디수뿐 아니라 주제와 가까운 대선율들과 동기들의 유지, 페달포인트의 재현(d′, 마디 69-73)을 통해 앞선 에피소드와의 밀접한 관계성을 꾀한다. 이때 마디 74-77의 악구에서 마디 28-32가 노골적으로 상기된다면, 그 관계성은 더욱 공고해진다.

푸가의 '에필로그' 단락(마디 87-94)을 여는 마디들(마디 87-88)에서도 유사한 수법이 쓰인다. 카덴차적인 '에필로그' 단락은 주제도 주제적 요소도 없이 페달포인트 g와 d′로써 g단조의 으뜸화음과 딸림화음의 영역을 확인하면서 나폴리6화음적 움직임으로 변화를 시도한다(마디 88-89). 또 위에서는 c′′′에서 c′′로, 아래에서는 d′′에서 d′로 각각 온음계 및 반음계로 순차하행하는 두 선율의 2성부적 전개(마디 91-93)를 펼치기도 한다. 이러한 '에필로그'의 처음 마디들에서 세 번째 에피소드에 속하는 마디 42-43의 16분음표 아르페지오 음형이 그대로 따와지고 이후 변형된다면, 이는 자유롭고 화려하게 푸가를 마무리하는 단락에서조차도 푸가의 내적 통일성을 보존하려는 바흐의 의도로 읽힌다.

4.3 a단조 푸가

첫 소나타의 g단조 푸가가 유연하고 다채로운 형식적, 구성적 흐름 안에서 여러 방식으로 촘촘한 관계망을 형성해 냈다면, 두 번째 소나타의 a단조 푸가는 총 289마디로 g단조 푸가보다 세 배가량 더 확대되어 있음에도 더 통일성 강한 조직체를 이루어 낸다. 그 통일성 강한 조직체는 다시금 통례와 는 달리 주제(Dux) - 응답(Comes) - 응답(Comes)으로 전개되는 제시부에서 응 답들 사이에 놓이는 에피소드(마디 5-7)에 의해 만들어진다. 그 짧은 동형진행 의 에피소드를 구성하는 두 요소, 즉 첫 쉼표를 음표로 채운 주제 전반부의 특징적 리듬과 4분음표의 반음계적 동기가 또다시 주제 전개 단락보다 더 넓은 공간을 차지하는 에피소드들의 얼개에 지속적으로 침투하는 것이다.

[악보 5] BWV 1003, d단조 푸가, 마디 1-9

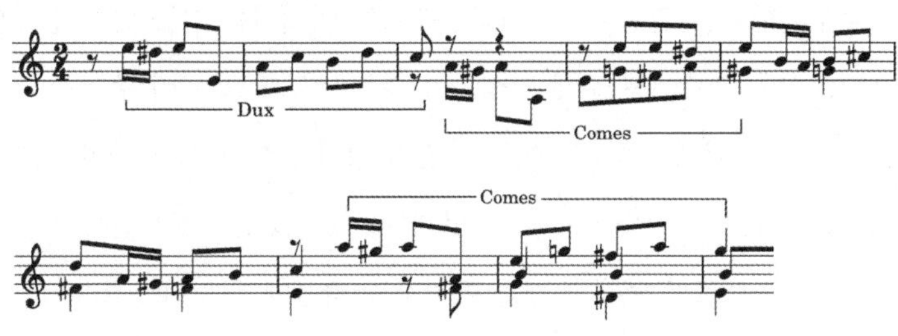

첫 에피소드의 두 구성 요소는 그 외에도 이중대위법과 더욱 확장된 동형 진행의 형태로 마디 18-30, 73-81에서, 그리고 원형과 전위형의 이중대위법, 한층 더 확장된 동형진행을 거치며 마디 232-248에서 푸가의 본질적인 통일 성과 응집성을 뚜렷하게 드러낸다. 아울러 4분음표의 반음계 동기는 주제의 대선율로도 빈번히 등장하면서 편재적 재료의 의미를 띤다. 그와 같은 조직 방식들을 따라가다 보면, 이 푸가에서는 대위법적 작법에 무게를 두고자 하 는 바흐의 의도가 뚜렷하게 감지된다. 그럼에도 바흐는 연속 8분음표 음형 들로 구사되는 바이올린 특유의 수식적 패시지(마디 45-61)를 통해 바이올린

의 연주 기교를 자주 전면에 세우곤 한 첫 푸가를 회상함으로써 푸가들 사이의 연결을 꾀한다.

a단조 푸가는 조직의 변화와 종지, 주제의 대위법적 변형 등에 근거해 제시부(마디 1-45[a단조])와 아홉 전개부(I: 마디 45-73[e단조], II: 마디 73-103[C장조], III: 마디 103-125[a단조], IV: 마디 125-137[e단조], V: 마디 137-166[G장조], VI: 마디 166-221[d단조], VII: 마디 221-232[d단조], VIII: 마디 232-280[a단조], IX: 마디 280-289[A장조])로 구분될 수 있다. 이 구조적 흐름 가운데에서 중요한 지점들로 부각되는 곳은 주제의 전위형이 처음으로 출현하고 세 차례 연속되는 네 번째 전개부(마디 125-131), 두 주제 원형이 두 주제 전위형을 감싸는 다섯 번째 전개부(마디 137-145), 주제 원형과 전위형이 세 차례 연속으로 이어지는 일곱 번째 전개부(마디 221-227)이다. 그중에서 주제 원형과 전위형의 조합으로 네 주제구를 나열하는 다섯 번째 전개부가 대위법적 기법의 정점을 이룬다. 푸가의 후반부를 대위법적 복합체로 엮어내는 이 세 전개부는 또 집중적이고 연속적인 주제 전개를 앞세움으로써 주제 전개를 에피소드 다음에 위치시키거나(제1전개부) 에피소드로 둘러싸는(제2전개부), 혹은 주제를 간헐적으로 인용하는(제3, 6, 8전개부) 다른 전개부들과 구별되고, 그렇게 푸가 전개부의 전형에 가까이 다가서 있다.

여덟 번째 전개부의 의미도 예사롭지 않다. 여기에서 제시부의 첫 동형진행 에피소드가 그대로 다시 취해져 이중대위법과 무려 16마디(마디 232-248)에 이르는 긴 동형진행으로 확장된다면, 그것은 재현부의 성격을 띠면서 긴 푸가의 균형 잡힌 완결을 꾀하는 장치로 이해될 수 있다. a단조 푸가는 결국 전위되고 화음으로 강화된 주제를 두 차례 연속으로 등장시킨 후 이 푸가의 전체 음역을 거치며 급격하게 하강하는 종결 마디들(마디 286-288)로써 g단조 푸가의 비르투오소적 기교를 상기시키며 끝마친다.

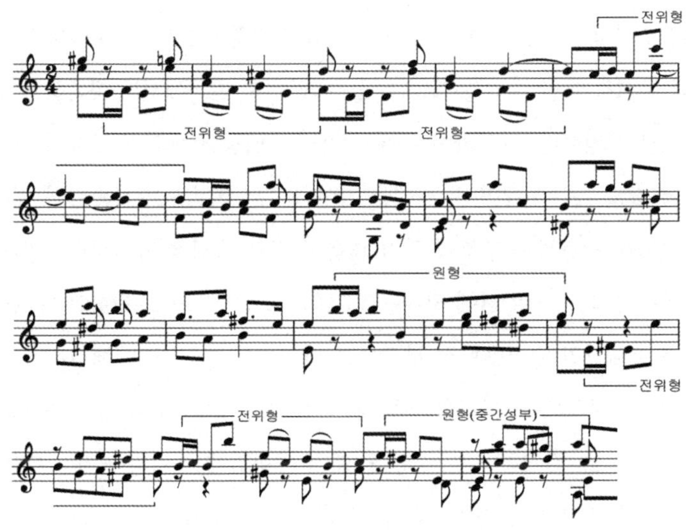

a단조 푸가는 여러모로 첫 소나타의 g단조 푸가와 세 번째 소나타의 C 장조 푸가의 중간 즈음에 위치하는 것으로 읽힌다. 94마디의 g단조 푸가와 354마디의 C장조 푸가 사이에서 289마디를 차지하니 우선 규모에서 그러하다. 대위법적 변형 없는 주제를 고수하는 g단조 푸가와 주제의 전위에 스트레토를 더하는 C장조 푸가 사이에서 전위된 주제 및 선율을 구사하니 대위법적 기법의 측면에서도 그러하다. 달리 말하자면, 대위법적 작법의 맥락에서 전위기법을 도입하는 a단조 푸가는 C장조 푸가를 준비해 주고 있는 셈이다.

4.4 C장조 푸가

BWV 1005의 C장조 푸가는 여유로운 공간과 움직임, 잔잔히 노래하는 듯한 주제를 취해 방대하고 평온한 푸가를 실현할 수 있는 기반을 마련한다. 동시에 주제의 넉넉한 길이를 통해 주제의 전위뿐 아니라 특히 주제의 스트레토를 용이하게 할 수 있는 토대를 놓는다. 건축 방식에서도 독특하고 장대한 설계를 견지한다. 그리하여 주제의 전개에 비중을 두면서 주제의 단편들을 엮어 강도 높은 대위법적 진행을 자아나가는 부분과 수식음형적 에피소드의 기능을 담당하는 부분이 각각 넓은 공간과 특징적 짜임새로써 명료하게 구분된다. 즉, 354마디에 달하는 이 대규모의 푸가는 주제적인 대위법적 부분, 비주제적인 수식음형적 부분으로 나뉘기에 통상적인 '제시부와 전개부'의 개념으로는 구조 파악을 어렵게 한다. 따라서 C장조 푸가는 주제를 제시하고(마디 1-20) 전개한(마디 24-34) 후 여러 동형진행을 거치는 제1전개부(마디 1-66), 넓은 음역에서 종횡무진하는 아르페지오의 제1에피소드(마디 66-92), 주제의 스트레토에 이어서 e단조를 향해가며 주제 전개에 집중하는 제2전개부(마디 93-165), 단성부적인 연속 8분음표 음형들의 전반(마디 165-186)과 3성부적 움직임을 타며 주제의 인용을 꾀하는 후반(마디 186-201)으로 구성된 제2에피소드(마디 165-201), 전위된 주제를 제시, 전개, 근접모방하는 제3전개부(마디 201-245), 선행하는 에피소드와 유사한 2부분 구성의 제3에피소드(마디 245-288), 마지막으로 제1전개부를 되풀이하는 재현부적 성격의 제4전개부(마디 288-354)로 읽히는 것이 마땅하다.

상술한 구조적 흐름을 조금 더 자세히 들여다보면, 이번에는 주제가 흥미롭게도 푸가의 '규칙'에 따라 주제(Dux) - 응답(Comes) - 주제(Dux) - 응답(Comes)으로 제시된다(마디 1-20). 이때 첫 응답의 대선율에서 반음계적 하행이 출현해 a단조 푸가의 '편재적' 재료였던 반음계적 동기를 상기시키고, 이후 이것이 지속적으로 주제의 대선율들에 놓여 이전 푸가와의 긴밀한 연관성을 빚어낸다는 점 또한 흥미롭다([악보 7-1] 참조). 그 밖에도 바흐는 제3전개부를 시작하면서 "전위로"(al riverso)라는 말을 적어 넣어 이 전개부가 주제의 전위를 위한 터임을 명시한다. 그리고 실제로 전위된 주제를 네 차례 연속으로 제시, 나열하고는(마디 201-217) 주제 전위형의 스트레토를 시도한다(마디 228-232)([악보 7-2] 참조).

[악보 7-1] BWV 1005, C장조 푸가, 마디 1-20

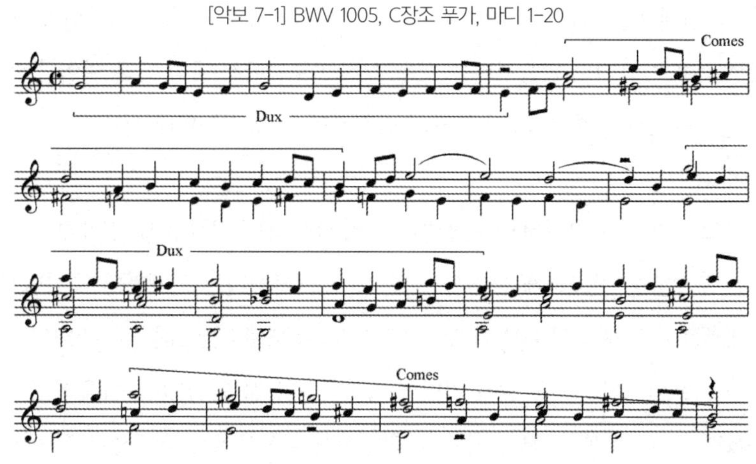

[악보 7-2] BWV 1005, C장조 푸가, 마디 227-232

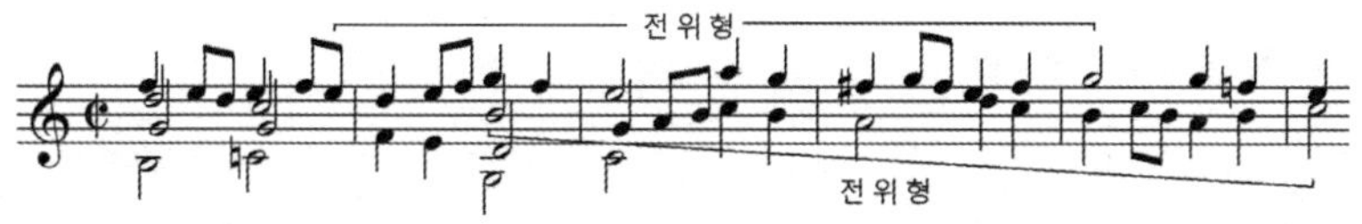

전위기법은 주제와 대선율들뿐 아니라 에피소드 부분의 전개 방향에도 적용된다. 요컨대 위에서 언급한 바와 같이 두 단락으로 이루어진 제3에피소드의 전반이 첫 마디에서 제2에피소드의 첫 마디를 전위시키고, 나아가 고음역에서 바이올린의 최저음역으로 하강하는 제2에피소드의 선율선을 저

음역에서 고음역으로 상승하는 선율선으로 바꾸어 놓는 것이다. 그리하여 두 번째 d단조 파르티타의 '샤콘느'나 세 번째 C장조 소나타의 마지막 악장에서나 마주할 수 있는 이 바이올린 솔로 작품집의 최고음인 g'''가 도달된다(마디 263).

C장조 푸가에서 특히 눈길을 끄는 것은 재현부의 등장이다. 바흐는 마지막 제4전개부를 제1전개부의 반복으로 처리하고 있는 것이다. 이처럼 한 전개부 전체가 그대로 되풀이되는 것은 바흐의 푸가에서 극히 드문 일이다. 매우 특이하면서도 길고 긴 이 푸가의 안정적인 완결성을 위해 선택된 수단일 것이다.

C장조 푸가를 거시적으로 조망하자면, 테두리의 제시부 및 전개부가 거대한 구조물을 견고하게 둘러싸고 있고, 그 내부에서는 주제적인 대위법적 전개부들이 주제의 집중적 전개와 스트레토, 주제의 전위, 전위된 주제의 스트레토로 이어지는 대위법적 기법의 강화와 역동을 담아낸다. 아울러 수식 음형적 에피소드들, 특히 전위된 주제의 전개부를 사이에 두고 있는 두 에피소드는 전개부들과 유사하게 제시와 재현의 관계성을 보이는 동시에 이 푸가의 중요 구성 원리 중 하나인 전위를 투영해 내며 음역을 현저히 넓히다가 결국 최고음에 이른다.

5. 커다란 코스모스 속 작은 코스모스

아버지는 현악기가 지닌 가능성들을 완벽하게 파악하고 계셨습니다.[5]

바흐가 쓴 세 바이올린 푸가를 찬찬히 살펴보고 난 후 떠올리게 되는 칼 필립 엠마누엘 바흐의 증언이다. 콘티누오의 반주마저 없는 바이올린 솔로 음악은 낯선 것이었던 당대에, 더구나 분명 대위법을 위한 악기는 아닌 바이올린 단 한대로 바흐는 푸가의 새로운 패러다임을 완성했다. "현악기가 지닌 가능성들에 대한 완벽한 파악"으로써, 그의 대위법적 사고 체계로써 실현된 성과이다. 물론 그 푸가의 새로운 패러다임은 흔히 '바흐의 푸가'로 알려진 건반악기를 위한 푸가와 구별되는, 현악기의 능력과 매력에 부합하는 것이었다. 그래서 바흐의 무반주 바이올린 솔로 푸가는 여러 성부의 다성적,

---

5. *Bach-Dokumente Bd. III: Dokumente zum Nachwirken Johann Sebastian Bachs 1750-1800*, hrsg. Bach-Archiv Leipzig unter Leitung von Werner Neumann, vorgelegt und erläutert von Hans-Joachim Schulze (Kassel, Basel, Tours, London: Bärenreiter; Leipzig: VEB Deutscher Verlag, 1972), 285.

대위법적 전개뿐 아니라 바이올린 특유의 기교적, 수식적 패시지들까지 아우른다. 이를 통해 엄격한 양식과 자유로운 양식을 결합하는 독특한 짜임의 푸가가 산출되고, 그것은 순수한 단성적 흐름부터 여러 형태의 다성적 조직까지 포괄하는 〈바이올린 솔로를 위한 소나타와 파르티타〉를 가로지르는 의미를 띠기도 한다.

바흐의 바이올린 솔로 푸가들은 그 밖에도 다양성과 유동성의 형식 및 구성으로 특징지어지며, 그것은 곧 역동적 성격으로 연결된다. 다시 말해서, 주제들의 서로 다른 생김새로 시작해, 긴 즉흥적 단락을 품어내며 바이올린 특유의 수식음형적 진행, 강렬하고 두터운 음향을 펼치는 첫 g단조 푸가, 경제적인 재료와 수단으로 통일성 및 응집성을 도모하며 대위법적 짜임에 무게를 두는 두 번째 a단조 푸가, 장대한 구조적 틀에 여러 대위법적 기법들을 담아내는 세 번째 C장조 푸가 등으로 바이올린 푸가라는 장르에서 가능한 크고 작은 조직의 폭넓은 스펙트럼을 구현한 것이다. 크고 작은 조직의 다양성과 유동성은 푸가의 기본적 질서에 침투되어 있기도 하다. 주제(Dux)와 응답(Comes)의 '규칙'에 어긋나는 주제 제시, '제시부와 전개부들'이라는 형식 구분에서 자유로운 성부 흐름 등이 그 결과이다.

물론 바흐는 통일성과 관계성, 완결성을 소홀히 하지 않는다. 개별 푸가에서는 구성 요소들의 공유를 통한 부분들 간의 긴밀한 연관성, 소나타에서 나 볼 수 있는 재현부의 편성 등으로 그것을 지켜낸다. 푸가들 사이에서는 주제들의 공통적인 골격음, 현저히 확대되어 가는 시간적, 공간적 규모, 점차 증가 및 강화되는 대위법적 기법, (반음계의) 동기적 재료와 (강력한 화음적) 전개 유형의 공유 등으로 통일성과 관계성이 구축된다.

결론적으로 바흐의 〈바이올린 솔로를 위한 소나타와 파르티타〉가 전체 구조를 비롯해 개별 작품들의 형식, 양식, 작법, 표현 등의 범주에서 다양성,

복합성, 다층성과 통일성, 균형성, 체계성을 공존케 한다면, 푸가들은 이 바이올린 작품집의 '커다란 코스모스'를 함축하는 '작은 코스모스'로 이해됨이 마땅하다. 여하튼 〈바이올린 솔로를 위한 소나타와 파르티타〉에서 바이올린이 완전히 새로운 예술의 경지로 들여놓아졌다면, 그중 가장 새로운 것은 폴리포니 연주의 차원이었을 것이다. 필립 슈피타가 강조한 "정신의 승리"라는 말을 다시금 되새기게 되는 이유다.

Bach-Dokumente Bd. III: Dokumente zum Nachwirken Johann Sebastian Bachs 1750-1800. Herausgegeben von Bach-Archiv Leipzig unter Leitung von Werner Neumann, vorgelegt und erläutert von Hans-Joachim Schulze. Kassel, Basel, Tours, London: Bärenreiter; Leipzig: VEB Deutscher Verlag, 1972.

Boyden, David D., Peter Walls. "Violin(I, 4: History and Repertory, 1600-1820)." In *The New Grove Dictionary of Music and Musicians*, vol. 26. Edited by Stanley Sadie, 713-723. London: Macmillan Publishers Limited, 2001.

Fanselau, Clemens. *Mehrstimmigkeit in J. S. Bachs Werken für Melodieinstrumente ohne Begleitung*. Sinzig: Studio, 2000.

Sackmann, Dominik. *Triumph des Geistes über die Materie. Mutmaßungen über Johann Sebastian Bachs 'Sei Solo a Violino senza Basso accompagnato'(BWV 1001-1006) mit einem Seitenblick auf die '6 Suites a Violoncello solo'(BWV 1007-1012)*. Stuttgart: Carus-Verlag, 2008.

Spitta, Philipp. *Johann Sebastian Bach* Bd. 1. Zweite unveränderte Auflage. Leipzig: Breitkopf & Härtel, 1916.

VI.
다섯 번째 브란덴부르크 협주곡의
대칭 원리, 그리고 미래를 향한 아이디어

1. 대칭의 원리와 미래 예시적 아이디어의 작품으로

바흐의 〈브란덴부르크 협주곡〉은 널리 알려져 있는 바흐 음악 중 하나이다. 그 여섯 협주곡의 대중성은 모차르트의 〈작은 소야곡〉(Eine kleine Nachtmusik)이나 베토벤의 〈전원 교향곡〉 등에 못지않다. 하지만 〈브란덴부르크 협주곡〉이 처음부터 그러한 대중성을 누린 것은 아니다. 18세기 말 〈브란덴부르크 협주곡〉을 비롯한 바흐의 협주곡들은 전문가들 사이에서나 연주되고 들려졌다. 출판도 되지 못해서 필사본을 통해 전수되었다. 19세기에 들어서도 협주곡들은 '바흐 르네상스'의 덕을 보지 못했다. 20세기 초가 지나면서야 〈브란덴부르크 협주곡〉은 서서히 연주자와 작곡가들의 관심권 안으로 들어섰다. 1905년 레거(Max Reger, 1873-1916)는 네 손을 위한 피아노 음악으로 편곡하여 그 협주곡들을 알리기 시작했다. 1920년대에 역사주의적 연주가 본격적으로 출발하고, 힌데미트(Paul Hindemith, 1895-1963), 스트라빈스키(Igor Stravinsky, 1882-1971) 같은 '신고전주의' 작곡가들이 반낭만주의적인 음악 규범들을 모색하면서 〈브란덴부르크 협주곡〉은 연주와 창작인들의 진지한

관심을 끌게 되었다. 하지만 "독일에서 〈브란덴부르크 협주곡〉의 전곡 연주
는 1930년대에도 여전히 센세이션이었다"[1].

　20세기 후반기에 들어 〈브란덴부르크 협주곡〉이 대중들에게 친근한 바로
크 음악으로 자리매김했다면, 이는 무엇보다도 시대와 양식의 차이에 관대
해진 청중들을 매혹한 특유의 생기와 에너지, 그리고 협주곡들에 내재하는
보편적 가치 때문일 것이다. 〈브란덴부르크 협주곡〉은 다른 한편으로, 바흐
의 작품들이 대부분 그러하듯이, 다면적이고 다층적인 구조를 품고 있다. 지
난 수십 년간 여섯 브란덴부르크 협주곡의 기원, 구조, 구성 등에 관한 연구
결과가 숱하게 쏟아졌음에도 이 글이 다시금 그 협주곡집에 접근해 볼 수 있
는 이유다. 이제 이 글은 '비발디의 양식을 모델로 한 바로크 협주곡의 절정'
이라는 일반화된 해석의 틀에서 벗어나 바흐 특유의 대칭의 원리, 그 원리와
결합되는 미래 예시적인 아이디어들에 관찰의 초점을 맞추고자 한다. 이를
위해 대칭의 원리와 함께 미래 예시적 아이디어가 특히 뚜렷한 다섯 번째 협
주곡 BWV 1050을 가까이 들여다본다.

1. Rudolf Eller, "Serie und Zyklus in Bachs Instrumentalsammlungen," *Bach-Interpretationen*, hrsg.
Martin Geck (Göttingen: Vandenhoeck & Ruprecht, 1969), 135.

2. 창작 시기에 대한 여러 가설들

여섯 브란덴부르크 협주곡이 각각 언제, 어느 시기에 작곡되었는지는 명확하게 밝혀져 있지 않다. 다만, 1721년 3월 바흐가 손수 적은 헌정문과 함께 그 총보 역시 직접 정서하여 루드비히 크리스티안 폰 브란덴부르크 후작에게 헌정한 〈브란덴부르크 협주곡〉은 지극히 다양한 악기 편성 및 협주곡 유형을 내포하고 있으니, 협주 형태와 악기 조합의 폭넓은 가능성을 한 데에 모으기 위해 이미 완성되어 있던 협주곡들에서 선별해 묶은 것으로 보인다. 실제로 바흐는 이 협주곡집에 〈여러 악기로 연주되는 협주곡들〉(Concerts avec plusieurs instruments)이라는 프랑스어 제목을 붙였었다. 그런데 브란덴부르크 후작에게 헌정되었다는 이유로 필립 슈피타가 "브란덴부르크 협주곡"이라 칭하기 시작했다.

각 협주곡이 보여주는 독특한 전개 방식도 이들이 서로 다른 시기에 창작되었을 것이라는 추측을 낳게 한다. 그러한 추측들을 종합하면 1) 쾨텐 시기, 2) 바이마르 시기, 3) 쾨텐과 바이마르의 두 시기에 걸쳐 창작되었을 것이라는 세 가지로 나뉜다. 우선 여섯 브란덴부르크 협주곡이 모두 쾨텐 시기에 작곡되었다고 주장한 바흐 학자는 대표적으로 하인리히 베셀러(Heinrich Besseler)다. 신 바흐 전집(Neue Bach Ausgabe)의 브란덴부르크 협주곡(Serie VII, 2) 발행자인 베셀러는 주제와 악곡 구상의 '발전도'를 근거로 협주곡 1(초기 버전), 3, 6번은 1718년경, 2번과 4번은 1719년경, 5번은 1720년경에 작곡된 것으로 추정했다.[2] 1718년경의 협주곡들에서는 '음형 주제'가, 해가 지날수록 '성격 주제'가 도드라진다는 것이다. 아울러 협주곡 1(초기 버전), 3, 6번은 투티와 솔로의 대비가 결여되어 있는 '공동연주 음악'(Gemeinschaftsspielmusik)으로, 동질적인 독주군을 갖는 협주곡 2번과 1번(새 버전)은 '집단적 협주곡'(Gruppenkonzert)으로, 협주곡 4번과 6번은 독주 파트의 주도적 역할이 돋보이는 '독주협주곡'(Solokonzert)으로 분류되어야 한다는 것이 베셀러의 주장이다. 그 주장에 의거하자면, 쾨텐 시기 3년 동안 '공동연주음악'에서 '독주협주곡'으로의 진보가 실현된 셈이다. 또한 베셀러에 따르면, 5번 협주곡은 "헌정용 총보를 적어 내려가기 얼마 전에 작곡된"[3] 마지막 협주곡, 그러니까 〈브란덴부르크 협주곡〉에서 가장 발전된 형태의 협주곡이다. 그 밖에도 베셀러는 5번 협주곡이 첫 악장의 "노래하는 알레그로 유형"[4]으로 빈고전주의의 음악 양식을 예시한다고 했다.

1970년 마틴 겍(Martin Geck)은 〈브란덴부르크 협주곡〉을 1, 3, 6번과 2, 4, 5번 협주곡 그룹으로 나누어, 첫 그룹의 협주곡들은 이탈리아 오페라 신포니아나 옛 독일 앙상블 음악 등의 전통을 이어받은 것으로서 바흐가 비발디의 협주곡을 습득한 해인 1714년 이전, 그러니까 1713년경에 작곡되었을 것

---

2. Heinrich Besseler, *Kritischer Bericht zu Johann Sebastian Bach, Neue Ausgabe sämtlicher Werke, Serie VII, 2: Sechs Brandenburgische Konzerte* (Kassel, Basel: Bärenreiter, 1956), 26-27.
3. Besseler, 위의 글, 28.
4. Besseler, 위의 글, 27.

이라고 추측했다. 그리고 가장 늦게 작곡된 5번 협주곡을 포함해 나머지 협주곡들은 뚜렷하게 비발디 협주곡의 영향을 보이며, 쾨텐 시기에 들어 창작되었을 가능성이 크다고 주장했다.[5]

협주곡들의 창작 시기를 발전의 관점으로 추정해 보려는 이러한 일련의 시도들을 향해 1983년 베르너 브라이크(Werner Breig)는 "바흐의 협주곡 창작이 선적으로 발전하였으며 초기의 특징들이 서서히 약화되다가 결국 사라졌다고 생각하는 것, 또 어느 시점에 후기의 특징들이 감지되다가 점차 강화되었다고 믿는 것은 현실적이지 않다"[6]고 말하면서, 특정한 발전의 양상을 전제한다고 하더라도 다양한 현실적 상황 속에서 그러한 양상이 나타났다는 점을 간과하지 말 것을 강조했다. 즉, 작품의 의뢰자나 창작 계기, 바흐에게 제공된 연주자들 등과 같은 현실적 조건들이 협주곡의 형태 및 양식에 영향을 미쳤을 수 있다는 것이다.

〈브란덴부르크 협주곡〉의 창작 시기를 현저히 앞당긴 이는 크리스토프 볼프(Christoph Wolff)이다. 볼프는 여섯 협주곡 모두 바흐가 빌헬름 에른스트 대공의 궁정 오르가니스트이자 실내음악가로, 그리고 1714년부터는 콘체르트마이스터로 일했던 바이마르 시기에 창작되었다고 주장했다. 근거로 제시된 것은 바이마르 시기의 작품들에서만 발견되는 특정한 주제의 형태, 〈평균율 클라비어곡집 1권〉의 규범적 모델을 따르지 않는 성부 전개, 그리고 모방대위법적 폴리포니 등이었다. 다시 말해서, 〈브란덴부르크 협주곡〉의 "보수적인 양식적 짜임새는 쾨텐 시기의 작품이라는 것을 심각하게 의심케 한

---

5. Martin Geck, "Gattungstraditionen und Altersschichten in den Brandenburgischen Konzerten," *Die Musikforschung* 23 (1970), 147-148.

6. Werner Breig, "Zur Chronologie von Johann Sebastian Bachs Konzertschaffen. Versuch eines Neuzugangs," *Archiv für Musikwissenschaft* 40 (1983), 99.

다"[7]는 것이다. 아울러 레오폴드 폰 안할트-쾨텐 후작의 음악가로서 바흐는 〈브란덴부르크 협주곡〉과 같은 작품을 외지의 군주에게 헌정하기 위해 후작의 허가를 받아야 했고, 무엇보다 바흐가 안할트-쾨텐 후작 밑에서 만든 작품을 브란덴부르크 후작에게 건네었을 리 없기에, 쾨텐 시기 이전의 작품들 가운데에서 훌륭한 협주곡들을 선별했다고 보는 것이 타당하다고 볼프는 지적했다.[8]

크리스토프 볼프가 '쾨텐 시기의 걸작, 〈브란덴부르크 협주곡〉'이라는 오랜 정설에 이론을 제기한 2000년에 또 다른 견지의 해석이 나왔다. 지크베르트 람페(Siegbert Rampe)와 도미니크 자크만(Dominik Sackmann)은 저서 『바흐의 관현악. 기원, 음향, 그리고 해석』(Bachs Orchestermusik. Entstehung, Klangwelt, Interpretation)에서 〈브란덴부르크 협주곡〉에 미친 비발디 협주곡의 영향을 5번 협주곡의 1, 3악장을 제외하고는 아주 미미한 것으로 평가했다. 그러고는 바흐의 여타 협주곡들 및 이탈리아 협주곡들과의 비교 결과로서 협주곡 1번의 초기 버전과 3번 협주곡은 1712-15년, 협주곡 5번의 초기 버전은 1718년, 협주곡 6번은 1718-19년, 협주곡 1번과 5번의 최종 버전은 1719-20년, 협주곡 2번과 4번은 1720-21년에 작곡된 것으로 추정했다.[9] 람페와 자크만은 만약 1721년의 자필 총보가 존재하지 않았더라면, 협주곡 2번과 4번은 라이프치히 시기의 작품으로 추정될 수 있을 만큼 1번 협주곡과 비교해 폭넓은 작곡기법적 발전을 보이며, 특히 2번과 4번 협주곡에 나타나는 작법의 다층성과 복합성, 악구 구성과 구조의 탁월성은 비발디를 포함한 당대 작곡가들의 협주곡들을 월등히 능가한다고 역설했다. 협주곡 형식의 발견자와

---

7. Christoph Wolff, *Johann Sebastian Bach* (Frankfurt am Main: S. Fischer Verlag, 2000), 184.
8. Wolff, 위의 책, 254.
9. Siegbert Rampe, Dominik Sackmann, *Bachs Orchestermusik. Entstehung, Klangwelt, Interpretation* (Kassel: Bärenreiter, 2000), 241.

모방자로서의 비발디와 바흐는 전설에 불과하다고 결론지은 것이다. 즉, 이 전설은 1920년경에 시작된 '비발디 르네상스'로 인해 제2차 세계대전 이후부터 '바흐 해'인 2000년까지 바흐 연구가 고수해 온 것으로서 이제 더 이상 설득력이 없다는 것이다.[10]

---

10. Rampe, 위의 책, 232.

3. 바흐의 헌정문과 작품의 기원

존귀하고 자비로우신

크리스티안 루드비히, 브란덴부르크 후작께 바침

몇 해 전 전하의 명으로 존귀하신 전하의 전에서 소인의 음악을 연주하는 행운을 가졌을 때, 하늘이 소인에게 내려주신 보잘것없는 재주를 전하께서 마음에 들어하심을 알았고, 또 하직 인사 때 작품을 몇 곡 송부해달라는 말씀으로 소인을 영광스럽게 하셨기에, 외람되지만 한없이 자비로우신 전하의 명에 따라 여러 악기를 위해 작곡된 이 협주곡들로 전하에 대한 소인의 헌신적인 충성을 표하고자 합니다. 간곡히 청하건대, 이 음악들의 불미함을 모든 이들이 다 아는 음악 작품에 대한 전하의 섬세하고 정선된 취향의 잣대로 판단하시지 마시고, 이 음악들로 전하께 표하려는 소인의 깊은 경외심과 순종의 마음을 헤아려주소서. 마지막으로 존귀하신 전하께 간곡히 청하건대, 부디 소인에 대한 전하의 호의를 앞으로도 계속 간직하여 주시고, 기회가 허락될 때마다 전하를

모실 수 있는 것보다 더 소중한 일은 소인에게 없다는 것을 헤아려주소서. 비
길 데 없는 열의를 가진,

쾨텐, 1721년 3월 24일   가장 헌신적이고 순종적인 전하의 종

요한 제바스티안 바흐[11]

절대주의 시대 교양인들의 언어인 프랑스어로 쓰여진 이 바흐의 헌정문
은 -프랑스어에 능하지 못했던 바흐는 헌정문을 독일어로 작성한 후 프랑스
어로 번역하게 했을 것이다- 협주곡들의 창작 시기 및 순서에 관한 의문점들
과 같이 여전히 규명되지 않은 '문제들'에 대한 실마리를 담고 있다. 우선 바
흐가 브란덴부르크 후작을 언제 만났는가의 문제이다. 헌정문의 첫머리에서
"몇 해 전"이라 번역된 부분은 프랑스어 원문에 "il y a une couple d'années"
로 적혀있는데, 여기에서 "une couple"은 영어나 독일어처럼 "몇몇"(einige[독],
few[영])이 아니라, 프랑스어의 관용적 표현에 따라 '2'로 해석되어야 옳다 -
위에서 인용한 바흐의 헌정문은 독일어 번역본을 옮긴 것이다. 그렇다면 슈
피타 이래로[12] 거의 사실로 받아들여지고 있는 칼스바트에서의 만남은 설득
력을 잃는다. 쾨텐의 레오폴드 후작이 1718월 5월 바흐를 비롯한 여섯 명의
궁정 음악가들과 함께 요양 차 칼스바트에서 머무르고 있을 때, 브란덴부르
크 후작도 그곳에 있었다는 추측이 설득력을 상실하게 된다는 뜻이다. 그렇
다면 우리는 1719년 3월, 그러니까 헌정문에 쓰여 있는 날짜로부터 정확하

---

11. *Bach-Dokumente* Bd. I: *Schriftstücke von der Hand Johann Sebastian Bachs*, vorgelegt und
    erläutert von Werner Neumann, Hans-Joachim Schulze (Leipzig, Kassel: Bärenreiter, VEB
    Deutscher Verlag für Musik, 1963), Nr. 150.
12. Philipp Spitta, *Johann Sebastian Bach* Bd. I(1873) (Leipzig: Breitkopf & Härtel, 1916), 736.

게 2년 전 쾨텐 궁정을 위해 미햐엘 미트케(Michael Mietke)가 제작한 새 쳄발로를 가지러 바흐가 베를린에 갔었다는 사실을 상기해 볼 필요가 있다. 당시 브란덴부르크 후작은 베를린의 음악가들과 음악 애호가들 사이에서 명성이 높았다. 군인왕 프리드리히 빌헬름 1세(Friedrich Wilhelm I, 1688-1740)가 1713년 왕좌에 오르면서 궁정악단을 해체한 후 1740년 계몽 전제군주 프리드리히 2세(Friedrich II, 1712-1786)가 즉위할 때까지 베를린 음악의 수호자 역할을 맡았으니 말이다. 따라서 바흐가 1719년 베를린을 방문했을 때 브란덴부르크 후작을 만나지 않기는 어려웠을 것이라는 게 이제는 가장 믿을만한 가설이다.

헌정문에서 또 시선을 끄는 것은 "기회가 허락될 때마다 전하를 모실 수 있는 것보다 더 소중한 일은 소인에게 없다"고 밝히는 대목이다. 브란덴부르크 후작의 음악가가 되고 싶어 하는 내심이 읽힌다. 〈브란덴부르크 협주곡〉은 그 목적을 위한 '지원작'이었을 수 있다. 실제로 바흐는 쾨텐 궁정에서 일하는 동안에 다른 도시의 음악가 직에 여러 차례 지원했다. 1720년 함부르크 성 야코비 교회의 오르가니스트 직에 지원한 것이 한 예이다. 그런데 학창 시절의 오랜 친구 게오르그 에르트만(Georg Erdmann, 1682-1736)에게 보낸 1730년 10월 28일 자 편지에 "그토록 자비로우면서도 음악을 사랑하고 잘 아는 군주를 모셨으니, 그의 곁에서 나의 삶을 다하리라 믿었다네"[13]고 적고 있듯이 쾨텐의 삶에 충분히 만족했음에도 왜 바흐는 그곳을 떠나려고 했는지 궁금하다. 그 이유에 관해서는 뚜렷하게 밝혀진 바가 없다. "새 후비가 음악에 관심이 없어서 후작의 음악에 대한 애정도 식어가고 있지"라고 바흐가 에르트만에게 써 보낸 글귀를 근거로 궁정음악이 쇠퇴해져 쾨텐을 떠나기로 작심했다고 하는 통설은 그리 합리적이지 않다. 레오폴드 후작과 프리데

---

13. *Bach-Dokumente* Bd. I: *Schriftstücke von der Hand Johann Sebastian Bachs*, Nr. 23.

리카 헨리에타 폰 안할트-베른부르크(Friederica Henrietta von Anhalt-Bernburg, 1702-1723)는 바흐가 함부르크의 성 야코비 교회에 지원한 후인 1721년 12월에 결혼했기 때문이다. 어쩌면 루터교도인 바흐가 교회음악의 '화려한 장식'을 허용하지 않는 칼빈파의 쾨텐 궁정에서 오르간 연주나 오르간 작품, 교회칸타타 창작의 기회를 마음껏 누리지 못하는 것에 회의를 느꼈을 수 있다. 자식들이 다니는 루터교 학교가 열악한 환경에 처한 것도 바흐가 쾨텐을 떠나려 한 이유였을 수 있다. 볼프에 따르면, 모후 앞으로 되어 있는 1722년의 한 비망록에는 부족한 교실과 교사들에 대한 탄원이 적혀있으며, 한 교실에서 117명의 학생이 수업을 받기도 했다는 기록이 남아 있다.[14] 레오폴드 후작의 건강 문제도 바흐에게는 위험 요인이었을 것이다. 무엇보다 군주의 취향을 살펴야 하는 궁정 직보다는 자유시의 음악가로서 안정된 삶을 꾸리는 것이 바람직하다고 생각했을 수도 있다.

---

14. Wolff, *Johann Sebastian Bach*, 239.

4. 다섯 번째 브란덴부르크 협주곡 BWV 1050

4.1 1악장

가로 플루트, 바이올린, 리피에노 바이올린, 리피에노 비올라, 첼로, 비올로네, 쳄발로 콘체르타토의 편성으로 이루어진 D장조의 첫 알레그로 악장에서는 두드러지는 투티 리토르넬로와 솔로 에피소드의 교대로 비발디 협주곡의 영향이 현저하다. 하지만 악장의 전개 과정을 자세히 들여다보면, 교대되는 투티 리토르넬로와 솔로 에피소드가 비발디의 그것과는 달리 긴밀한 관계를 맺고 있다. 그리고 그 긴밀한 관계성을 형성하는 요소들은 리토르넬로와 솔로의 주제, 그리고 리토르넬로의 '보조 동기'이다.

먼저 리토르넬로의 주제(마디 1-9)는 전악구(마디 1-2), 속행구(마디 3-5), 종결구(마디 6-9)의 세 부분으로 구성되어 있다. 이때 속행구와 종결구는 전악구의 확대형으로 읽힌다. 즉, 전악구는 동일한 상행 아르페지오로 시작하되 후속음들을 옥타브 순차 하행과 5도 도약 하행으로 서로 다르게 처리하는 2부 구성의 선율선을 나타내고, 이러한 형태의 선율선은 속행구와 종결구에서 변형, 확대된다. 속행구와 종결구의 서로 상응하는 시작 음들과 그 뒤를 잇는 서로 다른 선율진행이 전악구의 2부 구조를 반영하는 것이다.

[악보 1] BWV 1050, 1악장, 리토르넬로 주제, 마디 1-9

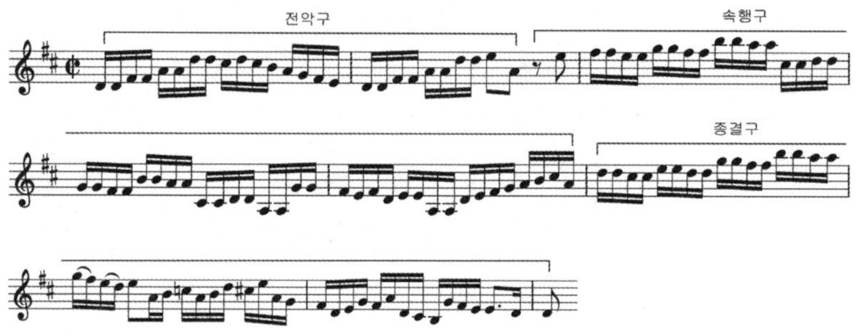

첫 솔로 에피소드(마디 9-19)에서 가로 플루트가 제시하는 서정적이고 가창적인 솔로 주제는 16분음표의 동음 반복을 특징으로 하는 역동적인 리토르넬로 주제와 대비를 이룬다. 이 두 주제는 결국 악장 전체를 주도해 나가는 투티-솔로 대비 효과의 원천이다. 다른 한편으로는 소나타형식의 두 대조적인 주제를 미리 보여주는 듯하다. 소나타형식의 두 주제처럼 구조적 의미까지 지닌다는 점이 흥미롭다.

[악보 2] BWV 1050, 1악장, 솔로 주제, 마디 9-11

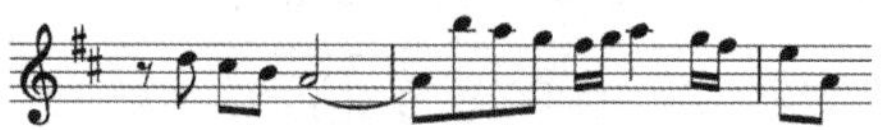

리토르넬로 주제 속행구의 첫 마디(마디 3)에서 파생된 소위 보조 동기는 두 번째 리토르넬로의 가로 플루트 성부에서 처음 소개되는데, 이후 리토르넬로들에서 중요한 구성 재료가 된다.

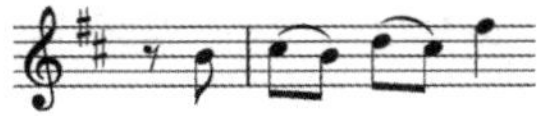

[악보 3] BWV 1050, 1악장, 보조 동기, 마디 20-21

첫 악장은 위의 두 주제와 동기를 재료로 삼아 흐르면서 아래와 같은 대칭구조를 형성해 나간다.

[표 1] BWV 1050, 1악장의 대칭구조

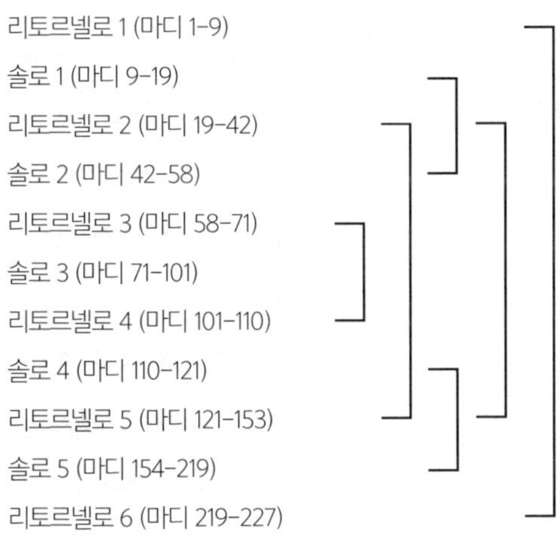

우선 리토르넬로 6은 리토르넬로 1의 반복이므로 두 부분은 서로 일치한다. 솔로 1, 2, 4, 5는 솔로 주제의 '발전' 및 변형을 주로 다룬다는 점에서 상통한다. 물론 이 네 부분에서 솔로 주제는 각각 다른 형태로 '발전'과 변형의 과정을 거친다. 솔로 1에서는 가로 플루트와 바이올린에서 잇달아 제시되는 원형의 주제(마디 9-13)가 이후 16분 셋잇단음표로 변형, 전위된 머리동기만 남긴 채 솔로 악기들에 의해 거듭 모방된다(마디 13-16). 솔로 2의 진행은 보다 복합적이다. 다소 변형된 음들로 마무리되는 솔로 주제로 시작하여(마디 42-

47, 바이올린/가로 플루트) '탄식동기화'된 머리동기의 변형(마디 47-48)을 거쳐 두 솔로 악기를 오가며 모방, 반복되는 '보조 동기'로 종결되는(마디 50-57) 짜임새가 흐름을 주도하는 것이다. 여기에서 또 눈길을 끄는 것은 한층 활발해진 쳄발로의 동참이다. 16분 셋잇단음표로 장식된 솔로 주제의 머리동기를 원형과 전위형으로 연주하는 모습(마디 42-46)이 선행하는 솔로 부분의 시작 마디들에서보다 두드러지고, 잇단 32분음표의 기교적 음계로 활력을 불어넣는 패시지가 그 뒤를 따른다(마디 47-50). 솔로 4는 솔로 1과 거의 유사하되, 솔로 주제가 먼저 바이올린에서 울린 후 가로 플루트로 자리를 옮기고, 머리동기의 모방이 반 마디 확장된다. '쳄발로 카덴차'로 일컬어지기에 전혀 손색이 없는 솔로 5에서는 솔로 주제의 단편들, 특히 머리동기가 집중적으로 전개 및 변형된다. 이 협주곡뿐 아니라, 협주곡 장르사에서 특별한 의미를 갖는 솔로 5에 대해서는 뒤에서 논하기로 한다.

리토르넬로 2와 5는 리토르넬로 주제의 악구들이 독주적 단락에 의해 중단된다는 점에서 유사하다. 즉, 리토르넬로 2에서는 주제의 전악구(마디 19-20)와 축소, 변형된 속행구(마디 29-31) 사이에 동형진행하는 보조 동기의 연속 모방이 위치한다. 아울러 속행구와 역시 축소, 변형된 종결구(마디 40-42) 사이에 여유 있게 순차하행하지만 당김음으로 긴장감을 꾀하는 음들이 자리한다. 이 음들의 음형은 솔로 주제 머리동기의 변형, 혹은 보조 동기의 전위로 읽힐 수 있다. 흥미로운 것은 종결구에 이르러 줄곧 고수되어 온 리토르넬로의 조성 영역인 A장조가 포기되고 b단조로의 이동이 일어난다는 것이다. 리토르넬로 5에서는 주제의 전악구와 속행구(마디 121-125)에 이어서 보조 동기가 이끄는 단락이 자리하는데, 특이하게도 이 보조 동기 단락이 마무리된 다음에 주제의 속행구가 다시 한번 등장한다(마디 137-139). 이후 14마디에 걸쳐 쳄발로의 화려한 즉흥적 전개에 집중하는 부분은 그 뒤를 이을 '쳄발로 카덴차'를 준비한다.

마지막으로 리토르넬로 3과 4는 공통적으로 리토르넬로 주제의 세 악구 가운데 하나만 사용한다. 총 13마디로 다소 간결한 리토르넬로 3에서는 먼저 주제의 속행구(마디 58-61)가 놓이고, 보조 동기의 원형 및 변형들을 솔로 악기들이 주고받는 단락이 이어진다. 마찬가지로 그다지 큰 공간을 차지하지 않는 리토르넬로 4는 주제의 전악구(마디 101-102)를 앞세운 다음, 솔로 동기의 골격음들(b-c♯-d-f♯[e])을 16분음표로 처리한 동기(마디 102의 가로 플루트 동기)의 전개로 이전 리토르넬로들과 다른 짜임을 자아 나가는 단락(마디 102-110)을 등장시킨다.

제1악장의 구조에서 대칭의 축을 이루는 솔로 3은 바흐의 협주곡들을 통틀어 매우 특이한 '현상'이라 할 수 있는 오케스트라 카덴차이다. 솔로 3은 우선 고유의 동기뿐 아니라, 음악적 성격에서도 악장의 다른 부분들과 뚜렷하게 구별된다.

[악보 4] BWV 1050, 1악장, 솔로 3의 동기, 마디 71

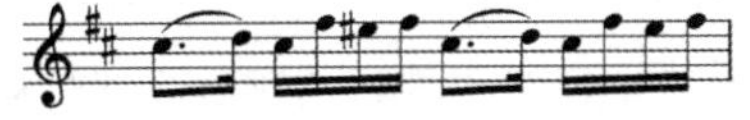

솔로 3에서만 등장하고 쓰이는 이 동기를 두 솔로 악기가 끊임없이 주고받는 동안에 쳄발로는 수식적인 16분음표의 움직임을, 리피에노 악기들과 첼로는 좁은 음역에서 8분음표의 움직임을 고수한다(마디 71-80). 그렇게 솔로 3은 규칙적으로 맥동치 듯 시작한다. 이후 3화음 동기와 어우러지는 축소된 8분음표의 음향층으로 이어지다가(마디 80-94) 결국 한 마디를 온전히 채우는 솔로 악기들의 긴 음들(마디 95-101)에서 이 부분의 정적인 성격은 정점에 이른다. 사실 정적이라기보다는 거의 '정체'라 해도 과언이 아닐 정도로 솔

로 3에서 사용되는 음형 재료들은 제한적이다. 게다가 그 재료들은 선율 형성에 기여하지 못하고, 그저 단순한 반복과 모방만 거듭한다. 흥미로운 것은 조성이다. 솔로 3은 시작 마디들에서 f#단조를 취함으로써 으뜸조와 딸림조를 오가는 이전과 이후의 리토르넬로들과 조성적 대비를 이룬다. 이로써 악장 전체에서 솔로 3이 차지하는 구조적 의미가 더욱 도드라진다.

위에서 살펴본 구조적, 구성적, 화성적 측면들을 종합해 보면, 이 세 요소가 악장 전체를 관통하는 '연관성의 망'을 조직해 낸다는 결론에 이른다. 그뿐만 아니라 바흐는 솔로 부분들에 리토르넬로의 동기들을 들여놓음으로써 (마디 9-10, 13, 44, 112-115 등) 그 '연관성의 망'을 한층 더 치밀하고 두텁게 한다.

악장에서 무엇보다 흥미로운 것은 '쳄발로 카덴차'(마디 154-219)이다. 이 협주곡이 '최초의 피아노협주곡'이라는 역사적 위상을 누리게 된 요인이다. 악장에서 가장 길게 펼쳐지는 단락일 뿐만 아니라, 쳄발로를 콘티누오 악기에서 솔로 악기로 변모시킨 그 '카덴차'는 우선 구조적인 면에서 그저 솔로 5에 불과하다. 솔로 1, 2, 4와 마찬가지로 솔로 주제로 전개, '발전'되기 때문이다(마디 154-194). 물론 솔로 주제의 전개 및 '발전'은 어느 때보다도 집중적이다. 이후 '쳄발로 카덴차'는 화려하고 기교적인 패시지들(마디 195-219)을 자아 나간다. 여기에서 딸림음(A)의 페달포인트 위에서 오르내리는 16분 셋잇

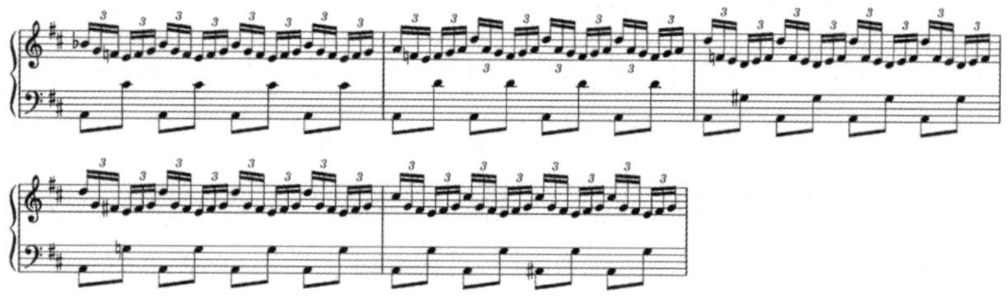

[악보 5] BWV 1050, 1악장, 마디 209–213

단음표의 움직임이 마지막 절정의 순간을 빚어낸다(마디 209-213). 이렇듯 먼저 악장의 주제를 전개, 발전시킨 후 자유롭고 기교적인 패시지로 넘어가는 카덴차는 훗날 모차르트를 비롯한 협주곡 작곡가들에게 선호된 카덴차의 유형과 닮아있다.

솔로 악기들에게도 아껴진 동기가 쳄발로에 주어지는 데 그치지 않고, 이 악기 홀로 악장의 주요 재료들을 장장 65마디에 걸쳐 변형, 발전시켜 나간다면, 쳄발로는 단연코 절대적인 우위를 점하는 악기이다.

4.2 2악장

'affettuoso'의 연주지시를 달고 있는 b단조의 2악장도 리토르넬로 형식을 취한다. 단, 콘체르티노 악기들(가로 플루트, 바이올린, 쳄발로)만 사용되는 이 악장에서는 투티와 솔로의 대비가 부재하므로 솔로 에피소드는 에피소드로 대체된다. 그리고 2악장의 리토르넬로 형식에는 다음과 같은 대칭적 구조가 내재한다.

[표 2] BWV 1050, 2악장의 대칭구조

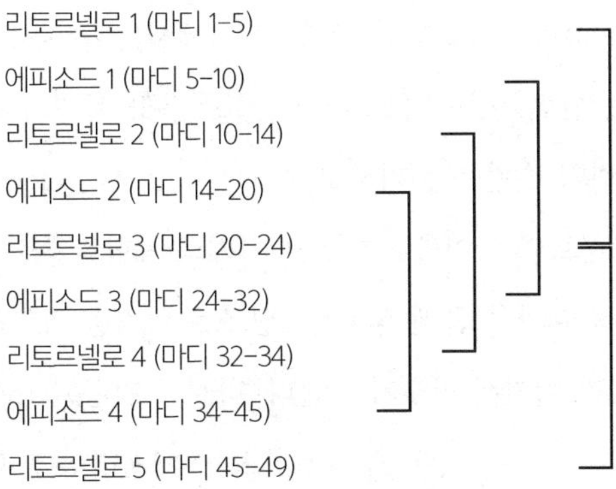

이 대칭적 구조의 틀을 이루는 것은 동일한 내용의 리토르넬로 1, 3, 5이다. 한편 그 사이에 위치하는 에피소드 1, 리토르넬로 2, 에피소드 2와 에피소드 3, 리토르넬로 4, 에피소드 4는 첫 리토르넬로에서 제시되는 동기적 재료의 변형 및 구성 방식으로써 관계성을 맺고 있다. 리토르넬로 주제의 머리동기와 대선율의 16분음표 동기가 그 동기적 재료이다.

[악보 6] BWV 1050, 2악장의 주요 동기들

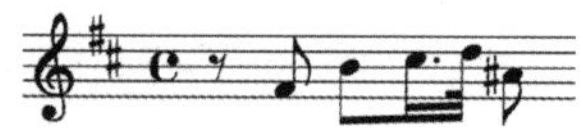

리토르넬로 주제의 머리동기(바이올린, 마디 1)

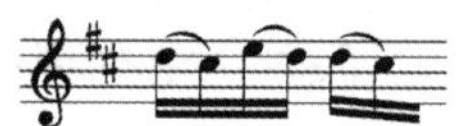

리토르넬로의 16분음표 동기(플루트, 마디 4)

두 동기는 에피소드 1과 3에서 서로 맞서는데, 이때 16분음표 동기는 두 가지로 변형된다([악보 7] 참조). 다만 에피소드 1에서는 두 동기가 세 차례 교대되는 데 그치는 반면, 에피소드 3에서는 16분음표 동기가 독자적으로 그 뒤를 이을 첫 절정의 순간을 준비하고(쳄발로, 마디 26-27), 이후 3도 병행으로 움직이는 가로 플루트와 바이올린에서 세 차례의 동형진행을 거친다(마디 27-28). 강력한 음악적 효과와 함께 성취된 e단조로 단락을 마무리해도 무방한 이 마디들은 하지만 여기서 멈추지 않는다. 다시금 변형된 16분음표 동기의 2성부 카논(가로 플루트와 바이올린, 마디 30-32)으로 이어지면서 진지한 인상을 유발한다. 흥미로운 것은 지금까지 가로 플루트나 바이올린이 머리동기를 던지고 챔발로가 16분음표 동기로 응수했다면, 에피소드 3부터는 챔발로가 16분음표 동기를, 다른 솔로 악기들이 머리동기를 담당한다는 것이다. 이러한 맥락에서 대칭축을 이루는 리토르넬로 3은 동기 전개 방법의 전환점이기도 하다.

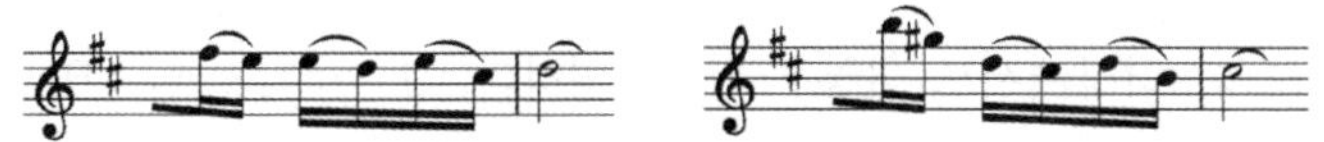

[악보 7] BWV 1050, 2악장, 16분음표 동기의 변형 1과 변형 2

에피소드 2와 4에서는 머리동기와 16분음표 동기가 전위된 형태로 출현한다. 에피소드 2에서는 선행하는 에피소드에서처럼 전위된 두 동기가 세 차례 대립되고, 결국 동기들의 원형이 모방되면서 -16분음표 동기는 여전히 변형 2를 유지한다- 단락은 마무리된다. 에피소드 4는 두 동기의 전위형 대립 외에도 16분음표 동기 변형의 3도 병행, 특히 이 변형된 동기의 원형과 전위형의 대립을 통해 보다 고조된 음악적 효과를 꾀한다(마디 40-44). 이로써 에피소드 4는 에피소드 3에서 시작되었으나 리토르넬로 4에서 잠시 안정을 찾았다가 다시 본격화되는 절정의 순간을 그려낸다. 한편 에피소드 4는 세 차례의 동기 대립에 이어서 챔발로의 모방을 시도한다는 점에서 에피소드 2와 또 한 번 상응한다. 리토르넬로 2와 4는 일치하는 짜임새를 보이지는 않지만, 원형의 리토르넬로를 고수하는 나머지 리토르넬로들과 구별되며, 주제 선율의 변형을 꾀한다는 점에서 서로 부합한다.

두 번째 악장은 간결한 구성 재료에서 단편의 동기들을 따와 그것들을 다채롭게 '가공'하고 결합하는 데 중점을 둔다. 그렇게 정적인 대칭의 원칙과 동적인 발전의 원칙을 조화롭게 융합한다. 이러한 두 원칙의 융합은 집중과 밀집의 인상을 자아내지만, 그러한 인상을 빚는 두 동기는 단순하면서도 부드럽게 감성을 자극한다. 결론적으로 이 악장은 갈랑양식의 감각이 스며있는 동기적 발전의 결과물이라 할 수 있다. 고전주의의 예시 악곡으로 여겨지기에 무리가 없는 이유이다.

4.3 3악장

D장조의 3악장에서도 대칭구조가 선명하다. 그 A(마디 1-78) - B(마디 79-233) - A(마디 233-310)의 대칭구조는 전체적인 틀뿐 아니라 세부적인 구성 방식에서도 앞선 악장들의 대칭구조와 구별된다. A부분은 푸가이며, 그 푸가의 반복으로 다 카포 형식이 구현된다. 바흐는 자필본에 반복되는 A를 생략했다. 다 카포 아리아를 떠올리게 하는 이 A-B-A 형식은 1번과 6번 브란덴부르크 협주곡의 셋째 악장에서도 쓰이지만, 그 외의 바로크 협주곡들에서는 거의 찾아볼 수 없는 것이다. 푸가는 세 전개부(제시부: 마디 1-19, 제1전개부: 마디 29-42, 제2전개부: 마디 64-68)와 세 에피소드(제1에피소드: 마디 19-29, 제2에피소드: 마디 42-64, 제3에피소드: 마디 68-78)로 이루어져 있다.

[악보 8] BWV 1050, 3악장, 푸가 주제

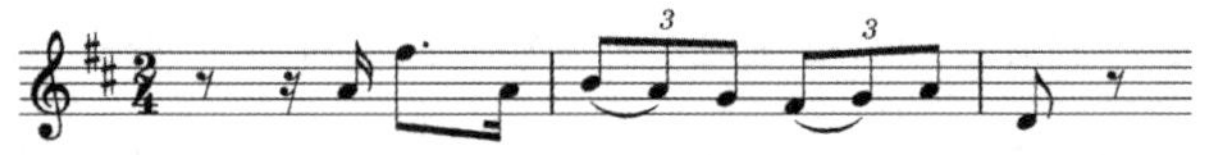

흥미로운 것은 푸가 특유의 주제와 응답 관계, 전개부와 에피소드의 교대 원칙은 지켜지되, 두 마디의 주제를 뒤따르는 긴 속행의 마디들로 인해 주제부와 비주제부(에피소드)로 명확히 구분되는 바흐 푸가의 전형적인 형태는 보이지 않는다는 점이다. 아울러 곳곳에서 병행으로 출현하는 주제 역시 바흐

의 푸가에서는 흔치 않은 현상이다. 따라서 이 악장은 푸가의 전개 방식을 성실하게 따르는 푸가 풍 악곡으로 여겨지는 것이 마땅하다.

제시부는 푸가의 규칙에 의거해 솔로 악기들의 성부에서 주제를 한차례씩 등장케 한 후(바이올린 – 가로 플루트 - 쳄발로 베이스 - 쳄발로 디스칸트) 딸림조로 끝난다. 그 뒤를 잇는 첫 에피소드는 주제의 셋잇단음표 동기에서 파생된 3도 동기(에피소드 동기)로 전개해 나가는데, 3도 동기와 그 변형들의 소리는 3도 병행으로 강화되곤 한다. 에피소드는 또 주제의 머리동기를 특징짓는 점리듬을 거듭함으로써 악곡 전체의 연관성을 이루어낸다.

[악보 9] BWV 1050, 3악장, 에피소드 동기와 그 변형의 예

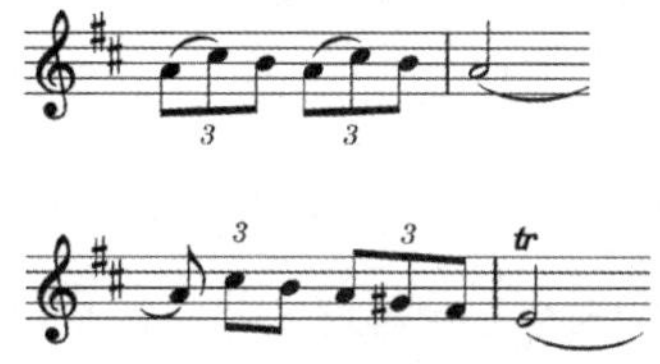

제1전개부에서는 리피에노 성부들도 주제 전개에 동참한다. 이때 첼로, 비올로네, 쳄발로가 연주하는 주제의 유니슨과 쳄발로의 주제 스트레토(마디 39-42)는 이후에 도래할 고조의 순간을 준비한다. 쳄발로의 기교적인 패시지가 인상적인 두 번째 에피소드는 첫 악장에서 화려한 기교를 펼쳤던 쳄발로를 떠올리게 한다. 그 외에는 앞서 언급한 3도 동기의 3도 병행이 단락을 이끌어가는데, 이때 3도 동기의 전위형이나 점리듬의 동기로 이루어진 대선율과 대위법적 흐름을 빚어내곤 한다(마디 48-55). 제2전개부는 네 마디에 불과하지만, 주제의 밀도 높은 스트레토(리피에노 비올라 - 리피에노 바이올린 – 첼로/비올로네 - 쳄발로 디스칸트)로 긴장감을 높인다. 그리고 B부분으로 연결하는 기능의

세 번째이자 마지막 에피소드는 3도 병행으로 움직이는 3도 동기를 동력으로 삼는다.

A부분보다 현저히 확장된 B부분은 총 155마디로 정확히 푸가(78마디)의 두 배에 달하는 길이다. 바흐 음악의 치밀한 구조성이 다시금 확인되는 순간이다. B부분은 길이뿐 아니라 대비가 강한 음악적 구성으로써도 악장의 중심축 역할을 한다.

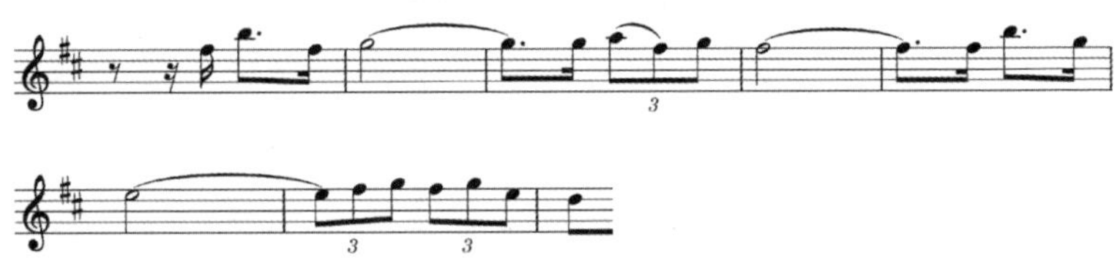

[악보 10] BWV 1050, 3악장, B부분의 주제

가로 플루트에서 제시되는 주제는 점리듬과 셋잇단음표의 음형으로 푸가와 관계를 맺지만, 성격적으로는 푸가의 주제와 대비를 이룬다. 칸타빌레의 선율로서 모차르트의 시대가 선호한 선율의 유형에 가까이 다가서 있다. 푸가 주제의 동기들이 모방의 의무에서 벗어나 완전히 다른 성격을 갖는 선율로 거듭났다는 것은 바흐의 작법이 새로운 차원에 들어섰음을 말해준다. 이후의 전개에서도 B부분은 점리듬과 셋잇단음표의 음형을 재료로 취하면서 전진적인 푸가와는 대조적으로 정적인 짜임새를 자아나간다. 하지만, 이미 시작 마디들(마디 79-88)에서도 확인되다시피, B부분은 푸가의 주제를 연상케 하는 새로운 주제 외에도 푸가 전개부의 동기들, 특히 푸가 주제의 속행부(마디 5)와 에피소드의 동기들을 결합하고(바이올린, 쳄발로), 심지어 푸가의 주제를 그대로 수용함으로써(리피에노 바이올린/리피에노 비올라, 마디 87-88) 푸가와 긴밀한 연관성을 꾀한다.

여덟 마디 동안 b단조로 전개된 주제 단락은 성부 교체를 통해 반복되고 (마디 89-96), f#단조로 재현된다(마디 99-106). 이처럼 세 차례 등장하는 주제 단락 중에서도 두 번째 것이 눈길을 끄는데, 여기에서는 각각 네 마디로 구성된 전악구와 후악구의 주제가 바이올린에 의해 더욱 부각되고, 다른 성부들의 화음과 어우러져 부드럽고 다감한 느낌을 배가한다.

다음 마디들(마디 106-123)에서는 느슨한 구성과 3도로 펼쳐지는 수식 음형들로 인해 즉흥적 흐름이 강하다. 그러나 자세히 들여다보면, 소나타형식의 동기주제 작법에 가까운 전개 방식이 뚜렷하다. 푸가의 재료들이 '발전'되어 나가는데, 푸가의 주제를 비롯해 그것의 가창적 변형(B부분 주제), 푸가 에피소드의 동기들이 '발전' 대상이 된다. 그 재료들이 다채롭고 점진적으로 결합되고 변형되며 단편으로 분해된다는 것이다. 예를 들어서, 쳄발로의 셋잇단음표 진행은 푸가 에피소드 3도 동기([악보 9] 참조)의 변화를, 그 위에서 여유롭게 순차하행하는 음들(마디 110-112)과 당김음 및 도약 진행으로 긴장감을 가미하는 음들(마디 114-118)은 각각 푸가 주제의 셋잇단음표 동기의 확장형, 푸가 주제의 특징적인 4도 시작 음정의 변형을 나타낸다. 동기적 재료들의 '발전' 양상은 뒤를 따르는 단락(마디 123-148)에서 한층 더 짙어진다. 푸가 주제의 모방으로 푸가를 회상하면서 시작하는 이 단락은 특히 푸가 주제의 머리동기를 어느 때보다도 강도 높게 변형해 나간다(마디 137-142 등 [악보 11] 참조). 악장의 중간에 위치하는 이 '발전부'는 작곡기법에서나 음악적 표현에서나 악장의 절정임에 분명하다.

이후(마디 148-155) 처음으로 리피에노 성부들이 칸타빌레의 선율로 변모한 푸가의 주제를 장조의 조성(A장조)으로 연주한다. 장조의 조성으로 연주되는 주제 역시 처음이다. 이로써 그 선율은 감미로운 색채를 벗고 맑게 반짝이는 듯한 빛을 발한다. 하지만 바흐가 곧 사라질 그 선율에 특별히 "cantabile"라

[악보 11] BWV 1050, 3악장, 마디 137-142

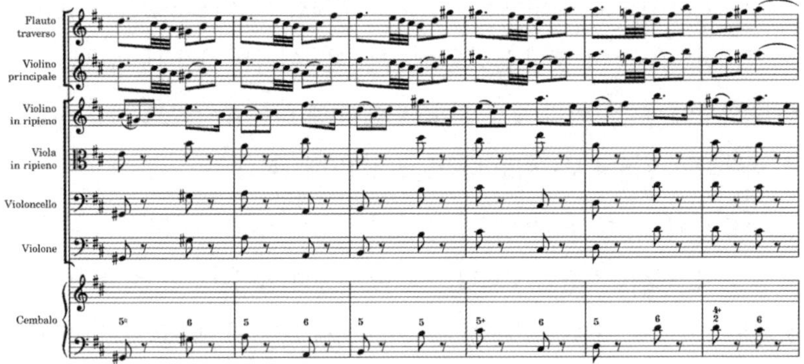

는 연주지시를 달았다면, 장조로의 이동으로 인해 자칫 지나치게 대담해질 수 있는 표현을 경계하고 단조 선율 특유의 감미로움을 잃지 않을 것을 주문하고 있는지도 모르겠다.

주제 혹은 동기의 '발전'은 이제 대위법적 기법에게 자리를 내어준다. 15마디 동안 솔로로 연주하는 쳄발로가 푸가의 주제와 그 변형, 주제 속행부의 변형을 가지고 카논(마디 163-177)을 자아 나간다. 결국 B부분은 시작 마디들에서 사용한 재료들(B부분의 주제, 푸가의 주제 및 그 속행 음형, 푸가 에피소드의 동기 등)로 전개해 나가고(마디 177-189) 동형진행과 모방으로 일관하다가(마디 199-216) 페달포인트 f♯ 위에서 그 재료들을 종합하고는(마디 217-222) 끝마친다.

5. 브란덴부르크 협주곡, 전형의 창조적이고 미래적인 극복

〈브란덴부르크 협주곡〉의 큰 특징 중 하나는 다양한 악기 편성이다. 원제 "여러 악기로 연주되는 협주곡들"이 겸손하게 비쳐질 정도로 바흐는 그 여섯 협주곡에서 거의 모든 합주용 악기들을 사용했다. 악기들의 조합 역시 매우 과감하고 혁신적이다. 그렇게 바흐는 바로크 협주곡의 새 지평을 열었다. 협주곡들의 구성이나 양식도 못지않게 다채롭고 새롭다. 협주의 가능성을 모두 시도해 보려는 의도가 짙게 풍긴다. 바로크 협주곡의 유형들 대부분이 구현되었을 뿐 아니라, 각 협주곡의 개성도 뚜렷하다. 다양하면서도 독특하고 또 새로운 구성의 방식들, 작곡기법이 여섯 브란덴부르크 협주곡의 또 다른 큰 특징이다. 그중에서도 다섯 번째 협주곡은 우선 콘티누오 악기인 쳄발로를 솔로 악기의 반열에 올려놓았다는 점에서 특별한 역사적 의미를 지닌다. 물론 서양음악사상 첫 피아노협주곡이라고 단정하기는 어렵다. 쳄발로의 우위가 첫 악장의 특정 패시지나 부분에 제한되어 있기 때문이다. 그러나 협주곡의 역사에서 이처럼 건반악기에 독주 악기의 기능이 부여된 것은 분명 처음이다. 또 첫 악장의 '쳄발로 카덴차'와 비견될 만한 것은 훗날 모차르트나 베토벤의 협주곡 카덴차에서나 찾아볼 수 있다. '카덴차'와 더불어 화려한 기교가 돋보이는 쳄발로 성부는 바흐가 작곡가이자 쳄발로 비르투오소인 자신의 존재를 브란덴부르크 후작에게 각인시키려 한 수단이었을 것이라는 추측도 가능하다. 브란덴부르크 후작을 위한 헌정용 총보의 '쳄발로 카덴차'가 이전의 버전보다 눈에 띄게 확장되어 있으니 말이다.

다른 한편으로 다섯 번째 브란덴부르크 협주곡에서는 비발디의 협주곡 모델이 수용되고 또 극복된다. 즉, 투티 리토르넬로와 솔로 에피소드의 교대 및 축소된 형태의 리토르넬로(제1악장) 등과 같은 외형적 틀은 비발디의 모델을 충실히 따른 것이되, 대칭구조의 원칙이 전 작품에 적용되고 세부적으로는 개별 구성 단락들이 정교한 결속 지향적 작법을 통해 유기적으로 조직되어 나간다. 비발디 협주곡의 주요 특징 중 하나인 느슨한 동기 결합체와 명료한 단락 구성이 다양한 연관성의 조직체로 대체된 것이다. 그 밖에도 빠른 악장들의 '노래하는 알레그로'와 느린 악장의 가창적 동기 변형, 곳곳에서 표출되는 감성적 순간들, 그로 인해 유발되는 대비 효과, 특히 주제와 동기의 독창적 변형 및 발전은 바흐가 새로운 아이디어들을 구현해 냈음을 의미한다. 그리고 그 결과는 바로크 협주곡의 정적인 형식을 극복하는 동시에 협주 원칙의 무한한 변화 가능성을 충분히 활용한 것이었다. 나아가 가까운 미래의 표현 음악, 심지어 빈고전주의를 예시하는 것으로 나타났다. 여기에서 우리는 페터 슐로이닝(Peter Schleuning)이 말한 요한 제바스티안 바흐의 창작 방식을 다시금 상기하게 된다.

바흐는 텔레만과 같은 다작 작곡가나 대량 생산자는 아니었다. 그는 특정한 악곡 구상에 오랫동안 매달렸고, 그 구상을 새롭게 변화시키고 매만지면서 실현해 내려 애썼다. 이때 거리낌 없는 수정이나 첨가, 통합, 치환도 그에게는 낯선 것이 아니었다. 그는 새롭고 생소한 것들을 늘 흥미로워했고, 자신의 작품구상에 동화될 수 있다면 새로운 음악언어라도 온전히 자기의 것으로 만드는 데 일인자였기 때문이다.[15]

---

15. Peter Schleuning, *Johann Sebastian Bach. Die Brandenburgischen Konzerte* (Kassel: Bärenreiter, 2003), 25.

Bach-Dokumente Bd. I: *Schriftstücke von der Hand Johann Sebastian Bachs.* Vorgelegt und erläutert von Werner Neumann, Hans-Joachim Schulze. Leipzig, Kassel: Bärenreiter, VEB Deutscher Verlag für Musik, 1963.

Besseler, Heinrich. "Markgraf Christian Ludwig von Brandenburg." *Bach-Jahrbuch* 42 (1956): 18-35.

______. *Kritischer Bericht zu Johann Sebastian Bach, Neue Ausgabe sämtlicher Werke,* Serie VII, 2: Sechs Brandenburgische Konzerte. Kassel, Basel: Bärenreiter, 1956.

Breig, Werner. "Zur Chronologie von Johann Sebastian Bachs Konzertschaffen. Versuch eines Neuzugangs." *Archiv für Musikwissenschaft* 40 (1983): 77-101.

Eller, Rudolf. "Serie und Zyklus in Bachs Instrumentalsammlungen." *Bach-Interpretationen.* Herausgegeben von Martin Geck, 126-143. Göttingen: Vandenhoeck & Ruprecht, 1969.

Geck, Martin. "Gattungstraditionen und Altersschichten in den Brandenburgischen Konzerten." *Die Musikforschung* 23 (1970): 139-152.

Gerber, Rudolf. Bachs Brandenburgische Konzerte. *Eine Einführung in ihre formale und geistige Wesensart.* Kassel, Basel: Bärenreiter, 1951.

Gervink, Manuel. "Brandenburgische Konzerte(BWV 1046-1051)." In *Das Bach-Lexikon.* Herausgegeben von Michael Heinemann, 129-131. Laaber: Laaber Verlag, 2000.

Goebel, Reinhard. "J. S. Bach. Die Brandenburgischen Konzerte." *Concerto* 4 (1987), Heft 7: 16-18.

Rampe, Siegbert, Dominik Sackmann. B*achs Orchestermusik. Entstehung, Klangwelt, Interpretation.* Kassel: Bärenreiter, 2000.

Schleuning, Peter. *Johann Sebastian Bach. Die Brandenburgischen Konzerte.* Kassel: Bärenreiter, 2003.

Spitta, Philipp. *Johann Sebastian Bach* Bd. I(1873). Leipzig: Breitkopf & Härtel, 1916.

Wolff, Christoph. *Johann Sebastian Bach.* Frankfurt am Main: S. Fischer Verlag, 2000.

VII.
바흐의 '하이브리드': 협주곡과 푸가의 혼합

1. 전통과 정통에 대한 바흐의 도전

요한 제바스티안 바흐는 하이브리드에 능했다. 장르와 양식의 경계를 넘나드는 구성, 견고하게 자리 잡은 구조를 흔드는 시도, 다시 말해서 독창적 조합으로 새로운 창조물을 생산해 내는 바흐의 하이브리드는 여러 영역에서 거듭 이루어진다. 코랄 편곡에 (바로크)소나타의 대위법적 작법이나 프랑스 서곡 형식의 요소들이 스미기도, 협주곡의 악장들 군데군데에 다 카포 아리아의 형태가 묻어나기도 한다. 수없이 나열될 수 있는 바흐의 하이브리드 예들은 바흐가 전통과 정통에 부단히 도전했다는 뜻이기도 하다. 더욱이 그 하이브리드적 언어는 점차 강화된다. 그렇게 라이프치히 시기의 작품들에서 다채로운 작법 및 형식의 유형들, 장르들, 양식들이 활발히 공존한다. 때로는 형식, 양식, 장르적으로 이질의 것들이 직접적인 대립에까지 치닫는다. 그렇게 깨뜨림과 넘나듦으로써 음악의 새로운 표현력을 구현해 낸다. 〈음악의 헌정〉 BWV 1079의 '5도 위 카논 풍 푸가'(Fuga canonica in Epidiapente)가 한 예이다. 여기에서는 트리오 소나타의 틀에 캐논과 푸가의 원칙들이 녹아든다.

푸가의 원칙은 주제적이고 비주제(에피소드)적인 단락들의 명료한 구분, 둑스(Dux)와 콤메스(Comes)의 구성 등으로 드러난다. 동시에 전체 악곡은 캐논의 원칙을 엄격하게 따른다. 이러한 혼합의 작업은 취향의 혼합을 통해, 그러니까 여러 나라와 지역과 작곡가의 양식, 어법 등을 합함으로써 온전한 음악, 완벽한 음악을 이루고자 한 의지의 결과였을지도 모르겠다.

이 글은 바흐의 협주곡에 스며있는 혼합 양식에 주목한다. 협주곡의 틀 안에서 구현되는 혼합 작법, 즉 바로크 기악의 양극적 장르이자 양식인 협주곡과 푸가가 서로 섞이는 모습을 조명한다. 이 글이 우선 전제로 하는 것은, 바흐가 협주곡의 장르에서 자율적인 악곡 구성을 실현해 냈다는 점이다. 그 전제를 바탕으로 통상적인 형식에서 벗어나 이질적인 양식과 형태의 것을 받아들인 바흐의 음악적 사고, 궁극적으로는 푸가의 통일성 원칙과 협주곡의 대비 원칙을 새로운 음악적, 형식적 맥락으로 합해내는 바흐의 손길을 관찰해보고자 한다. 이를 위해 이 글은 두 번째 브란덴부르크 협주곡 BWV 1047의 세 번째 악장을 탐구의 대상으로 택한다.

협주곡은 바흐의 전체 창작 시기에 걸쳐 고르게 작곡된 것으로 추측된다. 그 가운데에서도 〈브란덴부르크 협주곡〉은 명실공히 바흐의 가장 '발전된' 협주곡들에 속한다. 당대의 '현대적인' 기악 장르인 협주곡에 바흐가 쏟았던 지대한 관심의 결과물이었다. 그 결과물들에서 빠른 악장은 협주곡의 규범적인 악장이고, 어디에서보다 뚜렷하게 섞이고 융합되는 푸가를 흥미롭게 품어내곤 한다. 이는 바흐가 혼합적 음악 구상을 가장 정교하게 실현한 장르로 주저 없이 협주곡이 꼽히는 데 기여한다. BWV 1047의 세 번째 빠른 악장이 그 면모를 대표적으로 가늠케 하는데, 그 악장은 혼합 및 융합으로써 강력한 표현 음악의 경지에까지 이른다.

2. 바흐의 실험적 하이브리드: 협주곡과 푸가의 혼합

바흐 협주곡의 빠른 악장들은 대체로 표준화된 형식을 띤다. 리토르넬로 형식이 그것이다. 그러나 곳곳에서 그 표준화된 형식으로부터 벗어나 있는 '하이브리드의 순간들'이 눈에 띈다. 서로 다른 두 장르의 요소들이 새롭게 얽히고 짜인 것들 말이다. 사실 바흐가 자신의 독창적 영감을 서로 다른 양식, 작법, 형식의 혼합을 통해 실현해 내곤 했다는 사실은 새롭지 않다. 그리고 그러한 하이브리드 시도는 그가 새로운 작품 구상에 눈을 뜬 1713-14년, 즉 바이마르 시기의 후반 즈음에 시작한 것으로 보인다. 이때 이탈리아 솔로 협주곡의 영향력이 강하게 발휘된다. 이에 대해 베르너 브라이크(Werner Breig)는 "이탈리아 솔로 협주곡의 작곡기법을 바흐가 습득한 과정은 처음부터 음악 장르들 간 대화의 틀 안에서 이루어졌다. 장르의 경계를 넘는 협주곡의 영향은 바이마르 시기 이후에도 다양한 방식으로 지속되었다. 바흐의 작품들에서 이탈리아 솔로 협주곡의 사고로부터 영향을 받지 않은 영역은 거의 없다"[1]고 단언했다. 실제로 프렐류드나 토카타, 오르간 코랄 등과 같은 전통적인 건반악기 음악에까지 협주곡의 리토르넬로 형식이 침투했다. 그것은 이미 샤이베(Johann Adolph Scheibe, 1708-1776)에 의해 간파되었다.

이 같은 독주 악기를 위한 협주곡들에서는 협주곡에 마땅히 존재해야 하는 주요한 형식의 질서가 보존되어야 한다. 또 간혹 화성의 채움을 위해 놓이곤 하는 베이스와 중간 성부가 그 외에도 병렬적 성부의 기능을 수행해야 한다. 무엇보다 협주곡의 본질을 결정짓는 단락들이 명료하게 다른 단락들과 구분되어야 한다. 이것은 다음과 같은 방법으로 훌륭히 구현될 수 있는데, 빠르거나 느린 악장의 주요 단락이 종지로 완결된 후에 특별한 새 단락을 등장케 하는 것, 그리고 이 새 단락이 다시 변화된 조성의 주요 주제를 통해 분리되게 하는 것이 그 방법들이다.[2]

여기에서 샤이베가 "주요한 형식의 질서"라 일컬으며 서술하는 협주곡의 리토르넬로 형식은 주요 성부와 부수적 성부의 위계적 질서와 결합한다. 리토르넬로 단락과 에피소드 단락이 뚜렷하게 구조적, 조성적으로 구분되는 리토르넬로 형식, 그것과 결합된 성부들의 위계적 질서가 성악과 기악을 막론하고 바흐의 창작 거의 전반에 짙거나 옅게 배어 있다는 것이다. 흥미롭게도 샤이베는 협주곡에 푸가가 적극적으로 들여놓아질 수 있는 가능성에 대해 말한다.

---

1. Werner Breig, "Freie Orgelwerke," in *Bach-Handbuch*, hrsg. Konrad Küster (Kassel: Bärenreiter, 1999), 670.
2 Johann Adolph Scheibe, *Critischer Musikus*, neue, vermehrte und verbesserte Auflage (Leipzig: Bernhard Christoph Breitkopf, 1745), 637.

때때로 협주곡의 모든 성부들을 동원해 노련한 모방이나 짤막한 푸가를 전개하는 것도 썩 좋다. 혹은 푸가를 전체 음악적 맥락의 토대로 놓아도 아주 좋다.[3]

협주곡을 여럿 작곡한 바 있는 샤이베의 이 말은 협주곡이 자기의 경계를 넘어 다른 영역들로 활발히 스밀 수 있는 가능성을 지녔을 뿐만 아니라, 판이한 양식이나 작곡기법을 훌륭히 담아낼 수도 있는 장르라는 점을 짚어 준다. 실제로 이러한 협주곡의 면모가 바흐의 작품들 이곳저곳에서 읽힌다. 〈바이올린 협주곡〉 BWV 1041, 〈브란덴부르크 협주곡 5번〉 BWV 1050, 〈세 대의 클라비어를 위한 협주곡〉 BWV 1063의 마지막 세 번째 악장, 〈두 대의 바이올린을 위한 협주곡〉 BWV 1043의 첫 악장에서 그러하다. 바흐는 이 악장들에 폴리포니의 조직을 강하게 심어 교회 소나타를 연상시킨다. 예컨대 〈두 대의 바이올린을 위한 협주곡〉 BWV 1043의 첫 악장에서 바흐는 비발디의 협주곡 작법에 기대면서도 악장의 중요한 형식적 테두리인 첫 리토르넬로와 마지막 리토르넬로를 푸가적으로 구성하며, 그 사이에서는 테두리 단락들의 주제를 지속적으로 상기시킨다. 〈브란덴부르크 협주곡 2번〉 BWV 1047, 〈브란덴부르크 협주곡 4번〉 BWV 1049, 〈두 대의 쳄발로를 위한 협주곡〉 BWV 1061a에서는 세 번째 마지막 악장을 온전한 푸가로 구성한다.

물론 바흐의 협주곡 대부분은 리토르넬로 형식에 충실히 기반한다. 푸가나 푸가적인 작법은 드물게 담아낸다는 뜻이다. 그렇기에 상반된 원리를 품고 있는 협주곡과 푸가를 하나의 몸체로 녹여내는 바흐의 악장들은 가히 실

---

3. Scheibe, 위의 책, 632.

험적이라 할 수 있다. 칼 달하우스(Carl Dalhaus)는 그 실험적 악장들, 즉 BWV 1043의 첫 악장, BWV 1041과 BWV 1063, BWV 1050의 세 번째 악장을 "협주곡적 푸가"[4]라고 칭했다. "협주곡적 푸가"에서 더 나아가 온전한 형태의 푸가를 내포하는 〈브란덴부르크 협주곡 2번〉의 세 번째 악장은 그렇다면 바흐의 '실험'이 지극히도 대담하게 이루어진 '공간'이다.

푸가와 협주곡의 원리를 융합하는 바흐의 시도는 바이마르 시기에 시작한다. 〈쳄발로, 플루트, 바이올린을 위한 3중 협주곡〉 BWV 1044의 세 번째 악장이 그 출발점이다. 이 악장은 즉흥적 색채가 짙은 〈전주곡과 푸가〉 BWV 894의 푸가를 편곡한 것이다. 여기에서 푸가의 형체는 거의 변화 없이 쳄발로 솔로에 주어지고, 그 사이의 투티 단락들은 푸가 주제의 축소형을 주제로 취해 푸가적 전개를 엮어나간다. 투티 단락들은 또 특이하게도 옛 흥취를 자아내는 알라브레베 양식으로써 솔로와의 대비 효과를 높인다. 이렇게 독특한 리토르넬로 형식과 푸가의 혼합으로 인해 이 악장은 '유일무이'의 형태를 띠게 된다. 즉흥성과 엄격성, 옛 흥취와 '현대적' 구조가 섞인 이 악곡은 바흐가 견고한 형식적 구상을 찾아가는 과정으로 읽힐 수 있다.

〈브란덴부르크 협주곡〉은 전통에 견고히 발을 딛고 있으면서도 독창적인 작품 구상 및 형태를 품어내는 작품집이다. 그중에서 2번과 4번 협주곡이 마지막 3악장에서 협주곡의 틀로 푸가를 들어 앉힌다. 다만 〈브란덴부르크 협주곡〉의 다른 네 협주곡과 마찬가지로 이 두 협주곡의 창작 시기도 확실치 않다. 바흐가 손수 총보를 정서하고 정성스럽게 헌정문을 적어 1721년 3월 루드비히 크리스티안 폰 브란덴부르크 후작에게 바친 〈브란덴부르크 협주곡〉은 무척 다양한 악기 편성과 협주곡 유형을 포괄하는데, 다양한 근거

---

4. Carl Dalhaus, "Bachs konzertante Fugen," *Bach-Jahrbuch* 42 (1955), 45-72.

들로써 개별 협주곡의 기원 및 창작 시기가 활발하게 추정되고 있을 뿐이다. 그 추정들을 종합해 보면, 쾨텐 시기, 바이마르 시기, 쾨텐과 바이마르 시기에 창작되었다는 세 가지 견해로 나뉜다. 하지만 2번과 4번 협주곡이 다른 협주곡들보다 늦게 작곡되었다는 데에는 대체로 이견이 없다. 특히 지크베르트 람페와 도미니크 자크만은 그 두 협주곡을 1720-21년에 작곡된 '최신'의 것으로 추정했다.[5] 람페와 자크만은 만약 1721년의 자필 총보가 존재하지 않는다면 이 협주곡들은 라이프치히 시기의 작품으로 여겨질 수 있을 만큼 폭넓은 작곡기법적 발전을 이루어 냈다고 역설했다. 작법의 다층성과 복합성이 이유였다.

---

5. Siegbert Rampe, Domimik Sackmann, *Bachs Orchestermusik. Entstehung, Klangwelt, Interpretation* (Kassel: Bärenreiter, 2000), 241.

3. 협주곡과 푸가의 하이브리드: 〈브란덴부르크 협주곡〉 BWV 1047, 3악장의 경우

〈브란덴부르크 협주곡〉 BWV 1047의 세 번째 악장은 규범적인 푸가로 일컬어지기에 손색이 없다. 사실 바흐는 소나타나 협주곡 악장에 '푸가'라는 명칭을 붙인 적이 거의 없다. '푸가'라 칭해진 예외적인 경우도 〈바이올린 소나타〉 BWV 1001, BWV 1003, BWV 1005와 같은 무반주 바이올린 소나타들의 두 번째 악장, 〈두 대의 쳄발로를 위한 협주곡〉 BWV 1061과 같은 무반주 쳄발로 협주곡의 세 번째 악장 정도이다. 그렇다면 바흐에게 푸가는 독주를 위한 장르나 양식을 의미했음에 분명하다. 또 그렇다면 리토르넬로 단락이 푸가로 구성된 협주곡 BWV 1047의 세 번째 악장은 바흐의 음악적 사고 경계를 넘어선 작업의 산물로 이해될 수 있다.

BWV 1047의 세 번째 악장은, 거듭 말하지만, 온전한 푸가인데, 여기에서 두 바이올린과 비올라, 비올로네의 리피에노 악기들은 푸가의 '규칙적인' 전개에 동참하지 않는다. 리피에노 악기들에 푸가의 주제가 주어지지 않는다는 뜻이다. 대신 리피에노 악기들은 형식의 윤곽을 드러내 준다. 한동안

휴지를 이어가다가 트럼펫, 플루트, 오보에, 바이올린의 콘체르티노 악기들
이 자아온 단락의 마지막 즈음에 등장하여 그 단락을 투티로 풍성히 마무리
하면서 말이다. 그러니까 세 번째 악장의 푸가는 콘체르티노 악기들과 오블
리가토 베이스에 의한 5성부 푸가이다.

두 번째 브란덴부르크 협주곡 세 번째 악장의 5성부 푸가(F장조)는 일곱
마디의 주제로 시작한다. 주제의 형태는 일견 단순하다. 그러나 그 단순함은
음정에 한할 뿐이다. 흐름은 단순함과 거리가 멀다. 한 마디 반의 머리동기
와 그것의 반복, 그리고 명료하지 않은 종결로 향하는 긴 16분음표 속행의
주제는 2/4박자보다 3/4박자에 어울리는 선율 및 리듬을 펼쳐낸다. 그렇게
'스윙감' 있게 생동하는 주제는 그 성격을 한껏 돋울 수 있는 트럼펫에 먼저
주어지고, 베이스는 대주제로 이에 맞선다(마디 1-7). 곧이어서 오보에가 담당
하는 주제의 응답에 베이스가 다시 그 첫 대주제로, 트럼펫이 두 번째 대주
제로 맞선다(마디 7-13).

[악보 1] 〈브란덴부르크 협주곡〉 BWV 1047, 3악장, 마디 1-13

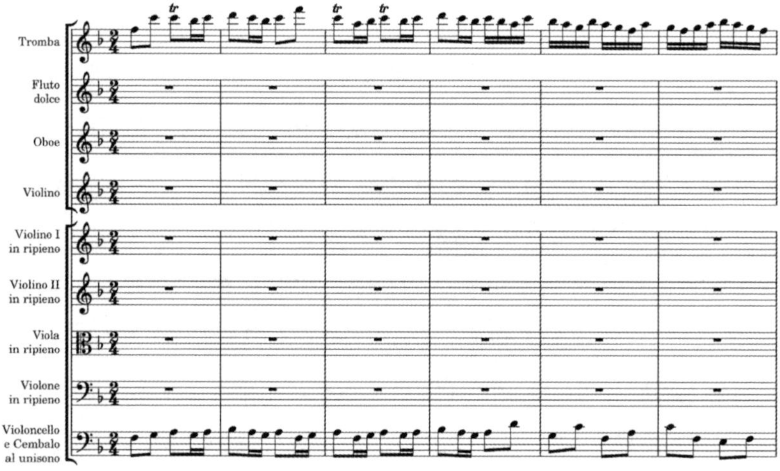

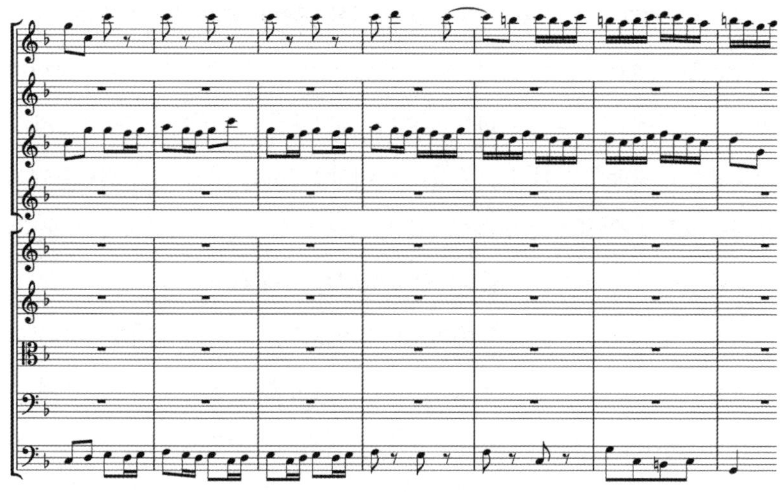

F장조의 반종지로 마치는 푸가의 제시부(마디 1-41)는 푸가의 '규칙'에 따라 모든 성부에 한 번씩 주제를 둑스(Dux, 트럼펫), 콤메스(Comes/딸림조 응답, 오보에), 둑스(Dux, 바이올린, 마디 21-27), 콤메스(Comes/딸림조 응답, 플루트, 마디 27-33)의 순서로 놓는다. 둑스와 콤메스 쌍 사이에는 여덟 마디의 에피소드(마디 13-20)를 위치시킨다. 마무리 역시 여덟 마디의 에피소드(마디 33-40)로 처리한다. 이때 시선을 끄는 것은 두 대주제인데, 제1대주제는 베이스에서 연달아 울린 후 트럼펫, 오보에로 자리를 옮기면서 주제와 결합하고(마디 21-33), 제2대주제는 트럼펫, 오보에, 바이올린으로 이동하면서 역시 주제와 만난다(마디 7-13, 21-33). 다만 두 대주제의 선율적 짜임이 주제와 유사해 대위법적 대립보다는 주제의 형태 및 성격을 뒷받침하는 기능을 수행하는 듯하다.

두 둑스와 콤메스의 쌍을 연결하는 긴 에피소드(마디 13-20)는 5도 상행도약 후 8분과 16분음표의 순차 음형으로 이어지는 주제의 머리동기(동기 a)와 연속 16분음표의 주제 끝동기(동기 b)를 '가공한' 것이다. 우선 두 마디(마디 13-

15) 동안 트럼펫과 오보에를 통해 두 동기를 대치시킨 뒤 성부교체하고(마디 15-16), 후반부에서는 두 성부를 6도 병행으로 모은다. 결국 대위법적 맞섬이 화음적 조화에 자리를 양보하는 셈이다. 제시부를 마무리하는, 이 악장에서 처음이자 마지막으로 나타나는 형태의 에피소드(마디 33-40) 역시 전반부에서는 동기 a를 다양하게 변형하며 대위법적으로 성부들을 대립케 하지만, 후반부에 들어서는 동기 b로 성부들의 움직임을 통일시킨다.

흥미로운 것은 이 두 번째 에피소드의 반종지로 푸가의 제시부가 마무리되지 않는다는 점이다. 바흐는 반종지 후에 다시 한번 콤메스를 트럼펫에 주고는(마디 41-47), 그 빛나는 소리로 최고 음역으로 오르게 한다(마디 44-47). 동시에 처음으로 콘체르티노의 악기들을 모두 투입한다. 오보에가 자유롭게 대선율을 자아 나가는 동안 플루트는 제2대주제를, 바이올린은 제1대주제를 맡는다. 그러고 나서 바흐는 열 마디(마디 48-57) 동안 모든 악기들을 울리게 해 강렬한 종결감을 빚어낸다([악보 2] 참조). 첫 에피소드에서 음형적 재료를 따와 여러 층으로 동형진행을 꾀한 다음에 콘체르티노의 동기 b와 리피에노의 동기 a를 대립케 하는, 그리고 다시금 반종지로 마치는 그 투티는 강한 종지감을 통해 마디 1-57을 하나의 형식 단락으로 ‘규정’한다.

푸가의 첫 부분은 예스럽고 엄격한 푸가와 현대적이고 자유로운 협주곡을 혼합하는 데서 유발되는 특이성을 벌써 감지케 한다. 그것은 먼저 주제에 기대는 대주제들에서 나타난다. 에피소드 성부들의 병진행 및 화음적 전개, 유사 움직임 등에서도 드러난다. 건반악기를 위한 바흐의 푸가에서는 찾아보기 어려운 그 특이점들은 독립적인 성부들로 진행하되 태생적으로 대위법을 낯설어하는 협주곡에 푸가를 들이는 과정의 산물로 읽힐 수 있다.

푸가의 중간 부분은 주제를 바이올린(마디 57-63), 오보에(마디 66-72), 비올로네/베이스(마디 72-78)에 놓는다. 이때 플루트와 베이스가 각각 제1대주제에서

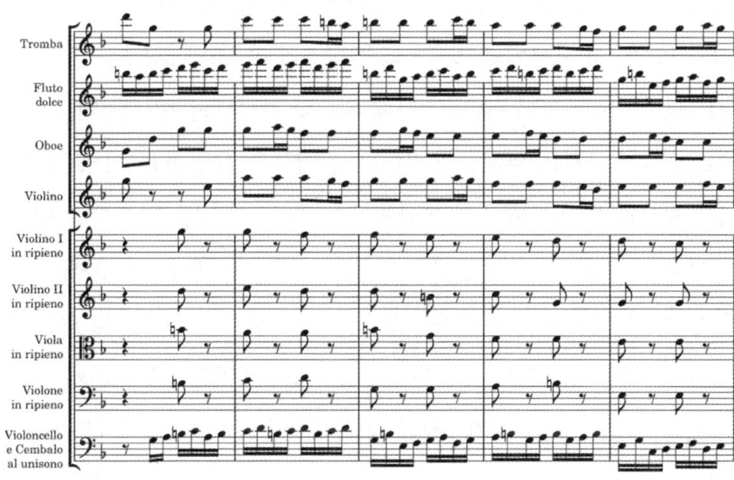

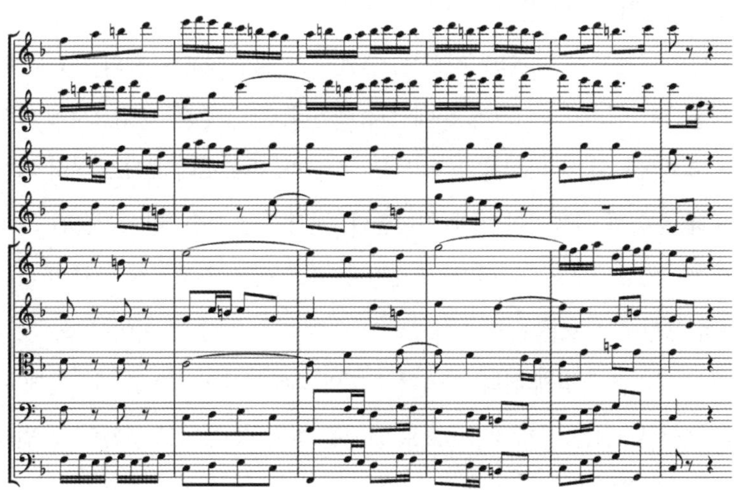

제2대주제로, 제2대주제에서 제1대주제로 옮겨가면서 대주제들을 혼합한다. 그렇게 바흐는 관악기들의 움직임을 6도 병진행으로 동일화한다. 또 그

렇게 만난 두 관악기 성부는 이어지는 에피소드(마디 63-65)에서도 6도 병진행을 유지하면서 d단조를 준비함으로써 조성적 확대를 꾀한다.

이후 연이어서 오보에와 비올로네/베이스에 d단조와 a단조로 주어지는 주제는 각각 바이올린의 (변형된) 제1대주제 및 플루트의 제2대주제, 그리고 플루트의 (변형된) 제1대주제를 동반한다. 흥미로운 점은 d단조의 주제 마디들에서 제시부 두 번째 둑스와 조합되었던 베이스의 선율이 그대로 가져와져서 부분 간 관계성이 형성된다는 것이다. 비올로네/베이스의 주제는 투티의 풍성한 음향 가운데에서 육중하게 울리고, 플루트의 제1대주제 외에 제2대주제는 등장하지 않는다. 하지만 제2대주제의 머리동기가 (트럼펫, 리피에노 제2바이올린, 리피에노 비올라의) 지배적인 재료로서 자유로운 아르페지오들(바이올린) 및 주제 첫 도약의 변형 선율(리피에노 제1바이올린)과 만나면서 화음적이면서도 대위법적인 전개를 이끈다.

투티의 육중함은 그 뒤를 따르는, 여전히 주제와 제2대주제의 재료를 따와 사용하는 에피소드(마디 78-85)에서 강화된다. 트럼펫/플루트, 오보에/바이올린, 리피에노의 두 바이올린/리피에노 비올라, 비올로네/베이스 쌍이 엮어가는 네 층위의 선율선이 이에 기여한다. 인상적인 것은 뒤따르는 긴 22마디의 에피소드(마디 85-107)이다. 주제의 동기로 새로이 조직된 다섯 마디의 악구를 모방하는 흐름(오보에 → 플루트 → 바이올린 → 트럼펫)에 이어서([악보 3] 참조) 다시 투티를 등장케 한다. 아울러 주제와 대주제들의 음형을 자유롭게 써 육중하면서도 선율적, 대위법적으로 활기를 띠는 그 투티로 푸가의 두 번째 부분을 종결한다.

세 번째 부분을 바흐는 중간 부분의 재현으로 구성한다. 3중주(트럼펫, 오보에, 베이스)의 첫 주제 악구(마디 107-113)는 선행하는 부분의 3중주(플루트, 바이올린, 베이스) 첫 주제 악구(마디 57-63)와 동일하고, 두 번째 주제 악구(마디 113-119)

[악보 3] 〈브란덴부르크 협주곡〉 BWV 1047, 3악장, 마디 85–96

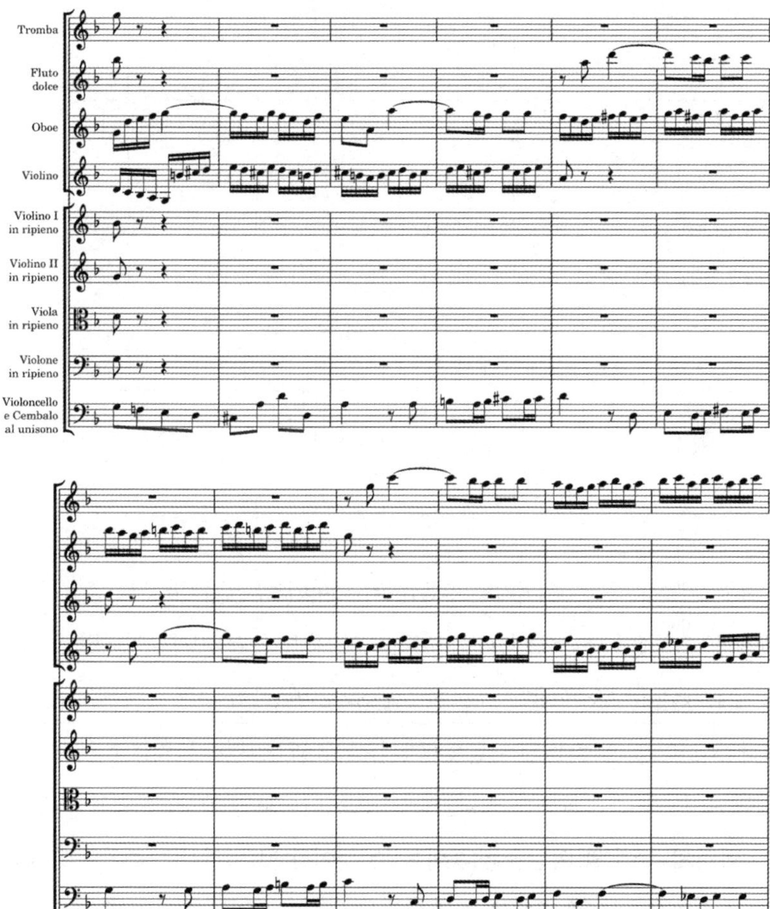

는 중간 부분 두 번째 주제 악구(마디 66-72)와 흡사하다. 마지막 주제 악구(마디 119-126)는 중간 부분 마지막 주제 악구(마디 72-78)와 일치한다. 전조를 이유로 일곱 마디의 확장('재현부': 마디 126-132, 중간 부분: 마디 78-85)이 꾀해지는 점 역시 유사하다. 상술한 분석적 내용을 정리해 보면 다음과 같다.

[표 1] 〈브란덴부르크 협주곡〉 BWV 1047, 3악장 '푸가'의 구성

마디	트럼펫	플루트	오보에	바이올린	베이스
1-7	S				CSI
7-13	CSII		S		CSI
13-20	E				
21-27	CSI		CSII	S	
27-33		S	CSI	CSII	
33-40	E				
41-47	S	CSII		CSI	
48-57	E(투티/종결)				
57-63		CSI/CSII		S	CSII/CSI
63-65	E				
66-72		CSII	S	CSI	
72-78		CSI			S
78-107	E(투티/종결)				
107-113	CSI/CSII		S		CSII/CSI
113-119	CSII	S	CSI		
119-126		CSI			S
126-139	E(투티/종결)				

S: 주제, CSI: 제1대주제, CSII: 제2대주제, CSIV: 제1대주제변형, E: 에피소드

악장의 구조 및 짜임을 되돌아볼 때 주의를 끄는 현상은 푸가의 주제가 위치와 위상, 기능에 있어 협주곡 형식의 리토르넬로 주제로 이해되는 데 무리가 없되, 그것이 거의 예외 없이 콘체르티노의 독주군 악기들에게 맡겨진다는 점이다. 반면에 투티는 악장의 구조를 뚜렷이 하거나 심지어 그것을 이루어내며 네 차례 등장하는 단락으로 조직되어 있다. 선행하는 첫 에피소드의 동기를 가져와 여러 층으로 동형진행한 후에 육중한 종지로 마치는 제시부의 투티(마디 48-57, [악보 2] 참조)가 중간 부분의 두 투티 패시지(마디 72-85, 97-

107), 마지막 세 번째 부분의 투티 패시지(마디 119-139)에 '모델'로 쓰이는 것이다. 이 네 투티 패시지는 또 특유의 강한 종결감으로 악장을 네 부분(I: 마디 1-57, II: 마디 57-85, III: 마디 85-107, IV: 마디 107-139)으로 나누고, 그 네 부분은 공통적으로 독주적으로 출발해 투티로 마무리하는 흐름을 보이는 것이다. 여기에서 첫 번째, 두 번째, 네 번째 부분은 푸가의 제시부 및 전개부를 나타내는 반면, 세 번째 부분은 주제를 품고 있지 않은 푸가의 에피소드로 비쳐진다. 협주곡 형식의 솔로 에피소드에 비견될 수 있는 단락이라는 뜻이다.

이제 주제의 패시지들로 시선을 옮기면, 주제가 거의 늘 악기를 달리하면서 역시 매번 악기를 달리하는 두 대주제를 동반하므로 주제 패시지들의 내용은 유사하다. 성부 교체 및 교환의 원리로 주제 마디들이 엮어져 있다는 의미이다([표 1] 참조). 이러한 교체 및 교환의 원리는 위에서 살펴본 투티 단락들에서도 명료하다. 리피에노 성부들을 제외하면, 푸가의 제시부를 마무리하는 여섯 마디의 '악구 복합체'(마디 48-53)가 세 차례 더(마디 79-85, 97-103, 126-132) 등장하는데, 이때 아래와 같이 다섯 성부가 서로의 선율을 다양하게 교환한다.

[표 2] 〈브란덴부르크 협주곡〉 BWV 1047, 3악장, 투티의 성부 교체 및 교환

마디	조성	트럼펫	플루트	오보에	바이올린	베이스
48-53	C장조	2	5	1	3	4
79-85	G장조	3	2	4	5	1
97-103	B♭장조	1	5	2	4	3
126-132	F장조	5	1	3	2	4

1은 가장 먼저 울리기 시작해 단락을 이끄는 성부로서 푸가 주제 머리동기의 가벼운 변형을 하행 동형진행하는 것이다. 2와 3은 반 박자 뒤에서 1을

모방하는 듯하지만 약간의 변형으로써 동형진행의 단위를 1처럼 한 마디가 아니라 두 마디로 구성하고 3도 병진행한다. 4와 5는 푸가의 첫 에피소드에서 주제 끝동기를 변형한 16분음표 음형을 가져와 3도 병진행으로 달리면서 동형진행을 한다([악보 2] 참조). 이러한 교환, 혹은 교체의 원리는 악기나 음역의 수직적 영역뿐 아니라, 수평적 영역에도 적용된다. 한 악기의 성부가 하나의 대주제에서 다른 대주제로 옮겨가는 진행이 꾀해진다는 것이다(콘티누오, 마디 57-63, 107-113).

[악보 4] 〈브란덴부르크 협주곡〉 BWV 1047, 3악장, 마디 57-63

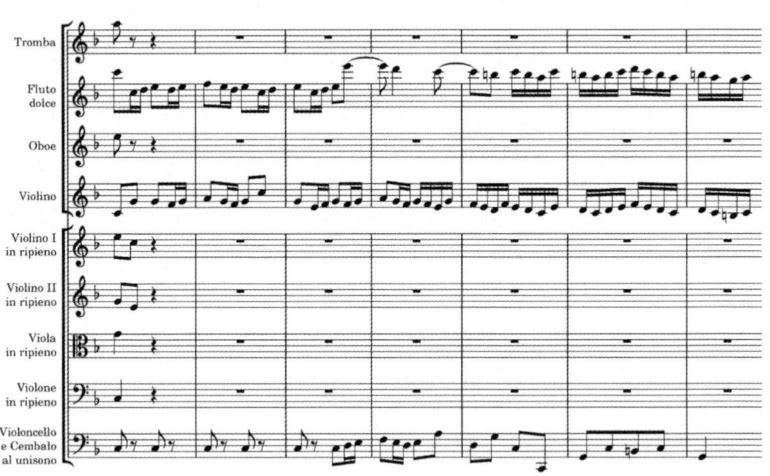

정리하자면, 교환과 반복의 원칙을 기반으로 하는 이 '협주곡 푸가' 악장은 (주제적 패시지든 투티 패시지든) 처음에 주어진 구성 재료들을 거의 변형 없이, 혹은 약간의 변형을 가해 나열해 나가며, 여기에 부가적 성부들을 보탠다. '발전'의 구간은 주제의 동기로 새롭게 구성된 다섯 마디의 악구를 모방하는

중간 부분의 콘체르티노 에피소드(마디 85-96, [악보 3] 참조)뿐이다. 바흐는 심지어 중간 부분과 마지막 부분도 거의 동일하게 진행시킨다. 이렇듯 중간 부분이 마지막 부분에서 거의 그대로 반복되는 현상, 즉 한 전개부가 곧바로 거의 변화 없이 되풀이되는 현상은 바흐의 푸가에서 찾아보기 어려운 것이다.

이제 우리는 최소한으로 사용되는 구성적 재료, 다채로운 대위법적 성부 전개의 포기, 과도할 정도로 지배적인 성부 교환 및 반복의 원칙, 짤막한 동기들과 그것들로부터 단순하게 이끌어내어진 변형들의 잦은 사용 등이 무엇을 말해주고 있는지 묻지 않을 수 없다. 지독히도 바흐적이지 않은 이러한 작법들이 당혹스럽기 때문이다. 바흐는 이 악곡에서 무능하거나 게을렀던 것인가? 그럴 리는 없다. 그 작법들은 바흐가 의도한 바를 표출하는 수단이었을 것이다. 그리고 기교와 기술과 인위로 물들지 않은 날것의 자연스러움, 정교한 '동기 작업'에 대한 압박감 없는 거침없는 곡 짓기가 바흐의 의도이고 목적이었을 것이다. 이 악장은 그러니까 정교하고 예술적인 실연이라기보다 소박한 민간의 축제에 가까운 것이어야 했던 것 같다. 전통적으로 푸가가 보여온, 무엇보다 바흐의 푸가가 펼쳐온 표현들과 완전히 다른 맥락에 놓여 있는 푸가라는 뜻이다. 그로 인해 전개부의 되풀이라는 바흐의 '비정상적인' 푸가 구조가 초래되고 독주적 리토르넬로, 강렬한 부분 종결 기능의 투티 리토르넬로라는 협주곡 구조의 왜곡이 유발된 것이다. 즉 여기에서 푸가는 정교하고 진지한 대위법적인 악곡이 아니라 순환과 반복과 교환의 터이다. 또 이것은 투티 리토르넬로와 독주 에피소드의 교대라는 기본적인 틀만 유지한 채 그 본질적인 내용은 완전히 상실한 협주곡의 형태와 만난 것이다. 푸가의 통일성과 협주곡의 대비성이 표현과 구조의 측면에서 완전히 재해석된 것이다.

4. 왜곡 아닌 공유로 실현된 하이브리드 음악

〈브란덴부르크 협주곡〉 BWV 1047의 두 번째 악장은 탄식으로 가득하다. 그것을 앞뒤로 둘러싸고 있는 기교성 넘치고 유쾌한 두 악장과 어우러지지 않는다. 납득할 만한 균형이나 조화를 이루지 못한다는 뜻이다. 이에 페터 슐로이닝(Peter Schleuning)은 이러한 감성의 나열이 비애적인 중간 악장을 정당화하는 창작의 역사를 통해서도 설명될 수 없다고 역설한다. 그러고는 궁정의 춤을 위한 음악의 나열, 즉 유쾌한 분방함, 비통, 야성/자연성의 순서로 행해지는 궁정의 춤을 위한 음악의 나열로 BWV 1047의 악장들을 해석한다.[6] 이러한 표현들이 알레고리적이거나 신화적인 인물들로 의인화되어 추어지는 춤이 당대의 궁정사회, 특히 루이 14세의 궁정에서 쾌히 향유되었다는 점을 상기해 보면, 슐로이닝의 해석은 타당하다. 루이 14세가 이러한 춤을 즐겼다는 점, 더욱이 베르사유의 춤 예술이 독일의 궁정문화에 지대

---

6. Peter Schleuning, *Johann Sebastian Bach. Die Brandenburgischen Konzerte* (Kassel: Bärenreiter, 2003), 69.

한 영향을 미쳤던 점 역시 주지의 사실이므로, 슐로이닝의 해석은 분명 설득력 있다. 그렇게 슐로이닝의 해석을 따라본다면, BWV 1047의 단순성 및 표현성, 특히 마지막 악장의 '의외의' 단순성, 유려함, 표현성이, (트럼펫에서) 스윙감 있게 생동하는 주제에서부터 묻어나는 야성적 흥취의 표현성이 이해된다. 흥미로운 것은 바흐가 푸가의 수단으로 그것들을 이루어 냈다는 점이다. 이는 전통적이고 묵직한 푸가가 현대적이고 경쾌한 협주곡과 만났기에 가능했다. 이즈음에서 우리는 앞서 인용한 샤이베의 말과 함께 요한 마테존의 언급을 상기해 볼 필요가 있다. 마테존은 1722년 볼펜뷔텔의 칸토르 하인리히 보케마이어(Heinrich Bokemeyer, 1679-1751)가 "협주곡에서 푸가로 가는 것은 자연이 견디어 낼 수 없는, 지나치게 큰 도약이다"라고 한 주장에 다음과 같이 반박했다.

오 그대 아름다운 자연이여, 그대는 참으로 멋진 분별력을 지녔구나(그대는 참으로 진부한 논리를 펼치는구나). 내가 하고자 하는 말은, 사람들은 협주곡이라는 개념을 통상적으로 서로 경쟁하는 것(음악적으로 서로 다투는 것)으로 이해한다. 나의 논적도 마찬가지로 이해한다고 답할 것이다. 그렇다면 그 논적은 왜 협주곡에서 푸가로 가는 것이 부자연스러운 도약이라 하는가? 마치 푸가는 서로 경쟁하지 않는 것처럼 말이다. 나는 푸가가 썩 능란하게 경쟁한다고 생각한다. 가끔은 조금 지나치다 싶게 경쟁하곤 한다. 그렇다면 어디에 부자연스러운 도약이 있는가? 내가 어떤 이에게 우선 온갖 종류의 협주곡을 가르치고 난 후에 푸가로 그를 이끈다면, 어디에 부자연스러운 도약이 있는 것인가? 이성적인 카펠마이스터라면 이러한 학습 과정에 대해 비난할 수 없을 것이다.[7]

---

7. Johann Mattheson, *Critica Musica* (Hamburg: Auf unkosten des autoris, 1722), 314.

이 마테존의 견해에 따른다면, 바로크 음악의 양극적 장르이자 양식인 협주곡과 푸가의 혼합, 우리에게 가히 실험적으로 비쳐지는 협주곡과 푸가의 혼합이 정작 바흐에게는 경계가 자연스럽게 맞닿아 있는 것들의 혼합이었을지도 모르겠다. 협주곡과 푸가의 구조, 양식, 언어적 경계가 유연하게 맞닿아 있다는 점을 바흐가 간파했을 것이라는 추측에 달하우스는 다음과 같이 힘을 실어준다.

바흐의 협주곡적 푸가 형식에 대한 옛 불신은 무엇보다 고르고 균형 잡힌 푸가의 전개를 방해하는 솔로 단락들을 향한다. […] 그 불신은 협주곡을 대비의 원칙에, 푸가를 통일성의 원칙에 묶어두려는 의도의 결과이다. 그러나 바흐의 협주곡과 푸가의 관계성은 (리토르넬로 주제의 선행구와 속행구, 리토르넬로와 에피소드, 조성의 영역과 전조 등과 같은) 협주곡의 형식적 규범과 (주제와 속행, 전개부와 에피소드, 주제의 영역과 전조 등과 같은) 푸가의 형식적 규범의 유사성을 기반으로 한다. '경쟁', '대비'의 단어적 의미로만 협주곡 개념을 설명하고 해석하는 것은 어원학적으로 매우 편협하다. (conserere[결합하다, 엮다]의 파생어일 가능성도 있다.) 그리고 오로지 특정한 전개 방향, 주제적 대비의 구성 등만을 좇으며 협주곡의 원칙을 이해하는 것은 이 원칙의 충분한 파악을 저해한다. […] 바흐의 협주곡들, 바흐의 협주곡적 푸가들에서 드러나는 대비의, 혹은 차이의 균형이 그래서 협주곡 개념의 이반으로 비쳐진다. 협주곡 형식의 근간을 이루는 요소로 여겨지는 대비의 원칙이 불충분하고 편협하게 규정된 탓이다.[8]

---

8. Dahlhaus, "Bachs konzertante Fugen," 49-65.

달하우스는 바흐의 협주곡과 푸가 혼합 악장을 바라볼 때 흔히 협주곡의 대비 원칙과 푸가의 통일성 원칙에 집중하는 우리의 '관행'을 향해 이렇게 경고한다. 아울러 바흐가 협주곡의 구조적 틀 안에 규범적인 푸가를 고스란히 담아낼 수 있었던 둘 간의 구조적 유사성을 짚어준다. 즉 BWV 1047의 3악장에서 바흐는 투티 리토르넬로와 솔로 에피소드의 교대라는 기본적인 틀만 유지한 채 본질적인 내용 및 기능은 상실한 협주곡의 형태를 이루어 낸다. 그리고 이것을 (하나의 제시부와 두 전개부로 구성된) 푸가의 5성부 전개 및 푸가 부분들의 명료한 형식과 포개지게 했다. 바흐는 이렇듯 협주곡과 푸가를 하나로 녹여내는 데에서 발생하는 문제를 단순하게 해결했다. 우선 푸가의 주제를 리토르넬로 주제로 기능케 했다. 그러고는 푸가의 성부 전개를 보존하기 위해 콘체르티노 악기들에 의한 독주적 리토르넬로를 구성했다. 리토르넬로의 통상적인 투티 조직은 리토르넬로와 만나는 대신 뚜렷한 구조 형성의 역할을, 그러니까 푸가의 제시부 및 전개부, 에피소드를 명료하게 구분케 하는 역할을 수행한다. 그 사이에 바흐는 푸가의 에피소드로도, 협주곡의 에피소드로도 읽힐 수 있는 에피소드를 놓는다.

전통을 진지하게 대하면서도 그것에 끊임없이 도전한 바흐의 정신과 손길이 빚어낸 작법의 다층성으로 인해 당대 협주곡들을 능가한 협주곡 BWV 1047의 마지막 악장은 흥미로운 하이브리드 현상이었다. 그 하이브리드 현상은 협주곡과 푸가를 독특하고 새로운 음악적, 표현적 맥락으로 들여놓았으며, 내부적으로는 그 둘을 '왜곡'이 아닌 '공유'로써 부드럽게 서로에게 녹아들게 한 유의미한 역사적 지점이었다.

Breig, Werner. "Freie Orgelwerke." In *Bach-Handbuch*. Herausgegeben von Konrad Küster, 614-712. Kassel: Bärenreiter, 1999.

Dahlhaus, Carl. "Bachs konzertante Fugen." *Bach-Jahrbuch* 42 (1955): 45-72.

Hofmann, Klaus. "Zur Fassungsgeschichte des zweiten Brandenburgishen Konzerts." In *Bachs Orchesterwerke. Bericht über das 1. Dordmunder Symphosion 1996*. Herausgegeben von Martin Geck in Verbindung mit Werner Breig, 185-192. Witten: Klangfarben Musikverlag, 1997.

Mattheson, Johann. *Critica Musica*. Hamburg: Auf unkosten des autoris, 1722.

Rampe, Siegbert, Dominik Sackmann. *Bachs Orchestermusik. Entstehung, Klangwelt, Interpretation*. Kassel: Bärenreiter, 2000.

Scheibe, Johann Adolph. *Critischer Musikus*. Neue, vermehrte und verbesserte Auflage. Leipzig: Bernhard Christoph Breitkopf, 1745.

Schleuning, Peter. *Johann Sebastian Bach. Die Brandenburgischen Konzerte*. Kassel: Bärenreiter, 2003.

Siegele, Ulrich. "Bachs vermischter Geschmack." In *Bach und die Stile. Bericht über das 2. Dortmunder Bach-Symposion 1998*. Herausgegeben von Martin Geck, 9-17. Dortmund: Klangfarben Musikverlag, 1999.

VIII.
바흐의 쳄발로 협주곡: 근대 피아노 협주곡의 기원

1. 협주곡의 개념과 변화

요한 제바스티안 바흐의 시대에 통용된 협주곡 개념은 1713년 함부르크에서 출판된 마테존의 『새로 개시된 오케스트라』(Das Neu-Eröffnete Orchestre)에서 읽힌다.

한 측면에서 보자면 협주곡(콘체르토)은 음악 모임, 음악 서클이다. 그러나 엄밀한 의미로는 드물지 않게 성악 및 기악 실내악을 뜻하며, (협주곡이라 칭해지는 악곡의 경우) 가장 엄밀하게는 각 성부가 특정한 순간에 두드러짐과 동시에 다른 성부들과 경쟁을 하며 연주하도록 짜인 바이올린 음악을 의미한다. 따라서 이러한 바이올린 음악과 그 외에 제1성부가 지배적 전개를 펼치는 음악, 그리고 여러 대의 바이올린 가운데에서 하나가 특별히 활발하게 도드라지는 음악이 바이올린협주곡이라 일컬어진다.[1]

---

1. Johann Mattheson, *Die drei Orchestre-Schriften* I: *Das Neu-Eröffnete Orchestre* (Laaber: Laaber-Verlag, 2007), 173-174.

이 마테존의 정의는 20여 년 후 발터(Johann Gottfried Walther, 1684-1748)의 『음악사전』(Musicalisches Lexicon)에 그대로 차용되어,[2] 18세기 전반기의 협주곡 이해를 대표하게 된다. 그러니까 바흐의 창작이 활발했던 18세기 전반기에 협주곡은 일반적으로 앙상블 연주 모임을, 아울러 성악 혹은 기악으로 이루어지거나 성악과 기악이 혼합된 실내악을 의미했으며, 협의적으로나 바이올린 협주곡이 우세를 점하는 기악 장르로 이해되었다. 그러나 다른 한편에서 샤이베(Johann Adolph Scheibe, 1708-1776)가 『비판적 음악가』(Critischer Musicus)를 통해 "협주곡은 하나, 혹은 여러 대의 악기가 다른 반주 악기들 사이에서 부각되고, 그리하여 그 악기(들)이 고유성을 드러내면서 반주 악기들의 우위를 부정하는 음악이다"[3]라고 단언하면서 앙상블 연주 모임 및 실내악의 광의적 의미를 애써 축소시키고 바이올린에 국한되지 않는 기악 장르로서의 협주곡 개념을 제시한다면, 이는 바흐 시대에 협주곡의 의미가 점차 근대 협주곡의 개념으로 다가서고 있었음을 뜻한다.

협주곡의 개념이 이렇듯 변화해 가던 시기에 작곡된 바흐의 협주곡은 총 25개(BWV 1041-1065)로 그의 작품목록에서 수적 우위를 점하지 못한다. 바흐의 협주곡들 가운데 BWV 1045와 1059는 미완성의 단편으로 남았고, BWV 1054, 1057, 1058, 1062는 각각 BWV 1042, 1049, 1041, 1043의 편곡이다. BWV 1065는 비발디의 협주곡 op. 3-10의 편곡이다. 따라서 온전한 창작품으로 전수된 바흐의 협주곡은 18곡에 그친다. 또한 바흐의 작품들이 대부분 그러하듯이 협주곡들 역시 창작 시기가 분명하게 규명되어 있지 않다. 그 작곡기법 및 양식의 '발전' 과정이 여전히 논란의 대상이 되곤 하는

---

2. Johann Gottfried Walther, *Musicalisches Lexicon oder Musicalische Bibliothec* (Kassel: Bärenreiter, 2001), 166.
3. Johann Adolph Scheibe, *Critischer Musicus*, neue, vermehrte und verbesserte Auflage (Leipzig: Bernhard Christoph Breitkopf, 1745), 630-631.

이유다. 하지만 분명한 것은 바흐가 비발디의 협주곡을 곧 극복해 형식, 작법, 양식적으로 자기 것을 성취하고 때로 후대의 협주곡을 예시한다는 점이다.

그중에서도 예외 없이 모두 편곡작들인 솔로 쳄발로 협주곡(BWV 1052-1058)은 협주곡 장르사에서 중요한 위치를 차지한다. 먼저 협주곡이 바이올린을 위한 장르에서 타 독주 악기, 특히 오랫동안 콘티누오 악기였던 쳄발로를 위한 기악 장르로 확대되는 과정에 기여했을 것이라는 점에서 그러하다. 바흐의 솔로 쳄발로 협주곡들의 맥이 성부 전개 및 솔로 역할, 조성의 흐름 등을 포함하는 형식적 구조와 구성에 있어서 비발디의 바로크 협주곡을 넘고 '전고전주의'의 클라비어 협주곡을 지나 모차르트의 피아노 협주곡에까지 닿아 있다는 점에서도 그러하다. 그래서 바흐는 "근대 피아노 협주곡의 창시자"[4]로 칭해지기에 손색이 없다.

이에 이 글은 "바흐의 쳄발로 협주곡과 바이올린 협주곡에 대해 논하는 것은 그 작품들이 근대의 협주곡과 무관하기 때문에 혼란을 야기한다"[5]는 알버트 슈바이처의 주장을 반박하고, 나아가 바흐의 솔로 쳄발로 협주곡이 비발디의 협주곡을 떠나 칼 필립 엠마누엘 바흐(Carl Philipp Emanuel, 1714-1788), 요한 크리스티안 바흐(Johann Christian Bach, 1735-1782)의 클라비어 협주곡을 거쳐 모차르트의 피아노 협주곡으로 이어진 지점들을 좇아본다. 그리하여 바흐의 바로크적 쳄발로 협주곡과 빈고전주의의 소나타적 피아노 협주곡이 역사적 연속성의 관계에 있음을 조명해 본다.

---

4. Werner Breig, "Johann Sebastian Bach und die Entstehung des Klavierkonzerts," *Archiv für Musikwissenschaft* 36 (1979), 21.
5. Albert Schweitzer, *Johann Sebastian Bach* (Wiesbaden: Breitkopf & Härtel, 1908), 360.

2. 바흐의 솔로 쳄발로 협주곡, 그 역사적 의미

바흐의 솔로 쳄발로 협주곡(BWV 1052-1058)은 작곡가의 자필본으로 전수되었으며, 그것들은 1738년경에 써진 것으로 추정된다.[6] 바흐의 자필본은 솔로 쳄발로 협주곡들이 '작품집'으로 구상되었음을 명료하게 말해준다. BWV 1052의 제목 왼편에 바흐의 자필 악보 서두를 흔히 '장식하는' "J. J"(Jesu juva[예수여 도우소서])가, 그리고 BWV 1057의 끝에 바흐의 전형적인 종결 약어인 "Fine. SDG"(Fine. Soli Deo Gloria[끝. 오직 하나님께 영광])가 적혀 있으며, BWV 1058의 첫머리에 다시 "J. J"가 쓰여 있고, 단 9마디의 단편으로 남은 BWV 1059가 BWV 1058의 뒤를 잇는 것이다. 이로써 바흐가 솔로 쳄발로 협주곡 열두 작품을 여섯 작품씩 두 모음집으로 묶으려 계획했으나 첫 모음집만 완성한 것이던지, 아니면 하나의 작품집을 구상하고는 BWV 1058로

---

6. Yoshitake Kobayashi, "Zur Chronologie der Spätwerke Johann Sebastian Bachs," *Bach-Jahrbuch* 74 (1988), 41.

작업에 착수했으나 편곡의 결과가 만족스럽지 않아 BWV 1052로 재차 모음집 엮기를 시작해 성공한 것일 수 있다[7]는 추측이 가능하게 된다. 어찌 되었든 솔로 쳄발로 협주곡들은 〈브란덴부르크 협주곡〉과 함께 바흐에 의해 직접 구상되고 엮어진 협주곡 모음집이라는 역사적 의미를 지닌다.

바흐가 이탈리아의 협주곡과 첫 인연을 맺게 된 것은 1713년 여름의 일이었다. 1713년 8월 2년간의 학업 여행을 마치고 돌아온 작센-바이마르의 요한 에른스트 왕자(Johann Ernst von Sachen-Weimar, 1696-1715)의 짐에는 1711년 암스테르담에서 '조화의 영감'(L'Estro armonico)이라는 제목으로 출판된 비발디의 협주곡 모음집 op. 3을 비롯해 여러 필사본 및 인쇄본 악보들이 들어 있었다. 바흐는 왕자의 주문으로 1713-14년에 비발디, 토렐리, 알레산드로 마르첼로, 베네데토 마르첼로의 협주곡을 오르간 및 쳄발로 음악으로 편곡했다(BWV 592-596[오르간], BWV 972-987[쳄발로]). 아울러 이를 통해 새로운 음악적 사고를 습득한 바흐는, BWV 538과 540의 오르간 토카타, 〈영국모음곡〉 BWV 807-811의 프렐류드에서 눈에 띄듯이, 이탈리아 리토르넬로 협주곡 형식의 원칙들을 다양한 유형의 오르간, 쳄발로 음악으로 들여놓았다. 이렇듯 당대 최고 협주곡들을 가로지르는 작품들과 그 구조적 원리들을 습득하고 재생산하는 가운데에서 바흐에게 결정적 영향을 미친 것은 비발디의 협주곡이었다.

비발디의 협주곡을 모델로 삼되 바흐는 곧 이 기악 장르에서 유례없는 혁신을 일구어내었다. 쳄발로 협주곡의 기원으로 이어진 혁신이었다. 〈브란덴부르크 협주곡 5번〉 BWV 1050에서 콘티누오 악기인 쳄발로가 솔로 악기의 반열로 올려놓아진 것이다. 물론 이 협주곡은 엄밀한 의미에서 쳄발로,

---

7. Werner Breig, "Vorwort," in *J. S. Bach. Konzerte für Cembalo BWV 1052-1059*, Urtext der Neuen Bach-Ausgabe, hrsg. Werner Breig, 2. Aufl. (Kassel: Bärenreiter, 2008), VII.

바이올린, 가로 플루트가 솔로 악기군을 형성하는 '3중 협주곡'이다. 그러나 당대에는 바이올린협주곡에서나, 훗날에는 모차르트와 베토벤의 피아노 협주곡들에서나 유사한 형태가 찾아지는 첫 악장의 즉흥적이고 기교적인 '쳄발로 카덴차', 화려한 연주 테크닉과 독자적 전개가 돋보이는 쳄발로 독주 성부는 분명 협주곡 역사에서 최초의 것이었다. 그렇게 이 협주곡은 피아노 협주곡으로 첫걸음을 내디뎠다.

오랫동안 콘티누오에 묶여있던 쳄발로를 협주곡의 독주 악기로 해방시킨 바흐의 행보에 적절한 역사적 평가가 내려지기 위해서는 먼저 협주곡 장르가 생겨난 후 수십 년이 지나고 나서야 쳄발로가 독주 악기의 자리로 올라서게 된 몇 가지 시대적 배경을 직시할 필요가 있다. 그 하나는 "클라비어의 콘티누오 반주 없이는 어떤 곡도 제대로 연주될 수 없다"[8]는 당대의 신념이었다. 이러한 신념이 지속되는 한 쳄발로 협주곡이란 두 대의 쳄발로를 위한 음악이었고, 두 대의 쳄발로는 음향적으로나 작곡기법적으로나 해결이 녹록지 않은 조건이었다. 쳄발로의 섬약한 소리도 문제였다. 음량이 작고 소리의 지속성이 부족한 쳄발로가 솔로 협주곡이나 콘체르토 그로소에서 단독의 독주 악기로서, 혹은 콘체르티노의 한 성부로서 리피에노 악기들에 대항하거나 콘체르티노 악기들과 대등하게 융합하기란 쉽지 않았다. 다섯 번째 브란덴부르크 협주곡은 쳄발로가 안고 있던 그 여러 문제점을 길고도 화려한 카덴차, 고도의 연주 테크닉적 기교성을 겸비한 주제 발전 등으로 극복해냈다. 이 협주곡의 또 다른 역사적 의미는 이것이 라이프치히 시기의 쳄발로 협주곡들을 위한 경험적 토대가 되었다는 데에 있다.

---

8. Carl Philipp Emanuel Bach, *Versuch über die wahre Art das Clavier zu spielen,* erster und zweiter Teil, Faximile-Nachdruck der 1. Auflage, Berlin 1753 und 1762, hrsg. Lothar Hoffmann-Erbrecht (Leipzig: Breitkopf und Härtel, 1958), 2(zweiter Teil).

1729년 4월 라이프치히 콜레기움 무지쿰의 감독직을 맡게 된 바흐는 이 학생 및 시민 연주단체를 1737년 여름까지, 그리고 다시 한번 1739년 10월부터 1741년 5월경까지 이끌었다. 감독직에서 물러나 있던 때에도 긴밀히 관여했으니, 콜레기움 무지쿰은 무려 12년 동안이나 바흐 음악 삶의 터전이었다. 그리고 이때 콜레기움 무지쿰이 꾸려나간 침머만 커피하우스의 '주간 연주회' 시리즈는 협주곡에 대한 바흐의 관심을 되살리는 계기가 되었으며, 쳄발로 협주곡이 그 관심의 결실이었다. 흥미로운 것은 그 쳄발로 협주곡들이 한 대에서 네 대의 쳄발로 편성을 아우른다는 점, 거의 모두 편곡작들이라는 점이다. 이와 관련해 상기해야 할 것은 당시 바흐의 제자 크렙스(Johann Ludwig Krebs, 1713-1780), 니헬만(Christoph Nichelmann, 1717-1762) 등과 두 아들 빌헬름 프리데만(Wilhelm Friedemann Bach, 1710-1784), 칼 필립 엠마누엘이 훌륭한 쳄발리스트로 성장해 있었으며, 아들들은 아직 부모의 슬하에 있으면서 콜레기움 무지쿰 연주에 참여했다는 사실이다. 그래서 쳄발로 한 대(BWV 1052-1059)와 두 대(BWV 1060-1062), 세 대(BWV 1063-1064), 네 대(BWV 1065)를 위한 다양한 독주 편성의 쳄발로 협주곡이 만들어졌다면,[9] 이것들은 두 아들과 제자들에게 여러 연주 형태를 학습할 기회를 주고자 한 뜻이었을 수 있다. 쳄발로의 다중 편성이 다수를 차지하는 것은 균형 잡힌 솔로와 투티의 관계를 고려한 결과일 수도 있다.

어찌 되었든 콜레기움 무지쿰의 쳄발로 협주곡 연주에 바흐의 두 아들, 특히 칼 필립 엠마누엘이 참여한 것은 '장르사적 연속성'의 관점에서 주목

---

9. BWV 1052-1059의 자필본은 1738년경에 써진 것으로 유력하게 추정되고 있으나, 연주는 이미 그 전에 행해졌을 것이라 여겨진다. 그 외에 BWV 1060은 1729-36년, BWV 1061은 1732-33년, BWV 1062는 1735-36년, BWV 1063과 1064는 1733-34년, BWV 1065는 1727-31년에 완성되었을 것이라고 추측된다. Siegbert Rampe, Dominik Sackmann, *Bachs Orchestermusik. Entstehung, Klangwelt, Interpretation* (Kassel: Bärenreiter, 2000), 152-176.

할 만하다. 아버지의 작품 연주를 통해 새롭고 실험적인 협주곡 장르인 쳄발로 협주곡의 양식 및 형식을 습득하고 마침내 그것을 창작의 수단으로 취했을 것이기 때문이다. 실제로 칼 필립 엠마누엘 바흐의 쳄발로 협주곡 창작은 1733년에 시작되었고, 1740년에는 이미 여섯 작품(Wq 1-6)이 완성되어 있었다. 그의 쳄발로 협주곡은 총 50여 곡에 달하는데, 그 칼 필립 엠마누엘의 쳄발로 협주곡들은 막냇동생인 요한 크리스티안 바흐의 클라비어 협주곡에 영향을 미쳐 빈고전주의로 전통의 맥이 닿게 했을 것이다. 그 밖에도 콜레기움 무지쿰 연주를 통해 형성된 쳄발로 협주곡의 전통이 18세기 중반에 클라비어 협주곡의 기틀로 작용한 것은 분명해 보인다. 이 시기의 클라비어 협주곡 작곡가들은 바흐의 두 맏아들을 비롯해 크렙스, 니헬만, 골드베르크(Johann Gottlieb Goldberg, 1727-1756), 뮈텔(Johann Gottfried Müthel, 1728-1788), 요한 크리스토프 프리드리히 바흐(Johann Christoph Friedrich Bach, 1732-1795), 요한 크리스티안 바흐 등 대부분 1730년대와 40년대에 쳄발리스트와 작곡가로 탁월했던 바흐의 제자들이었고, 당시 다른 작곡가들의 클라비어 협주곡은 흔치 않은 예외적 경우에 속했기 때문이다.

요한 제바스티안 바흐의 쳄발로 협주곡들은 두 대의 쳄발로를 위한 음악(BWV 1061a)에 리피에노를 더한 것인 BWV 1061을 제외하고는 모두 선율악기를 위한 협주곡들의 편곡작이다.[10] 비교적 단순한 변화(BWV 1058, 1060, 1062)부터 강도 높은 손질(BWV 1053, 1057, 1063, 1064)까지 두루 아우르는 편곡 기법이 사용된 바흐의 쳄발로 협주곡들은 그러나 뚜렷한 독자성을 확보하고

---

10. 여러 대의 쳄발로가 편성된 협주곡들 중에서는 BWV 1062의 원작이 2중 바이올린 협주곡 BWV 1043으로 남아 있고, BWV 1060의 원작은 소실된 것으로 추측된다. BWV 1063과 1064는 각각 특정할 수 없는 독일 작곡가의 바이올린, 플루트, 오보에(?)를 위한 협주곡 및 3중 바이올린 협주곡을 원작으로 취한 것으로 여겨진다. BWV 1065는 비발디의 4중 바이올린 협주곡 op. 3-10을 편곡한 것이다. Ulrich Siegele, *Kompositionsweise und Bearbeitungstechnik in der Instrumentalmusik Johann Sebastian Bachs* (Neuhausen-Stuttgart: Hänssler, 1975), 116-136.

있다. 뿐만 아니라, 슈바이처가 "쳄발로 협주곡의 편곡들은 믿기 어려울 정도로 날림으로 소홀하게 제작되었다. 시간에 쫓겼던지, 그 작업이 바흐에게 지루한 일이었음에 틀림없다"[11]고 폄하한 바와 달리 음악적 야심도 짙게 풍긴다.

바흐의 쳄발로 협주곡들이 지난 선율악기 협주곡들에 대한 회고적 성격을 띠면서도 다채로운 쳄발로 편성으로써 새 유형의 협주곡을 발전시켜 나갔다면, 솔로 쳄발로 협주곡은 그 발전 과정의 마지막 단계에 위치한다. 우선 가장 늦게(1738년) 쓰여진 바흐의 자필본이 그 사실을 뒷받침해 준다. 무엇보다 다중의 쳄발로를 위한 협주곡들에서보다 분산화음적이고 음계적인 수식, 저음 현악기들의 축소 등을 통해 쳄발로 특유의 언어가 한층 더 도드라져 쳄발로 협주곡의 면모가 선명하게 드러난다. 자필본 곳곳에 남은 수정과 교정의 흔적들이 이를 이루어 내려 했던 바흐의 노력을 말해준다.

바로크 시대가 저물어 갈 무렵에 등장한 쳄발로 협주곡을 향한 바흐의 행보는 이탈리아 바이올린 협주곡들의 쳄발로 및 오르간 편곡으로 출발해 당대 협주곡의 틀 안에서 이루어진 쳄발로의 독립을 거쳐 다양하고 풍성한 쳄발로 편성의 협주곡에 이르는 세 단계를 거쳤다. 이러한 과정에서 솔로 쳄발로와 리피에노를 위한 협주곡, 그러니까 근대 피아노 협주곡의 편성과 가장 유사한 형태를 띠는 쳄발로 협주곡이 완성의 경지에 이른다.

---

11. Schweitzer, *Johann Sebastian Bach*, 361.

3. 요한 제바스티안 바흐의 쳄발로 협주곡에서
모차르트의 피아노 협주곡으로

3.1 요한 제바스티안 바흐의 '탈 비발디'

바흐가 이루어 낸 솔로 쳄발로 협주곡의 맥이 칼 필립 엠마누엘 바흐와 요한 크리스티안 바흐를 거쳐 빈고전주의로 흘러든 양상을 살피는 과정에서 먼저 당면하게 되는 문제는 바로크 쳄발로 협주곡과 고전주의 피아노 협주곡의 근본적 차이점이다. 그 근본적 차이점이란 쳄발로/리피에노와 피아노/심포니오케스트라 사이의 편성적 간극 외에도, 고전주의의 협주곡이 투티 리토르넬로와 솔로 에피소드의 대립을 기반으로 하는 협주곡 형식을 포기하고 소나타형식을 취한다는 것이다. 이는 솔로 악기의 배치나 활약이 더 이상 '에피소드'라는 형식적 위치와 결부되지 않음을 뜻한다. 그렇게 고전주의의 피아노 협주곡은 두 독립적인 음향체의 파트너적 협업이 되었다. 편성과 형식, 그것들의 내적 의미에서 비롯되는 차이점들을 근거로 피아노 협주곡 장르의 역사적 연속성을 부정할 수도 있다. 그러나 "하나의 장르가 형성되는 데 있어서 역사적 연속성이 특징들의 집합체의 전승보다 결코 덜 중요하지 않다"[12]는 달하우스의 단언에 기대 우선 바흐의 솔로 쳄발로 협주곡에서 드러나는 탈 비발디의 양상을 짚어보면 다음과 같다.

비발디의 협주곡은 콘체르토 그로소로부터 투티와 솔로의 교대, 그 교대의 극적 긴장감을 이끌어내 형식 구성의 결정적인 요소로 삼았다. 이때 투티로 곡의 시작을 알리는 리토르넬로의 성격 강한 주제가 전면에 세워진다. 그리하여 비발디의 협주곡들은 대부분 처음부터 특징적인 형태 혹은 인상을 띠게 된다. 그 반복되는 리토르넬로 사이에서 솔로 에피소드는 화성적, 주제적으로 자유롭고 기교적인 연주로써 리토르넬로와의 구별을 꾀한다. 반복을 통해 협주곡의 통일성과 성격을 강화할 뿐 아니라 전조를 꺼리며 조성적 안정을 지향하는 리토르넬로는 구조, 성격, 화성의 기둥 역할을 하는 반면, 솔로 에피소드는 수식적 전개를 펼치면서 조성적으로 안정된 선행 단락에서역시 그러한 다음 단락으로의 전조를 행하는 것이다. 다만 원조의 온전한 리토르넬로는 곡의 마지막에 이르러서야 다시 등장한다. 이러한 비발디 협주곡의 전형은 바흐의 투티 리토르넬로 주제에서 먼저 눈에 띈다. BWV 1052, 1053, 1055, 1056의 첫 악장 리토르넬로 주제들에서 각각 옥타브를 넘는 큰 도약과 당김음(마디 1-7[BWV 1052]), 연속 16분음표의 분산화음 및 당김음을 동반하는 8분음표 음형(마디 1-8[BWV 1053]), 8분음표의 분산3화음과 그것을 준비하는 상행 16분음표(마디 1-17[BWV 1055]), 중심음을 여러 형태로 둘러싸는 셋잇단음표와 하행 분산화음(마디 1-20[BWV 1056])이 특징 강한 주제를 형성해내는 것이다. 그중에서도 특히 f단조 협주곡 BWV 1056의 리토르넬로 주제는 근음 f를 독특한 리듬들로 감싸나가는 주제 머리와 그것의 4도 위반복으로 이루어진 전악구(마디 1-8), 느슨한 동형진행의 속행구(마디 9-12), 주

---

12. Carl Dahlhaus, "Was ist eine musikalische Gattung?," *Neue Zeitschrift für Musik* 135 (1974), 623.

제 머리를 되풀이하고는 쳄발로에게 주도권을 넘겨주며 화성적 완결에 집중하는 종결구(마디 13-20)로써 비발디 리토르넬로 주제의 통상적인 세 개 단락(전악구, 속행구, 종결구) 구성을 뚜렷하게 수용한다. 그러나 바흐는 비발디의 주제로부터 이탈하기도 한다. A장조 협주곡 BWV 1055의 리토르넬로 주제를 반종지로 구분되는 동일한 길이의 두 부분(마디 1-9, 9-17)으로 구성하고, 그 내부를 일관되게 두 마디 단위의 악구로 엮어나간다. 이는 마치 고전주의의 주제를 선취하는 듯하다.

이후의 전개에서도 바흐는 기존의 형식적 틀을 "새롭게 변형시키고 가공하면서 […] 온전히 자기의 것으로 만드는 데 일인자 중 하나"[13]의 면모를 보인다. 주어진 협주곡 형식과 구성의 틀에 변형을 가하는 모습은 첫 리토르넬로 이후에 더욱 두드러진다. 대부분 솔로 역할의 증가 및 내부적 결속 강화, 즉 솔리스트와 리피에노의 동등성 구현 및 리토르넬로와 솔로 에피소드의 동기적 결합 의도와 결부된 것들이다. 예를 들어서 E장조 협주곡 BWV 1053에서는 리토르넬로 형식과 다 카포 아리아 형식이 접목되어(A: 리토르넬로 1-리토르넬로 4[마디 1-62], B: 솔로 4-솔로 6[마디 63-113], A: 리토르넬로 7-리토르넬로 10[마디 114-175]) 바로크적 정체성이 강화되었으되, 첫 솔로 에피소드(마디 9-17)가 리토르넬로 주제와 구별되는 주제를 제시하고, 이후에 이 주제가 리토르넬로 주제와 맞서는 대위적 선율로 곳곳에서 나타난다(마디 18-20, 29-30, 69-72 등, [악보 1] 참조). 또 리토르넬로의 인용적인 단편들이 솔로 에피소드를 반주한다(마디 41-42, 103-104 등). 이러한 현상들은 리피에노와 솔리스트의 대등성을 이루어내는 동시에 두 단락의 내적 결속력을 실현해 낸다.

---

13. Peter Schleuning, *Johann Sebastian Bach. Die Brandenburgischen Konzerte* (Kassel: Bärenreiter, 2003), 25.

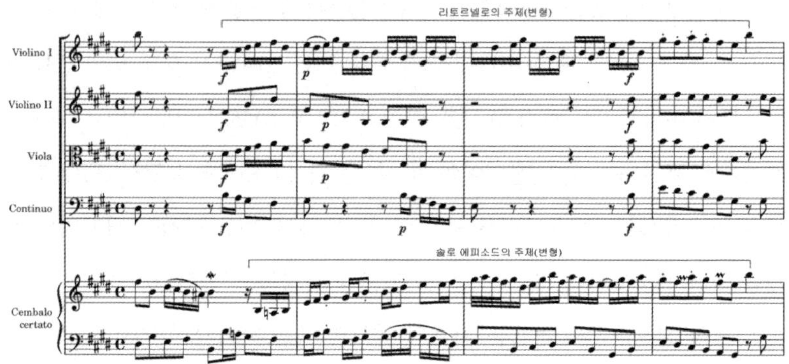

[악보 1] BWV 1053, 1악장, 마디 17-20

리토르넬로와 솔로의 동기적, 주제적 결속 관계를 보여주는 또 다른 예는 바흐의 쳄발로 협주곡들 중 가장 길고 화려하며 유명한 BWV 1052의 첫 악장에서 눈에 띈다 -그 유명세는 이미 19세기 초에 멘델스존이 베를린, 라이프치히, 런던 등지에서 열린 자신의 연주회 레퍼토리에 이 콘체르토를 자주 포함시키면서 생겨났다-. 이 악장에서는 무려 34마디에 달하는, 투티 리토르넬로와 솔로 에피소드를 넘나드는 리토르넬로 주제의 '발전'이 등장한다. 두 바이올린이 이 주제의 독특한 첫 마디 동기와 세 번째 마디 동기를 각각 모방, 변형 모방하는 두 부분(마디 28-40[리토르넬로 3], 마디 46-55[솔로 3의 후반부]) 사이에 쳄발로가 첫 마디 동기의 원형 및 변형의 동형진행으로 엮어가는 악구가 위치하는 것이다(마디 40-45[솔로 3의 전반부]).

장르사적 연속성의 관점으로 좀 더 세부적인 측면을 살피노라면, f단조 협주곡 BWV 1056의 첫 악장에서 흥미로운 리토르넬로의 전개가 시선을 끈다. 이 악장의 형식은 외견상 리토르넬로 1(마디 1-20) - 솔로 1(마디 21-34) - 리토르넬로 2(마디 34-42) - 솔로 2(마디 43-71) - 리토르넬로 3(마디 71-90) - 솔로

3(마디 90-109) - 리토르넬로 4(마디 109-116)로써 비교적 충실하게 리토르넬로 형식을 따르는 듯하다. 그러나 내부를 들여다보면, 온전한 형태로 악장을 마무리해야 할 마지막 투티 리토르넬로가 주제의 두 시작마디를 반복하고는 쳄발로에게 주도권을 맡긴다. 그러고는 느긋한 8분음표의 움직임으로 화성적 끝맺음(IV-V-IV-V-I-V-I-V-I)에 집중하는 종결구만을 취한다. 악장의 마무리를 오롯이 쳄발로가 담당하게 된 것이다. 더욱 특이한 것은 리토르넬로 3에서 원조의 투티 주제가 리피에노 악기들이 아닌 쳄발로에게 주어진다는 점이다. 즉, 리토르넬로 3은 선행하는 솔로 에피소드의 조성이었던 b♭단조와 A♭장조로 동형진행하는 두 4마디 악구로 이루어진 자기 주제의 변형된 전악구(마디 71-78), D♭장조에서 C장조로 이동하는 쳄발로 삽입구(마디 79-83), C장조의 주제 속행구(마디 83-86)의 순서로 진행하다가 돌연히 전체 주제의 머리이기도 한 종결구의 시작마디들을 쳄발로에게 내맡기고 원조인 f단조로 연주한다(마디 87-89).

[악보 2] BWV 1056, 1악장, 마디 83-89

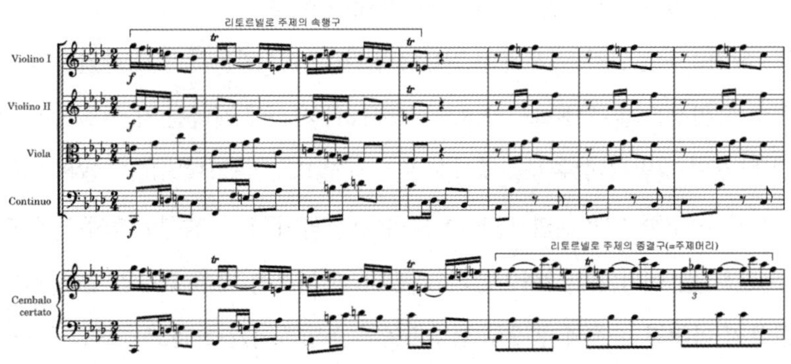

이 투티 리토르넬로에서 이렇듯 쳄발로가 단독으로 주제 종결구의 시작마디들을 원조로 담아내는 독특한 현상을 리토르넬로 단락 전반의 조성 호

름과 연관 지어보면, 그 원조의 특징 강한 주제 머리는 종결구의 시작에서 그치지 않고 전악구의 일정 역할까지 감당하는 것으로 해석된다. 결정적으로 원조(f단조)로의 회귀가 —이후의 솔로 에피소드 역시 f단조의 영역에 머문다— 이 쳄발로 마디들에 의해 이루어지기 때문이다. 아울러 리토르넬로가 원조를 향해 전조를 거듭하고 그 원조의 확립이 솔로 쳄발로의 몫이 된다면, 이는 투티와 솔로의 역할이 뒤바뀐 것이다. 비발디의 모델로부터 과감하게 이탈하는 이 바흐의 행보들은 투티 리토르넬로를 조성과 주제의 기둥으로 삼는 협주곡의 구조적 원칙을 부정하기에 이른다. 사실 솔로 쳄발로의 구조적 위상을 높이려는 바흐의 의도는 이미 첫 리토르넬로에서 감지된다. 여기에서 쳄발로는 리토르넬로 주제의 전악구를 구성하는 두 4마디 악구의 마지막 동기를 반향하고(마디 4, 8) 급기야 종결구에 이르러서는 곧 독자적인 연속 셋잇단음표 음형들로 흐름의 주도권을 넘겨받는다. 그리하여 리토르넬로가 솔로와 투티의 조합으로 구성되는 특이한 경우를 만들어 낸다.

3.2 칼 필립 엠마누엘 바흐의 새 시대적 행로

조성의 잦은 이동을 꾀하는 리토르넬로에 이어 원조의 주제로 악장의 종결을 준비하는 솔로 쳄발로의 모습은 베를린 시기에 작곡된 칼 필립 엠마누엘 바흐의 쳄발로 협주곡들에서도 드물지 않다 —칼 필립 엠마누엘은 베를린으로 이주한 1738년과 1755년 사이에 25곡의 솔로 쳄발로 협주곡을 작곡했다-. 한 예가 제1, 2바이올린, 비올라, 베이스의 리피에노 및 솔로 쳄발로로써 아버지 바흐의 쳄발로 협주곡들과 동일하게 편성된 F장조 콘체르토 Wq 33의 첫 악장이다. 리토르넬로 1(마디 1-35) - 솔로 1(마디 36-90) - 리토르넬로 2(마디 90-116) - 솔로 2(마디 117-186) - 리토르넬로 3(마디 186-201) - 솔로 3(마디 202-268) - 리토르넬로 4(마디 268-287)로 구성된 이 악장에서 세 번째 리토르넬로가 d단조로 시작해 g단조와 B♭장조를 거쳐(마디 193-198) 원조의 딸림조인 C장조로 마치고, 그 뒤 솔로 에피소드에서 쳄발로에 의해 리토르넬로 주제의 특징을 함축하고 있는 첫 악구가 원조로 등장하는 것이다([악보 3] 참조). 이후 프렐류드 풍의 즉흥적 연속 8분음표 분산화음이 긴 기교적 패시지를 펼쳐나가고(마디 213-268) 마지막 리토르넬로가 악장을 마무리한다. 그러나 이 마지막 리토르넬로에서, 위에서 살핀 BWV 1056의 첫 악장에서와 마찬가지로, 주제의 후반부(마디 16-35)만 선택되어 결국 조성적 '기둥'뿐 아니라 주제적 '기둥'의 역할마저도 선행하는 솔로 에피소드의 몫이 된다.

[악보 3] 칼 필립 엠마누엘 바흐, Wq 33, 1악장, 마디 196–207

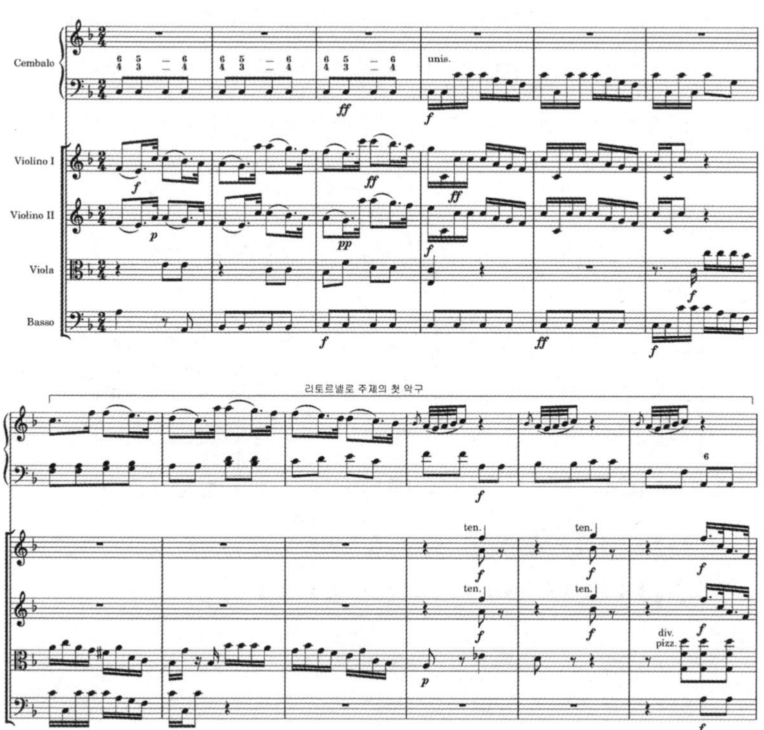

네 투티 리토르넬로(1: 마디 1-44, 2: 마디 98-126, 3: 마디 202-221, 4: 마디 313-338)
와 세 솔로 에피소드(1: 마디 44-98, 2: 마디 126-202, 3: 마디 221-313)로 짜여진 d단
조 쳄발로 협주곡 Wq 23(1748)의 첫 악장에서도 리토르넬로 주제를 원조로
되풀이하고(마디 253-260) 원조의 전개를 공고히 해주는 것은 세 번째 솔로 에
피소드이다. 게다가 주제의 성격을 짙게 드러내는 첫 악절(마디 1-10)은 악장
의 마지막 리토르넬로에서 찾아볼 수 없다. 이렇게 칼 필립 엠마누엘 바흐
는 리토르넬로와 솔로 에피소드, 리피에노와 쳄발로의 관계를 새로 정립했
다. 이제 리토르넬로 대신 솔로 에피소드가 협주곡의 중추적 단락으로 자리
매김한다. 그 변화된 솔리스트와 리피에노의 관계는 또 더 이상 경쟁이 아닌
소통의 전개를 지향한다. 예컨대 Wq 23의 첫 악장에서 쳄발로가 리토르넬
로 주제의 단편들을 자신의 어법(음계 및 분산화음)으로 변형시켜 풀어나갈 때
리피에노 악기들은 그 원형을 사이사이로 던져주기도 하고(마디 44-59), 쳄발
로와 리피에노의 두 바이올린이 자기의 어법을 유지하되 서로 주고받으면서

[악보 4] 칼 필립 엠마누엘 바흐, Wq 23, 1악장, 마디 126-130

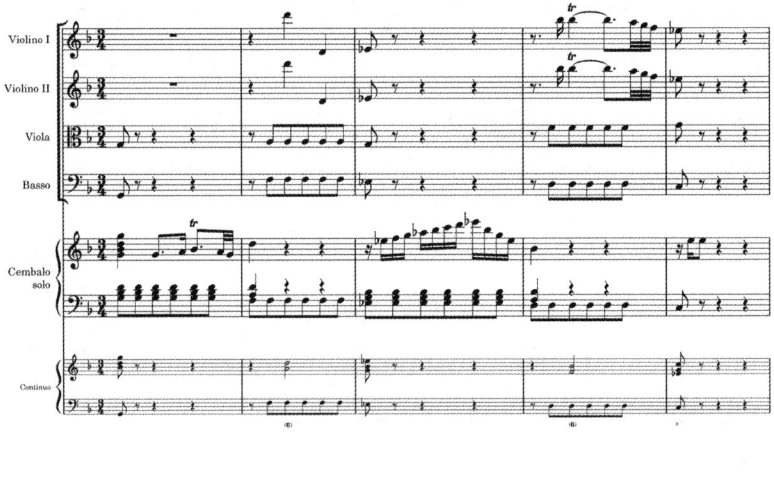

주제 첫 악구의 윤곽을 함께 그려나가기도 한다(마디 126-140, [악보 4]참조). 이들은 서로 합을 이루며 주제의 단편들을 다채롭게 '발전'시키기도 한다(마디 61-87, 274-302).

이러한 소통의 전개들에서는 요한 제바스티안 바흐의 리토르넬로와 솔로 간 주제적, 동기적 결속 및 '발전' 작법의 흔적이 명료하게 읽힌다. 그리고 상술한 정황들은 칼 필립 엠마누엘이 베를린 시기의 쳄발로 협주곡들에서 아버지가 기반을 놓은 장르를 변모해 또 다른 차원의 것을 이루어 냈음을 말해준다. 그 또 다른 차원의 면모는 리토르넬로 주제를 원조로 되풀이하고는(마디 253-260) 첫 솔로 에피소드의 통합적 주제 '발전' 및 '소통' 전개(마디 54-98)를 원조로 반복하는(마디 263-313) 세 번째이자 마지막 솔로 에피소드에서도 찾아진다. 칼 필립 엠마누엘 바흐는 네 리토르넬로와 세 솔로의 구성을 선호하되, 솔로 에피소드가 몇 개이건 간에 이렇듯 주로 마지막 솔로 단락을 '재현부'로 삼는다.

3.3 요한 크리스티안 바흐의 '전' 고전주의

칼 필립 엠마누엘 바흐의 영향은 그의 막냇동생이자 제자인 요한 크리스티안에게 미쳤다. 요한 크리스티안이 베를린에서 작곡한 〈쳄발로를 위한 다섯 협주곡〉(1750-1755)뿐 아니라, 1763년과 1770에 런던에서 출판한 〈쳄발로를 위한 여섯 협주곡〉 op. 1, 〈쳄발로, 혹은 피아노포르테를 위한 여섯 협주곡〉 op. 7에도 그 영향이 명료하다. 우선 〈쳄발로를 위한 다섯 협주곡〉은 아버지와 형의 것들과 다름없이 제1, 2바이올린, 비올라, 베이스의 4성부 현악기들로 '오케스트라'를 꾸리고, 네 리토르넬로와 세 솔로로 짜여 있다. 무엇보다 이 쳄발로 협주곡들의 첫 악장에서는 원조로의 회귀와 맞물리는 리토르넬로의 주제가 솔로 쳄발로의 몫으로 주어진다. 나아가 그 중요한 순간을 내포하는 세 번째이자 마지막 솔로 에피소드가 '재현부'의 기능을 수행한다. 첫 Bᵇ장조 협주곡의 세 번째 솔로 에피소드(마디 160-194)에서 요한 크리스티안은 쳄발로가 리토르넬로의 주제를 원조로 반복하게 하고는(마디 160-169) 앞선 단락을 역시 원조로 되풀이하는 것이다(마디 169-194). 그 원조로 되풀이되는 대상도 칼 필립 엠마누엘의 Wq 23에서와 마찬가지로 첫 솔로의 후반부(마디 53-73)이다. 이렇듯 첫 투티 리토르넬로와 첫 솔로 에피소드를 원조로 통합한 것은 분명 새로운 시도였고, 후기 고전주의에 이르기까지 자취를 남긴다.

〈쳄발로를 위한 여섯 협주곡〉 op. 1에서도 –'오케스트라'는 이제 비올라 없이 제1, 2바이올린과 베이스로 축소되어 있다– 솔로 쳄발로 및 솔로 에피소드의 형식적 비중과 관련한 양상은 대체로 유지된다. 그래서 첫 Bᵇ장조 협주곡의 첫 악장이 세 번째 투티(마디 169-174)를 통해 원조의 회귀를 이루어 내지만, 이때 다섯 마디의 그 짤막한 투티는 주제를 원조로 되돌려 놓는 다음의 솔로 에피소드(마디 174-215)로 흡수되면서 '재현부'의 도입과 같은 형태를 띤다([악보 5] 참조). 뒤따르는 솔로 에피소드는 견고한 원조의 토대 위에서 리토르넬로의 주제(마디 174-188)에 이어 첫 솔로 에피소드의 즉흥적 후반(마디 77-104)을 반복하는(마디 188-215) '재현부'의 역할을 한다.

혁신적으로 피아노포르테를 (선택적) 독주 악기로 지정하는 〈쳄발로, 혹은 피아노포르테를 위한 여섯 협주곡〉 op. 7의 여섯 번째 G장조 협주곡 첫 악장에서는 두 번째와 세 번째 솔로 에피소드 사이에서 주제를 원조로 재현하는 리토르넬로가 투티 조각(마디 149-152, 157-160)으로 파편화되어 세 번째의 '재현부적' 솔로 에피소드(마디 149-187)로 흡수되는 독특한 현상이 일어난다. 물론 그 파편들 사이의 주제 조각은 쳄발로(혹은 피아노포르테)가 채워준다(마디 153-156). 이리하여 '오케스트라'에게도 '재현부'에 동참할 수 있는 기회를 부

[악보 5] 요한 크리스티안 바흐, op. 1, 'B♭장조 협주곡', 1악장, 마디 169–179

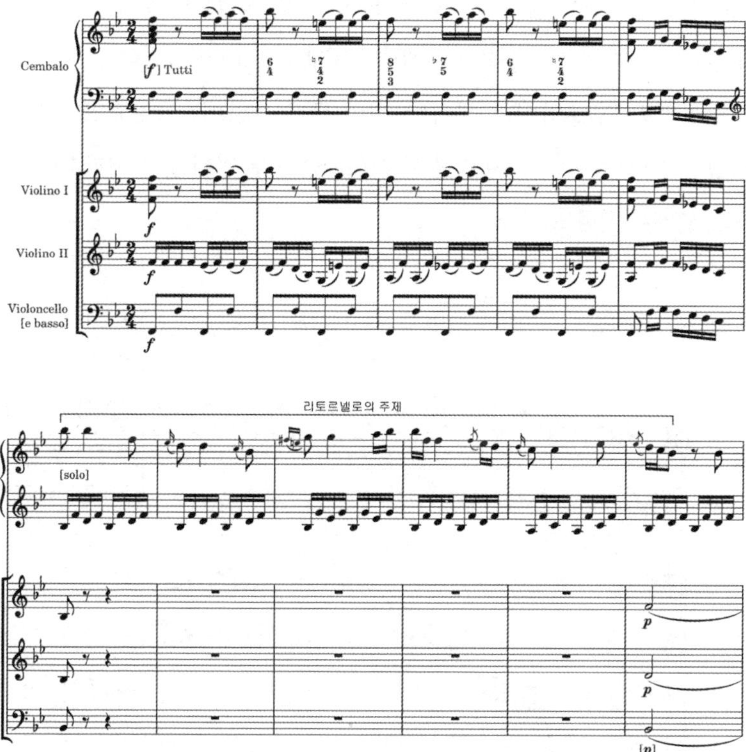

여하는 '분할 재현부'가 생겨난다. 요한 크리스티안 바흐의 이 실험적 시도들은, 아래에서도 확인되겠지만, 모차르트의 소나타 협주곡 형식으로 이어지는 초기 단계로 간주될 수 있다.

다른 한편에서는 요한 제바스티안 바흐의 단락 간 주제적, 동기적 결속 지향 작법에서 칼 필립 엠마누엘 바흐의 단락 간, 솔로와 리피에노 간 소통 전개 작법으로 이어져 온 구성 원리가 더욱 활기를 띠는 듯하다. 한 예로서 〈쳄발로를 위한 다섯 협주곡〉의 B♭장조 협주곡 첫 악장의 두 번째 솔로 에

피소드(마디 103-146)가 전조(D장조→g단조)와 잦은 동형진행을 거치면서 리토르
넬로의 첫 동음반복 및 순차상행 동기(마디 1-4)와 점리듬의 순차상행 종결 동
기(마디 37)를 다채로운 수식적 전개로 펼쳐낸다(마디 118-146). 이때 그 수식적
전개에 리토르넬로의 또 다른 전조 단락 동기(마디 24)를 가지고 오케스트라
가 동참한다(마디 118-121). 이러한 짜임들로 인해 두 번째 솔로 에피소드는 일
종의 '발전부'처럼 보인다.

[악보 6] 요한 크리스티안 바흐, 〈쳄발로를 위한 다섯 협주곡〉, 'B♭장조 협주곡', 1악장, 마디 118-121

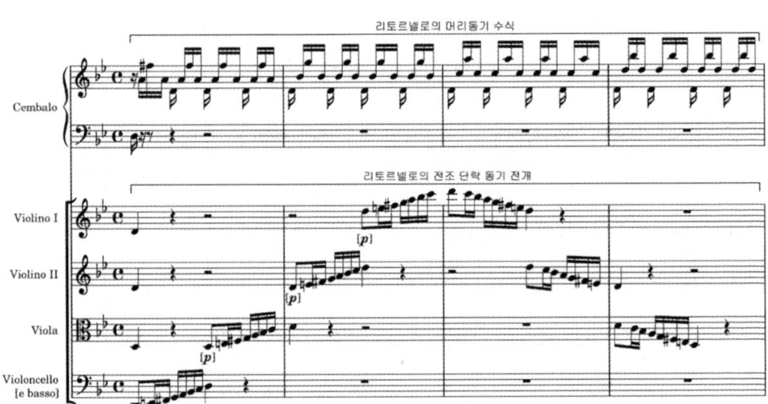

구성 단락 간의 구분을 지양하고 악장의 주요한 음악적 재료들을 혼합 및
'발전'시키는, 그리해서 내적 통일성과 균형을 실현하는 양상은 op. 7의 여섯
번째 협주곡에서 특히 뚜렷하다. 이 G장조 협주곡의 시작 악장에서 솔로 에
피소드 2(마디 111-149)가 투티 리토르넬로 1과 솔로 에피소드 1의 주제적, 동
기적 재료들, 즉 첫 리토르넬로의 두 주제(마디 1-12, 17-24)의 머리동기 및 같
은 단락의 종결 동기(마디 28-29), 그리고 솔로 에피소드 1의 종결 동기(마디 61-

62)를 단편화하고 변형해 오케스트라와 독주자에게 서로 주고받게 하는 것이다. 활발한 조성 변화(D장조→G장조→b단조→G장조)까지 동반하는 이 솔로 단락은 '발전부'로 더 가까이 다가선 모양새다.

3.4 모차르트와 '과거'

모차르트의 성숙기 피아노 협주곡 첫 악장들이 두 번째 솔로 단락을 소나타형식의 발전부에 해당하는 것으로 엮어나간다면, 그러니까 여기에서 동기적, 수식적 전개가 나타나고 그 전개의 재료들로 이루어진 오케스트라와 솔로 악기 간의 대화가 두 음향체의 통합으로 이끈다면, 이는 요한 제바스티안 바흐의 두 아들, 특히 요한 크리스티안의 쳄발로(혹은 피아노포르테) 협주곡과 무관하지 않다. 또한 그 뒤를 잇는 재현부가 통상적으로 오케스트라에 의해 시작되되 곧 솔로 피아노의 합류로 이어진다고 규정될 수 있다면,[14] 이 역시 모차르트가 "온 마음을 다해 사랑하고 존경한"[15] 요한 크리스티안 바흐의 전형과 무관하지 않다.

요한 크리스티안 바흐의 영향을 처음으로 뚜렷하게 드러내는 모차르트의 피아노 협주곡은 당연하게도 1765년 바흐의 〈쳄발로, 혹은 피아노포르테를 위한 여섯 소나타〉 op. 5의 2번(D장조)과 3번(G장조), 4번 소나타(E♭장조)를 피아노 협주곡으로 편곡한 KV 107의 세 작품이다. 요한 크리스티안 바흐의 런던 시기 쳄발로(혹은 피아노포르테) 협주곡들과 마찬가지로 오케스트라를 두 대의 바이올린과 베이스로만 편성한 이 협주곡들 중에서도 특히 D장조 협주곡이 그러하다. 이 협주곡의 첫 악장에 투티의 주제 및 종결 단락 단편들

---

14. Michael Thomas Roeder, *Das Konzert. Handbuch der musikalischen Gattungen* Bd. 4 (Laaber: Laaber-Verlag, 2000), 121.
15. Martin Geck, 『바흐의 아들들』(*Die Bach-Söhne*), 강해근, 나주리 역 (파주: 음악세계, 2012), 147.

이 변형되고 오케스트라와 솔리스트가 그것들을 주고받기도 통합하기도 하는 두 번째 솔로 단락(마디 75-104)이자 '발전부'가 자리하는 것이다. 또 그 '발전부'의 막바지에 돌연히 오케스트라가 등장하여(마디 101-104) 원조의 반종지로써 원조의 첫 리토르넬로 주제를 피아노가 단독으로 담당하는 재현부(마디 105-147)를 준비해 주는 것이다. 그리고 세 번째이자 마지막 솔로 단락이기도 한 이 재현부에서는 첫 투티 리토르넬로의 선율적 흐름이 이제는 피아노에게 맡겨져 원조로 되풀이된다.

오케스트라와 솔로의 대비가 형식적 구조를 명료히 하는 모습은 F장조 피아노 협주곡 KV 459(1784)의 1악장에서도 찾아진다. 비록 흔치 않은 예외

[악보 7] 모차르트, KV 459, 1악장, 마디 241-250

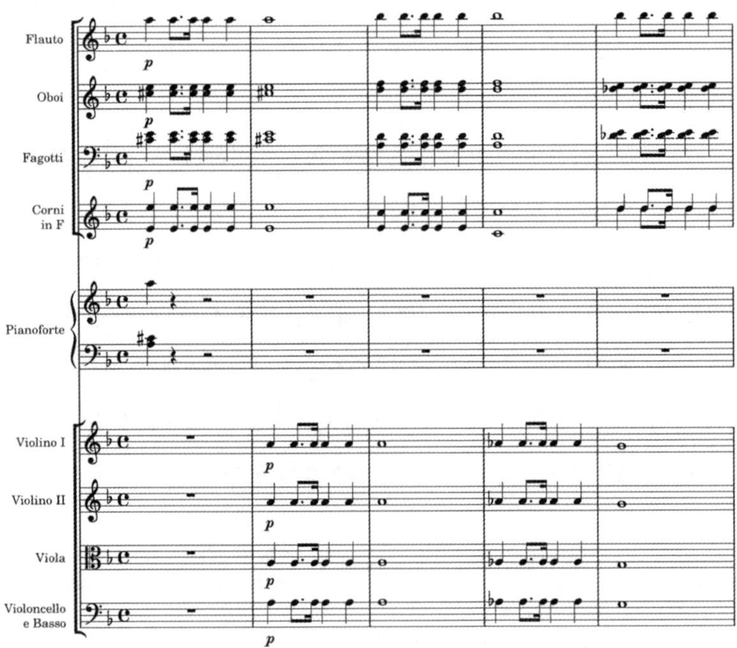

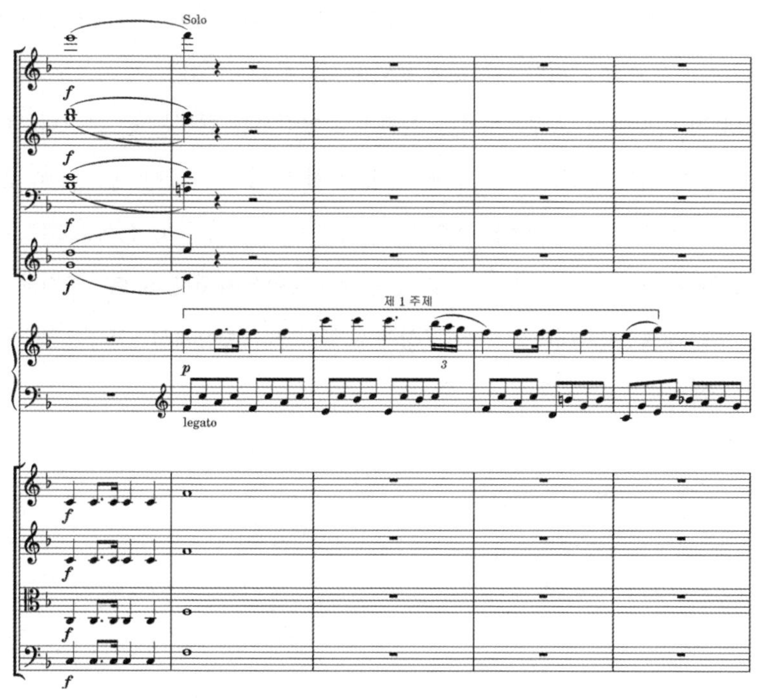

적 경우라 할 수 있지만, 이 악장에서도 발전부(마디 189-247)의 마지막을 홀로 수식하는 솔로(마디 235-241)에 이어서 원조로 이동하는 짧은 오케스트라 투티(마디 241-247)가 출현하고([악보 7] 참조), 이후 곧 솔리스트가 단독으로 원조의 제1주제로 재현부를 시작한다.

모차르트의 피아노 협주곡은 물론 대부분 투티 리토르넬로로 재현부를 시작하지만, 그 투티 리토르넬로는 수 마디에 불과할 뿐이며, 곧 솔리스트가 주제를 넘겨받아 이후의 전개를 주도한다. 한 예로 모차르트가 "이 협주곡들은 매우 어렵고 매우 쉬운 것의 중간 정도입니다. 아주 화려하고 듣기에 편안하지요. 물론 그렇다고 공허하지는 않습니다"[16]라고 직접 설명한 KV 413-415 중 A장조 피아노 협주곡 KV 414를 꼽을 수 있다. 이 피아노 협주곡의 첫 악장에서 오케스트라는 반종지로 발전부를 끝맺는 솔로 단락(마디 180-195)에 이어서 원조의 첫 주제로 재현부를 열어나가지만(마디 196-203), 곧 피아노가 그 주제의 반복을 이어받고(마디 204-214) 이후로도 전개의 흐름을 주도한다. 모차르트의 이러한 재현부는 소나타형식에 온전히 부합하기보다는 투티와 솔로의 대비를 형식 구상에 포함시켰다는 점에서 리토르넬로 형식의 잔재를 품고 있다.

---

16. Wolfgang Amadeus Mozart, *Briefe und Aufzeichnungen* Bd. 3(1780-1786) (Kassel: Bärenreiter, 1963), 245-246.

4. 미래를 위한 완성된 설계에서 미래의 완성까지

요한 제바스티안 바흐의 음악은 당대까지 성취되어 온 음악적 자산을 독창적으로 완성했으며, 그 완성된 형태로 음악 예술에 지속적으로 영향을 미쳤다. 달리 말하자면, 바흐의 음악은 독창적인 종착점이자 계속되는 음악 전통의 새로운 출발점이었다. 그의 솔로 쳄발로 협주곡도 다르지 않았다. 바흐는 비발디의 협주곡을 변형, 확대하고 당대에 쳄발로라는 악기가 안고 있던 관념적, 실제적 문제점들을 극복함으로써 솔로 쳄발로 협주곡의 전통을 세웠다. 이는 18세기를 거치면서 쳄발로나 피아노를 위해 협주곡을 구상한 아들들에 의해 다시금 변화되었다. 또 그것을 다리 삼아 모차르트의 피아노 협주곡으로 건너갔다.

이러한 흐름에서 우선 주목하게 되는 것은 바흐가 비발디의 협주곡으로부터 이탈하는 모습이다. 바흐는 투티 리토르넬로와 솔로 에피소드, 리피에노와 솔로 쳄발로의 대등성 및 결속을 이루어 내고, 심지어 이 두 단락 및 음향체의 역할 전환을 실현해 냈다. 그러한 가운데 원조의 회귀를 동반하는 투티 리토르넬로 주제를 쳄발로에게 맡겨 솔로 쳄발로가 이끄는 '재현부'의 가능성을 열었다. 이 새로운 협주곡의 전통은 칼 필립 엠마누엘 바흐의 쳄발로 협주곡에 이르러 확고해진다. 이제 솔로 에피소드가 중추의 기능을 담당하고, 이는 (세 번째이자 마지막) 솔로 에피소드가 (보다 발전된) '재현부'의 형상을 갖추는 결과로도 이어진 것이다. 아울러 역시 요한 제바스티안 바흐의 전통에 근거하는 리피에노와 쳄발로의 ('경쟁'이 아닌) '소통'의 전개도 솔로 에피소드를 중심으로 이루어지면서 '발전부적' 단락의 의미를 띤다. 이에 더해 요한 크리스티안 바흐의 쳄발로, 혹은 피아노포르테 협주곡은 '재현부'의 도입 역할을 하는 투티 및 분할 재현부를 통해 모차르트의 피아노 협주곡으로 한 발 더 가까워진다. 또한 리피에노와 쳄발로(혹은 피아노포르테)의 '소통' 전개는 한층 더 활기를 띠어 소나타 협주곡의 발전부에 현저히 근접한다. 역으로 보자면, 요한 크리스티안 바흐의 족적을 발전부와 재현부의 시작 단락에 허락한 모차르트의 피아노 협주곡은 그중에서도 (두 번째와 세 번째) 솔로 단락이 (각각) 발전부와 재현부의 근거지가 된다는 점에서, 그리고 오케스트라와 솔로의 대비가 재현부의 도입 및 이후 전개를 특징짓는 형식적 요소로 작용한다는 점에서 요한 제바스티안 바흐의 쳄발로 협주곡과 이어지는 끈을 내포하고 있다.

"J. J"와 "SDG"를 앞뒤로 달고 하나의 작품집으로 마물러진 바흐의 솔로 쳄발로 협주곡들은 기존의 협주곡 틀에서 이탈함과 동시에 그 틀을 아쉬워하지 않게 하는 형식, 구성, 작곡기법을 구현해 냈다. 리토르넬로와 솔로 간의 긴밀한 짜임, 두 독립적인 음향체의 협주, '발전'과 솔로가 주축이 되는 '재현'의 형식적 구상 등으로 미래를 위한 협주곡의 설계를 완성했다. 그리고 그것은 쳄발로와 리피에노 현악기들을 위한 비발디식의 협주곡과 피아노와 심포니오케스트라를 위한 소나타 피아노 협주곡의 근본적인 차이점을 극복할 수 있는 발판을 마련해주었다. 나아가 새 시대에 새로운 형식적 구상의 일부로 남았다. 호프만-에르브레히트(Lothar Hoffmann-Erbrecht)의 말이 되새겨지게 되는 이유이다.

피아노 협주곡처럼 한 장르의 발전 과정이 단계별로 명확하게 개관되는 경우는 드문데, 피아노 협주곡의 기원사는 단 한 사람, 바로 요한 제바스티안 바흐와 엮여 있다.[17]

---

17. Lothar Hoffmann-Erbrecht, "Das Klavierkonzert," in *Gattungen der Musik in Einzeldarstellungen*, hrsg. Wulf Arlt, Ernst Lichtenhahn, Hans Oesch (Bern, München: Francke, 1973), 746.

Bach, Carl Philipp Emanuel. *Versuch über die wahre Art das Clavier zu spielen*. Erster und zweiter Teil, Faximile-Nachdruck der 1. Auflage, Berlin 1753 und 1762. Herausgegeben von Lothar Hoffmann-Erbrecht. Leipzig: Breitkopf und Härtel, 1958.

Besseler, Heinrich. "Kritischer Bericht." In *Johann Sebastian Bach. Neue Ausgabe sämtlicher Werke*. Serie VII Band 2. Kassel: Bärenreiter, 1956.

Breig, Werner. "Johann Sebastian Bach und die Entstehung des Klavierkonzerts." *Archiv für Musikwissenschaft* 36 (1979): 21-48.

________. "Vorwort." In *J. S. Bach. Konzerte für Cembalo BWV 1052-1059*. Urtext der Neuen Bach-Ausgabe. Herausgegeben von Werner Breig. Kassel: Bärenreiter, 2008, VI-XV.

Dahlhaus, Carl. "Was ist eine musikalische Gattung?." *Neue Zeitschrift für Musik* 135 (1974): 620-625.

Eller, Rudolf, Karl Heller. "Kritischer Bericht." In *Johann Sebastian Bach. Neue Ausgabe sämtlicher Werke*. Serie VII Band 6. Kassel: Bärenreiter, 1976.

Engel, Hans. "Konzert." In *Die Musik in Geschichte und Gegenwart. Allgemeine Enzyklopädie der Musik* Bd. 7, 1556-1587. Kassel, Basel, London, New York: Bärenreiter, 1958.

Hoffmann-Erbrecht, Lothar. "Das Klavierkonzert." In *Gattungen der Musik in Einzeldarstellungen*. Herausgegeben von Wulf Arlt, Ernst Lichtenhahn, Hans Oesch, 744-784. Bern, München: Francke, 1973.

Geck, Martin. 『바흐의 아들들』(*Die Bach-Söhne*). 강해근, 나주리 역. 파주: 음악세계, 2012.

Kobayashi, Yoshitake. "Zur Chronologie der Spätwerke Johann Sebastian Bachs." *Bach-Jahrbuch* 74 (1988): 7-72.

Mattheson, Johann. *Die drei Orchestre-Schriften I: Das Neu-Eröffnete Orchestre*. Laaber: Laaber-Verlag, 2007.

Mozart, Wolfgang Amadeus. *Briefe und Aufzeichnungen* Bd. 3(1780-1786). Kassel: Bärenreiter, 1963.

Rampe, Siegbert, Dominik Sackmann. *Bachs Orchestermusik. Entstehung, Klangwelt, Interpretation*. Kassel: Bärenreiter, 2000.

Roeder, Michael Thomas. *Das Konzert. Handbuch der musikalischen Gattungen* Bd. 4.

Laaber: Laaber-Verlag, 2000.

Scheibe, Johann Adolph. *Critischer Musicus*. Neue, vermehrte und verbesserte Auflage. Leipzig: Bernhard Christoph Breitkopf, 1745.

Schleuning, Peter. *Johann Sebastian Bach. Die Brandenburgischen Konzerte*. Kassel: Bärenreiter, 2003.

Schweitzer, Albert. *Johann Sebastian Bach*. Wiesbaden: Breitkopf & Härtel, 1908.

Siegele, Ulrich. *Kompositionsweise und Bearbeitungstechnik in der Instrumentalmusik Johann Sebastian Bachs*. Neuhausen-Stuttgart: Hänssler, 1975.

Walther, Johann Gottfried. *Musicalisches Lexicon oder Musicalische Bibliothec*. Kassel: Bärenreiter, 2001.

Wolff, Christoph. *Johann Sebastian Bach*. Frankfurt am Main: S. Fischer, 2000.

정서를 그리는 바로크 음악: 정서론

1. 정서론, 바로크 음악 이해의 열쇠

바로크와 우리 사이에는 350여 년의 긴 시간이 가로놓여 있다. 사상과 사고와 삶의 방식, 주변 환경이 완전히 달라졌다. 그래서 당대의 정신적, 정서적 산물인 바로크 음악을 우리가 직감적으로 이해하기란 불가능하다. 소위 '역사주의 음악' 연주자들이 바로크 음악의 시대적 현실로 다가가기 위해, 바로크 음악의 본질에 온당한 음악을 실현해 내기 위해 쏟는 수고와 노력이 이를 입증해 준다. 하지만 바로크 음악은 더 이상 과거의 옛 음악이 아니다. 현재에 생동하는 음악으로서 어느 때보다도 강력하게 우리 삶으로의 침투를 꾀하고 있다. 그리고 그 침투 양상은 어느 모로 보나 성공적이다. 정신문화의 혼란과 정체성 부재의 현실에서 우리는 그 생소한 바로크 음향을 통해 안정감, 혹은 질서감을 느끼며 마음 한 켠의 쉼터를 찾는지도 모른다. 이유야 어떻든 바로크 음악이 우리 삶의 일부로 자리 잡은 오늘날 바로크 음악의 정서, 바로크 음악의 정서론(Affektenlehre)에 대한 숙고는 가치 있는 일이다. 이것이 바로크 음악의 이해를 위한 중요한 열쇠를 쥐고 있기 때문이다.

바로크 음악은 고대 그리스로부터 이어져 온 우주 조화의 축소형, 혹은 상징으로서의 음악 개념에서 한 걸음 더 나아가 인간에게, 더 정확히 말하자면 당대의 바로크 인간에게 다가섰다. 르네상스의 인본주의를 거치면서 새로운 시대의 인간으로서 자신의 감정을 인지하고 그 감정을 예술로써 표출하는 것에 익숙해진, 또는 익숙해지고자 한 바로크의 인간 말이다. 그래서 이 시대의 음악가와 음악 이론가들은 자신이 속한 시대의 음악이 성악과 기악을 막론하고 인간의 정서를 담고, 그것을 깨워 불러일으키는 것을 목표로 한다는 점을 곳곳에서 역설한다. 하지만 바로크 음악이 목적하는 정서는 우리에게 익숙한 낭만주의의 그것과 다르다. 낭만주의의 정서가 지극히 개인적이고 주관적인 것이라면, 바로크의 정서는 객관화되고 유형화된 보편적인 것이다. 다시 말해서, 바로크 음악과 관련된 정서는 한 개인의 주관적 감정이 아니라, 양식화된 형태로 표현될 수 있는 보편적 객체이다. 이렇듯 정서의 음악적 표현이 합리적, 객관적, 유형적으로 이루어진다면, 이는 그 안에 정서(affectus)와 이성(ratio)의 긴밀한 관계성이 내재함을 뜻한다. 그리하여 다른 한편으로는 격정이나 망아에까지 이를 수 있는 바로크 인간의 정서가 유형적, 합리적 체계 안에서 한계와 질서를 찾게 된다.

이 글은 바로크 음악의 본질이라 할 수 있는 정서론에 포괄적으로 접근해 본다. 바로크 음악을 재생산하는 연주자와 소비하는 청자에게 바로크 음악으로 올바르게 다가서는 길잡이를 제공하고자 하는 바람에서이다. 이를 위해 바로크가 인간의 정서를 어떻게 파악하였는지, 어떠한 이유로 바로크 음악이 정서 자극과 표현을 최종 목적으로 삼았는지, 실제로 창작에서 정서론은 어떻게 구현되었는지 살핀다.

2. 인간의 정서에 접근하는 바로크적 방식

바로크 음악은 합리적, 체계적으로 인간의 정서를 다룬다. 먼저 정서의 종류를 파악하고 분류한다. 그러나 당대 문헌들에서 읽히는 정서의 종류와 분류는 무척 다양하다. 정서의 문제에 대해 처음으로 논한 데카르트(René Descartes, 1596-1650)의 선구적 저서 『정념론』(Les passions de l'âme)에서는 경이(admiration), 사랑(amour), 증오(haine), 욕망(désir), 기쁨(joie), 슬픔(tristesse)의 여섯 기본 정서와 함께 다양한 정서 갈래들에 대한 설명이 읽힌다.[1] 키르혀(Athanasius Kircher, 1602-1680)는 당대의 음악 실제와 이론을 약 천 쪽에 걸쳐 사전적으로 정리한 『일반음악론』(Musurgia universalis)에서 한 장(章)을 온전히 할애해 정서론에 대해 논하면서 음악으로 표현이 가능한 정서를 여덟 종류로 구분한다. 사랑(Amoris), 슬픔과 비탄(Luctus seu Planctus), 기쁨과 즐거운 흥분(Laetitia et Exultationis), 분노와 격분(Furoris et Indignationis), 연민과 눈물

---

1. René Decartes, 『방법서설, 성찰, 철학의 원리, 정념론』, 소두영 번역 (서울: 동서문화사, 2009), 425-490.

(Comiserationis et Lacrymarum), 두려움과 압박감(Timoris et Afflictionis), 기대와 용기 (Praesumptionis et Audaciae), 경탄(Admirationis)이 그것이다.[2]

18세기에 들어서 정서론은 마테존(Johann Mattheson, 1681-1764)에 의해 논구되는데, 그는『완전한 카펠마이스터』(Der vollkommene Capellmeister)의 정서론 장에서 애정(Liebe), 열망(Begierde), 슬픔(Traurigkeit), 기쁨(Freude), 자부심(Stolz), 겸손(Demut), 노여움(Zorn), 열의(Eifer), 복수심(Rache), 분노(Wut), 희망(Hoffnung), 절망(Verzweiflung), 두려움(Furcht) 등 다수의 정서를 언급하면서 이 기본 정서들의 결합을 통해 또 다른 정서가 형성된다고 주장한다. 예컨대, 질투는 열렬한 사랑과 불신, 열망, 복수심, 슬픔, 두려움, 수치심의 결합으로, 연민은 애정과 슬픔의 결합으로 형성된다는 것이다. 그 밖에도 마테존은 좋고 나쁜 정서들을 구분하면서, 나쁜 정서는 제어되어야 한다고 지적한다.[3] 마푸르크 (Friedrich Wilhelm Marpurg, 1718-1795)는『레치타티보에 대한 교습』(Unterricht vom Rezitativ)에서 27개의 정서를 꼽으면서 각각의 정서가 어떻게 음악화되는지 설명한다.[4]

이렇듯 정서의 수와 종류, 분류와 명칭은 분분할지언정, 음악은 정서를 표현하고 청자들의 정서를 자극해야 한다는 점, 바로크 작곡가들의 우선적 목표는 청자의 정서를 깨우는 것이라는 점에 대해서는 한목소리를 낸다. 부르마이스터(Joachim Burmeister, 1564-1629)는『시적 음악』(Musica poetica)에서 가사는 음악 수사학의 도움을 받아 청자의 영혼을 자극할 수 있도록 음악과 결합해야 한다고 주장하며,[5] 하이니헨(Johann David Heinichen, 1683-1729)은『작곡

---

2. Rolf Dammann, *Der Musikbegriff im deutschen Barock* (Köln: Arno Volk, 1967), 320-321.

3. Johann Mattheson, *Der vollkommene Capellmeister*, hrsg. Friederike Ramm, 2. Aufl. (Kassel, Basel, London, New York, Praha: Bärenreiter, 2008), 66-73.

4. Hermann Kretzschmar, "Allgemeines und Besonderes zur Affektenlehre (II)," *Jahrbuch der Musikbibiothek Peters* XIX (1912), 71-72.

5. Joachim Burmeister, *Musica poetica*, hrsg. Rainer Bayreuther, 2. unveränderte Aufl. (Laaber:

에서의 지속저음』(Der Generalbass in der Composition)에서 음악은 이야기처럼 감
정을 불러일으켜야 하며, 그 감정의 움직임은 "음악의 진정한 최종 목표"라
고 밝힌다.[6] 또 크반츠(Johann Joachim Quantz, 1697-1773)는 『가로 플루트 연주에
대한 지침』(Versuch einer Anweisung die Flöte traversière zu spielen)에서 "연설가와 음
악가는 발표나 연주되어야 하는 것들을 완성하는데 있어서도 실제의 발표나
연주에 있어서도 단 한 가지만을 의도해야 하는데, 감정을 지배하고 정서를
자극하거나 진정시키는 것, 청자를 이런저런 정서의 상태에 놓이게 하는 것
이 바로 그것이다"[7]라고 말한다. 이러한 맥락에서 오르페우스 신화가 바로크
음악의 단골 소재로 등장하는 것은 놀라운 일이 아니다. 정서에 미치는 음악
의 영향력을 가장 확실하고도 극적으로 보여주는 '증거물'이니 말이다.

그렇다면 바로크 음악은 왜 청자의 정서를 자극하고 유발하고자 했는가?
이 질문에 대해 당대의 논자들은 음악을 통한 정서의 통제된 체험이 청자의
덕성에 긍정적으로 영향을 미치게 하기 위함이라고 답해준다. 즉, 바로크의
인간은 극단의 정서를 오가는 자신의 영혼이 균형을 잃지 않기를 바랐고, 음
악을 통한 정서 체험으로 인해 특정의 정서가 실제의 삶에서 완화될 수 있다
고 여겼던 것이다. 이와 관련해 베르크마이스터(Andreas Werckmeister, 1645-1706)
는 『음악의 공개 글』(Musikalisches Send-Schreiben)에서 "음악은 정서의 움직임을
돋우고 개선하며 변화시키고 달래기 위해 만들어진다"[8]고 말한다. 마테존은
"선천적으로 우리가 가장 가깝게 느끼는 정서들은 최선의 것이 아닌 제한되
고 억제되어야 하는 것이다. 이는 음악가가 어떤 경우에든 정통해야 하는 일

Laaber, 2007), 140.

6. Johann David Heinichen, *Der Generalbass in der Composition* (Hildesheim, Zürich, New York: Georg Olms Verlag, 1994), 25.

7. Johann Joachim Quantz, *Versuch einer Anweisung die Flöte traversière zu spielen* (Kassel: Bärenreiter, 2004), 100.

8. Dammann, *Der Musikbegriff im deutschen Barock*, 226 재인용.

종의 관습적 이론이다. 자신의 음향으로 덕성과 악덕을 나타내 보이고 청자의 정서에서 누군가에 대한 사랑을, 누군가에 대한 혐오를 능란하게 불러일으키고자 한다면 말이다. 훈육 이론은 음악의 주요한 고유성 중 하나이다"[9]라고 주장한다.

당대의 기록들은 실제로 바로크의 청자들이 음악의 궁극적 목적에 부응하는 정서적 반응을 보였다고 전해준다. 특히 이 시대에 탄생하여 빠른 속도로 유행이 된 오페라에서 음악이 발산하는 효과와 또 그것이 수용되는 양상은 대단했다. 바로크 오페라의 작곡가들은 주로 고대의 비극을 소재로 삼았고, 그에 합당한 표현력 강한 음악을 쓰고자 했으며, 또 청자에게서 격렬한 정서를 불러일으키고자 했으니, 그 엄청난 음악의 효과와 비탄에 젖어 울음을 터뜨린 청자의 반응은 당연한 것이었다.

만유를 수학과 기계학의 원리로 설명하고자 한 시대였던 바로크는 청자의 이러한 정서적 반응 역시 논리적, 수학적, 기계학적으로 해명했다. 이에 선구적 이론을 제시한 이는 데카르트이다. 데카르트의 이론은 음악 이론가들의 생리학적 해석 및 작곡론의 기초가 되었는데, 그는 인간의 육체를 일종의 기계로 간주하였으며, 육체와 영혼의 이분론을 전제로 했다. 데카르트에 따르면 심장의 온기로 묽어진 민활하고 미세한 혈액의 미립자가 끊임없이 대량으로 뇌실에 침투하여 그곳에서 '동물 정기'(spiritus animales)를 만들어 낸다. 이것은 쉼 없이 신경과 근육으로 스며들고, 그리함으로써 몸의 다양한 움직임을 유발한다. 동물 정기의 성질은 혈액의 양과 성질, 내부 기관의 활동과 실행 체계에 의해 좌우되는데, 다양한 감정 상태와도 관련된다. 즉, 동물 정기가 많고 미세하고 빠를수록 그로 인해 유발되는 감정 상태는 유쾌함

---

9. Mattheson, *Der vollkommene Capellmeister*, 67.

과 격앙에 가까워진다. 또한 데카르트는 정서를 동물 정기의 움직임에 의해 야기되고 유지되며 강화되는 영혼의 표상, 느낌, 격앙이라고 정의했는데 -그에 따르면 영혼은 뇌의 송과선에 위치하며 사고와 상상력을 책임진다-, 음악적 요소와 관련하여 음정이 클수록, 그러니까 음정이 동음으로부터 멀어질수록 동물 정기의 움직임은 빨라지고 청자 안에서 자극되는 정서는 격렬해진다. 이와 유사하게 음정이 위치하는 음공간이 높을수록, 다시 말해서 음정의 음역이 높을수록 감정의 자극은 격해진다고 데카르트는 주장한다.[10] 또한 데카르트는 『음악개론』(Compendium musicae)에서 "느린 템포는 우리 안에서 무기력한 느낌을 불러일으키고, 빠른 템포는 반대로 활기찬 느낌을 유발한다. 박자도 마찬가지이다"[11]라고 지적한다.

---

10. Decartes, 『방법서설, 성찰, 철학의 원리, 정념론』, 395-419; Ulrich Thieme, *Die Affektenlehre im philosophischen und musikalischen Denken des Barock. Vorgeschichte, Ästhetik, Physiologie* (Celle: Moeck, 1984), 23.
11. Thieme, 위의 책, 23 재인용.

3. 정서의 표현과 자극을 위한 음악

바로크 음악의 정서론에 관한 중요 논제 중 하나는 바로크의 작곡가들이 어떻게 특정 정서를 음악적으로 표현하고 자극할 수 있었는지를 묻고 그 답을 모색하는 일이다. 이를 위해 우선 우리에게는 다소 생소한 그들의 창작 과정을 살펴볼 필요가 있다. 바로크의 작곡가는, 앞서 언급한 대로, 유형화된 정서를 음악으로 표현하고 불러일으키는 것을 궁극의 목표 중 하나로 삼았다. 그리고 그 목표를 위해 다양한 음악적 도구를 사용했다. 하지만 이때 개인적, 주관적 척도를 고집할 수 있는 자유는 허용하지 않았다. 착상은 열정과 활기를 띠되 준비와 조직은 질서와 체계에 준해야 하며 완성은 냉정하고 신중해야 했다. 마테존은 이러한 창작의 단계를 수사학과 연관시켜 착상(inventio), 배열(dispositio), 가공(elaboratio), 장식(decoratio)으로 구분했다.[12] 작품계획에는 질서와 절도가, 완성에는 냉정한 이성이 필요하다는 것이 그의 논리

---

12. Mattheson, *Der vollkommene Capellmeister*, 348.

이다. 이는 바로크의 음악 창작이 작곡가 개인의 감흥과 관련된 것이 아니었다는 점, 바로크의 작곡가는 청자의 이해 범위를 넘지 않는 음악적 재료로 논리적 작업을 해나갔다는 점을 말해준다. 이러한 점에서 바로크의 작곡가가 흔히 수공업자와 비교된다면, 그 수공업자는 자신의 연장함에 조성, 리듬, 음정, 화성, 음형 등으로 분류된 칸마다 다양한 도구들을 정리해 놓았으며, 작업 중에는 그것들을 신중하게 선택하고 조화롭게 결합했다.

3.1 조성

근본적으로 장조의 조성은 기쁨, 유쾌, 진지함, 대담함 등의 표현에, 단조의 조성은 슬픔, 비탄, 부드러움 등의 표현에 사용될 수 있다는 데에는 이견이 없어 보인다. 하지만 이 거시적 이분론을 넘어 바로크의 음악 이론가들과 작곡가들은 각 조성이 고유의 성격 및 정서를 내포한다는 점을 체계적으로 명시해 준다. 가장 포괄적이면서도 본격적으로 조성들의 성격을 파악하고 설명해 주는 이는 마테존이다. 그에 따르면, C장조는 "상당히 거칠고 당돌한 성격을 갖고", c단조는 "사랑스러우면서도 슬픈 조성이며", D장조는 "천성적으로 자극적이고 고집이 세며, 재미있고 호전적이며 고무하는 곡들에 적합하다". d단조는 "경건하고 고요하면서도 웅장하고 평안하며 흡족한 성질을 띠고", E♭장조는 "그 자체로 매우 격정적이며", E장조는 "엄청난 절망, 혹은 처절한 슬픔을 표현한다". 이렇게 마테존은 b단조까지의 조성들을 차례로 언급하면서 각 조성의 성격과 정서적 특징을 상세하게 짚어나간다.[13] 이때 마테존은 흥미롭게도 조성의 성격을 단정적으로 규정하지 않으며, 그것의 여러 사용 가능성을 제시한다.

---

13. Johann Mattheson, *Die drei Orchestre-Schriften* I: *Das Neu-Eröffnete Orchestre* (Laaber: Laaber, 2007), 237-251.

마테존 이전에도 이미 샤르팡티에(Marc-Antoine Charpentier, 1643-1704)에 의해 조성들의 성격에 대해 서술된 바 있는데, 샤르팡티에에 따르면 C장조는 "즐겁고 전투적이며", c단조는 "어두우면서도 슬프고", D장조는 "유쾌하고 매우 전투적이다". d단조는 "엄숙하고 경건하고", E장조는 "호전적이고 요란스러우며", e단조는 "여성적이며 사랑스럽고 구슬프다".[14] 물론 샤르팡티에와 마테존의 이론에 대해 이견도 적지 않았다. 결론적으로 바로크의 통일된 조성 성격 이해는 존재하지 않는다. 하지만 조성들을 구별해 사용해야 한다는 의식은 보편화되어 있었다.

음악 작품으로 시선을 옮겨보면, 샤르팡티에와 마테존의 견해와는 차이가 있지만, 18세기 이탈리아 및 독일 오페라에서 d단조는 흔히 비극적인 조성으로 사용되었다. 요한 제바스티안 바흐의 d단조도 다르지 않았다. 바흐의 d단조 작품들은 대부분 음울과 절망의 정서를 담고 있으며, 칸타타 〈나의 한숨이여 나의 눈물이여〉(Meine Seufzer, meine Tränen) BWV 13의 첫 아리아 '나의 한숨이여 나의 눈물이여'에서 뚜렷하게 읽힌다.

---

14. Wolfgang Auhagen, *Studien zur Tonartencharakteristik in theoretischen Schriften und Kompositionen vom späten 17. bis zum Beginn des 20. Jahrhunderts* (Frankfurt am Main: Peter Lang, 1983), 14-15.

[악보 1] 바흐, BWV 13, 아리아 '나의 한숨이여 나의 눈물이여', 마디 9–15

Flauto I
Flauto II
Oboe di caccia
Tenore
Continuo
Mei ne Seuf zer, mei ne Th-rä-nen kön - nen nicht zu zäh - len
sein,
Mei - ne Seuf-zer, mei - ne Thränen kön - nen nicht zu zäh len sein, mei-ne Seuf-zer,

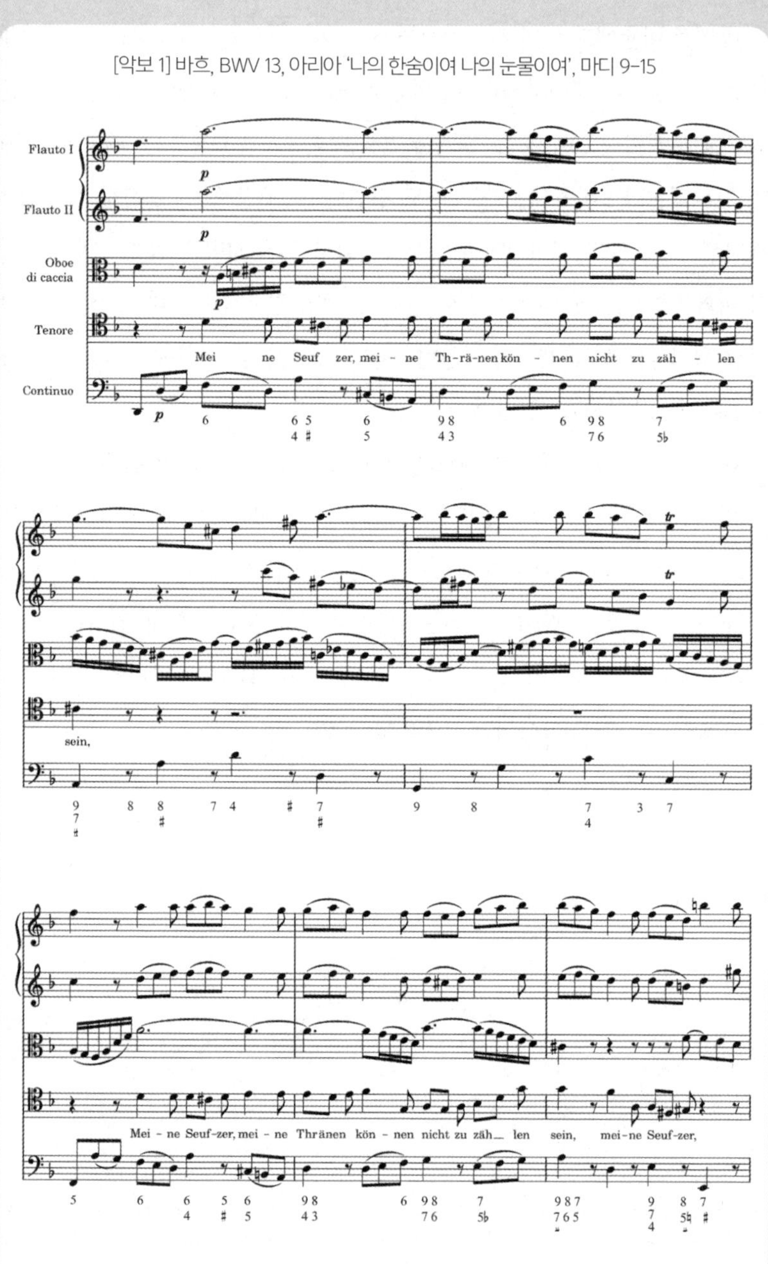

286

3.2 음정

정서 표현과 자극을 위해 바로크 작곡가들이 선호한 또 다른 도구는 음정이다. 어떤 음정을 통해 어떤 정서가 표현되고 자극되는지에 대한 원칙도 제시되었는데, 음정비율 이론에 의거해 큰 비율의 협화 음정은 기쁨의, 작은 비율의 불협화 음정은 슬픔의 범주에 속하는 정서들을 표출하고 유발한다는 주장이 우세했다. 예컨대 베르크마이스터의 『음악의 공개 글』에 따르면, 큰 비율의 음정은 '동물 정기'를 확대해 기쁨의 정서를 일으키는 반면, 작은 비율의 음정은 동물 정기를 위축시켜 슬픈 정서를 유발한다.[15] 베르크마이스터는 또 "물론 불완전한 협화음으로도 슬픔의 정서를 자극할 수 있지만, 불협화음들을 올바르게 사용한다면 슬픔의 정서를 더 많이 자극할 수 있다. 왜냐하면 불협화음들은 동물 정기를 위축시킬 뿐 아니라, 지성과 감성으로 수용되기 어렵기 때문이다"[16]라고 부언한다. 다른 한편으로 기쁨의 정서는 인간의 생기가 증가함으로써 생성되는 것이기에 큰 음정을 통해 표현되고, 슬픔의 정서에는 청자의 생기를 축소시키는 작은 음정이 적합하다는 사고가 보편적이었다.

이러한 의미에서 동음을 제외하고 가장 작은 음정은 반음(단2도)이므로 지극히 유약하고 생기 없는 성격의 반음은 슬픔과 그 동류의 감정 표현에 가장 적당한 것으로 인식되었고, 실제로도 반음계적 음들은 슬프고 음울한 정서 표현과 유발에 즐겨 쓰였다. 더구나 비극적 감정 표현이 점차 중요성을 더해가는 가운데 반음계는 바로크 음악에서 가장 강력한 표현 수단으로 자리 잡았다. 반음계적으로 하행하는 저음, 즉 '라멘토 베이스'가 그 대표적 예이다.

---

15. Dammann, *Der Musikbegriff im deutschen Barock*, 284.
16. Dammann, 위의 책, 284-285 재인용.

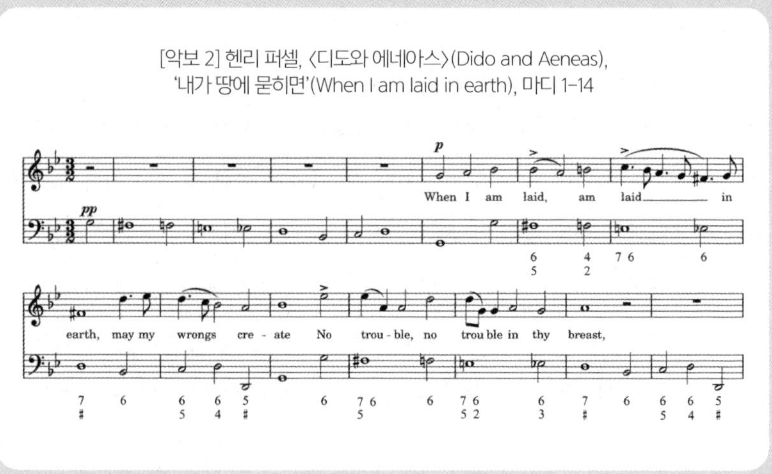

[악보 2] 헨리 퍼셀, 〈디도와 에네아스〉(Dido and Aeneas),
'내가 땅에 묻히면'(When I am laid in earth), 마디 1-14

3.3 화성과 리듬

화성이라는 도구는 또 어떻게 사용되었는가? 대체로 장화음이 밝은 정서를 위해, 단화음이 어두운 정서를 위해 사용되는 양상은 그다지 놀랍지 않다. 세부적으로는 특히 감7화음의 경우가 주목할 만하다. 이 화음은 긴장감 높은 증4도의 음정을 내포해 흔히 흉악하며 악마적인 것을 상징하였으니, 슬픔의 정서에 이용할 때에는 신중을 기해야 했다.

바로크 음악에서 불협화음은 가장 기본적인 작곡 수단 중 하나였다. 밝고 유쾌한 정서를 지향하는 악곡에서도 불협화음은 빠지지 않았다. 바로크는 순수한 협화음적 음악을 삭막하게 여겼으며, 적당한 정도로 삽입되는 거친 음들이 표현 의도를 강화해 준다고 믿었기 때문이다. 다시 말해서, 협화음은 정서를 평안과 만족감으로 이끌고, 불협화음은 불쾌나 불만의 감정을 깨우는데, 지속되는 만족감은 그것이 어떤 종류이든 인간의 감지력을 약화, 고갈시켜 종국에는 더 이상 만족감으로 느껴지지 않으며, 불협화음의 언짢은 소리와 간간이 섞이는 일 없이 협화음이 연속적으로 나열되면 오히려 불쾌함이 유발된다는 것이다. 또한 만족감을 방해하는 불쾌감이 클수록 뒤따르는 만족감이 더 강하게 느껴지고, 불협화음의 긴장이 강할수록 그 해결은 더 큰 편안함을 가져다주므로 '좋은' 소리와 '나쁜' 소리의 혼합 없이는 여러 정서들을 순간적으로 불러일으키고 달랠 수 있는 수단이 없다는 것이다.

리듬도 정서 표현과 자극에 유용한 도구로 사용되었다. 크반츠는 두 번째 박에 놓이는 점음표는 유쾌함과 짓궂음을, 점음표와 긴 지속음은 진지함과 격정을, 빠른 음들 사이에 2분음표나 온음표의 긴 음이 혼합되어 있으면 장려함과 고상함을 나타낸다고 주장한다.[17] 키르혀는 기쁨의 정서를 위해서는 당김음이 포함되지 않은 빠르고 생기 있는 리듬을, 슬픔의 범위에 속하는 사랑의 정서를 위해서는 느리고 둔중하게 흐르며 당김음이 많아 피곤함과 나른함을 유발하는 리듬을 권한다. 당김음과 불협화음이 결합된 것은 고통의 정서에 사용될 수 있다고 언급하기도 한다.[18] 실제로 그 유명한 프랑스 오페라 서곡은 점음표와 긴 음가의 혼합을 특징으로 하는 첫 부분과 마지막 부분에서 장엄함과 진지함을, 빠르고 경쾌한 리듬이 주를 이루는 중간 부분에서는 전후의 부분과 대조를 이루는 쾌활함을 발산한다.

---

17. Quantz, *Versuch einer Anweisung die Flöte traversière zu spielen*, 108.
18. Dammann, *Der Musikbegriff im deutschen Barock*, 325-331.

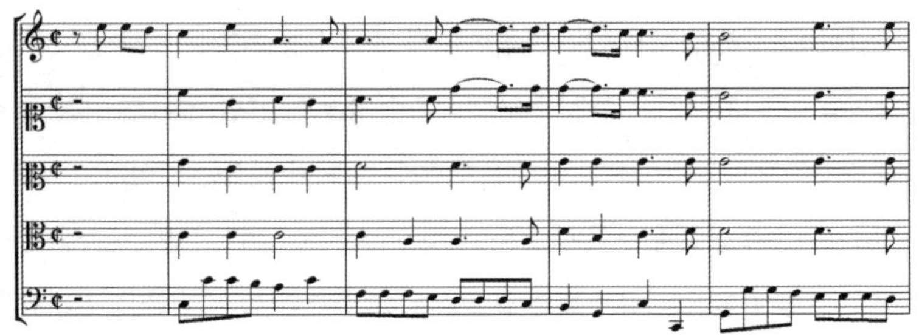

[악보 3-1] 장 밥티스트 륄리, 〈아르미드〉(Armide), 서곡, 마디 1-4

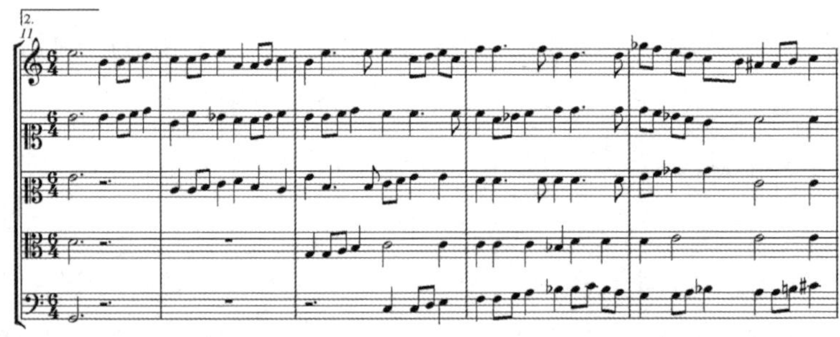

[악보 3-2] 장 밥티스트 륄리, 〈아르미드〉, 서곡, 마디 11-15

3.4 음형

신중하고 이성적으로 계획된 작품을 완성하고 장식하는 단계에서 바로크의 작곡가는 규범적인 음형들을 사용했다. 당대 음악의 중요한 구성 도구였던 그 음형들의 명칭은 대부분 퀸틸리아누스(Marcus Fabius Quintilianus, c.35-c.100)의 수사학 이론서들을 토대로 하는 수사학, 특히 문채(figura)에서 따온 것이었다. 물론 여기에는 명칭과 내용이 수사학의 문채로부터 유래한 것뿐 아니라, 포크트(Mauritius Johann Vogt, 1669-1730)가 "단순 음형"(figuraesimplices)[19]이라고 칭한, 음악에서 자생한 것도 포함된다. 수사학의 문채를 음악의 음형에 적용한 첫 학자는 부르마이스터였다. 음형들은 주로 곡을 다채롭게 꾸미는 데 쓰였으나, '정서 표현 및 자극'이라는 바로크 음악의 기치 아래 점차 그 시적, 정서적 내용이 강조되기에 이르렀으니, 부르마이스터의 이론서 『시적 음악』에서 설명되는 총 24개의 음형(ornamenta) 중에서 자주 사용되는 몇 가지만 꼽자면 다음과 같다. 즐거운 것, 만족스러운 것의 표현을 위한 보통 빠르기의 순차 상행 선율 'anabasis', 전달하고자 하는 것의 강조를 위한 음군의 반복 'anaphora', 죽음이나 영원의 표현을 위한 전체 휴지 'aposiopesis', 사랑이나 동경의 정서를 위한 상행 동형진행 'climax'/'gradatio', 단6도나 증4도와 같은 거친 음정의 상행으로 고뇌나 비

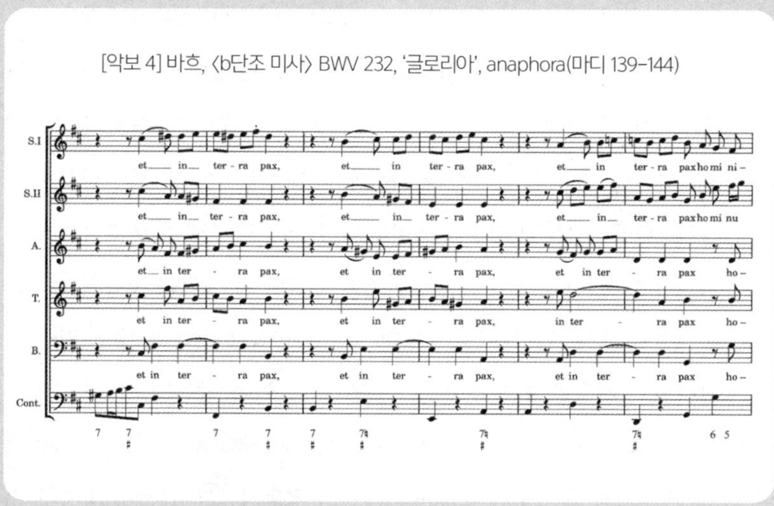

[악보 4] 바흐, 〈b단조 미사〉 BWV 232, '글로리아', anaphora(마디 139-144)

---

19. Mauritius Johann Vogt, *Conclave Thesauri magnae artis musicae* (Pragae: Magno Collegio Carolino, Typis Georgij, 1719), 147.

통을 표현하는 'exclamatio', 순차 하행 선율로 언짢음이나 불쾌함을 말해주는 'katabasis', 극심한 고뇌나 심지어 죽음까지 표현해 내는 반음계적 진행 'passus duriusculus' 등이 그것이다.

바로크 후기에는 수사학적 음형들이 210여 개로 증가하고, 수사학과 기악의 관계성이 통례가 되었는데, 이는 기악의 표현력이 강조됨으로써 마침내 기악이 성악과 동등한 위치에 서게 되는 결과를 낳았다. 아울러 음악수사학은 마테존의 그 유명한 '소리 언어'(Klang-Rede) 개념과 결부되었다. 마테존은 "기악은 다름 아닌 음 언어, 혹은 소리 언어이다"[20]라고 단언하면서 바로크 기악의 언어성을 강조했는데, 이러한 맥락에서 수사학적 음형들은 특별한 의미를 부여받게 되었다.

18세기 후반기에 정서론은 급격히 쇠퇴하기 시작했다. 강도 높게 유형화된, 그래서 인위적이고 부자연스럽게 느껴지는 정서의 표현은 자연주의와 개인주의의 새 시대적 요구에 부응할 수 없었다. 이로써 전수의 단절을 감수할 수밖에 없었던 바로크의 음악언어는 우리에게 '옛것'이 되어버렸다. 따라서 바로크 음악을 재생산하는 오늘날의 연주자는 무엇보다 현시대의 음악적 기준만을 근거로 작품을 해석하는 우를 범하지 말아야 한다. 그리고 바로크 음악이 청자의 정서를 깨우고 유발하는 것을 중요 과제로 여겼다는 점을 잊지 말아야 한다. 그렇지 않으면 정적인 역동성의 이 음악은 고유의 본질을 잃고 속절없이 그저 기계적이고 지루한 것으로 전락해 버리기 십상이다.

그렇다면 청자들은 어떻게 바로크 음악을 들어야 하는가? 물론 개인적 취향과 감상 의지에 따라 듣고 이해하는 방식은 다양할 수 있고 또 자유로워야 하겠지만, 르네상스의 레세르바타 음악의 경우가 그러했듯이 청자가 수

---

20. Mattheson, *Der vollkommene Capellmeister*, 153.

고를 들여 얻어낸 음악언어에 대한 지식은 특히 바로크 음악 즐기기를 풍성

하게 해줄 것임에 틀림없다.

Auhagen, Wolfgang. *Studien zur Tonartencharakteristik in theoretischen Schriften und Kompositionen vom späten 17. bis zum Beginn des 20. Jahrhunderts*. Frankfurt am Main: Peter Lang, 1983.

Bartel, Dietrich. *Handbuch der musikalischen Figurenlehre*. Laaber: Laaber, 2010.

Burmeister, Joachim. *Musica poetica*. Herausgegeben von Rainer Bayreuther. Laaber: Laaber, 2007.

Dammann, Rolf. *Der Musikbegriff im deutschen Barock*. Köln: Arno Volk, 1967.

Decartes, René.『방법서설, 성찰, 철학의 원리, 정념론』. 소두영 번역. 서울: 동서문화사, 2009.

Heinichen, Johann David. *Der Generalbass in der Composition*. Hildesheim, Zürich, New York: Georg Olms Verlag, 1994.

Kretzschmar, Hermann. "Allgemeines und Besonderes zur Affektenlehre (II)." *Jahrbuch der Musikbibliothek Peters* XIX (1912): 65-78.

Mattheson, Johann. *Die drei Orchestre-Schriften* I: *Das Neu-Eröffnete Orchestre*. Laaber: Laaber, 2007.

______. *Der vollkommene Capellmeister*. Herausgegeben von Friederike Ramm. Kassel, Basel, London, New York, Praha: Bärenreiter, 2008.

Quantz, Johann Joachim. *Versuch einer Anweisung die Flöte traversière zu spielen*. Kassel: Bärenreiter, 2004.

Thieme, Ulrich. *Die Affektenlehre im philosophischen und musikalischen Denken des Barock*. Vorgeschichte, Ästhetik, Physiologie. Celle: Moeck, 1984.

Vogt, Mauritius Johann. *Conclave Thesauri magnae artis musicae*. Pragae: Magno Collegio Carolino, Typis Georgij, 1719.

말하는 바로크 음악: 음악수사학

1. 수사학에서 음악수사학으로

수사학적 말하기와 음악은 시간의 흐름을 타며 지속적으로 변화하는 울림으로 시작, 주제의 논리적 전개, 종결 준비, 종결을 자아 나간다는 공통점을 지닌다. 그 과정에서 고조, 절정, 이완 등과 같은 요소들과 그 요소들의 세부를 다채롭게 꾸려나간다는 점 또한 유사하다. 휴지, 반복, 대비 등의 양식적 측면뿐 아니라, 단락 구성, 리듬, 다이내믹(강세), 빠르기, 실제 연설 및 연주로써의 실현에 있어서도 상통한다. 지향하는 바도 같아서 감정이나 느낌, 사고를 전달하고 청자를 감동시켜 설득하고자 애쓴다. 이러한 수사학과 음악의 동질성은 수사학이 바로크를 관통하면서 음악에 강한 영향력을 미치는데, 나아가 음악과 한 몸체를 이루는 데 중요한 전제였다.

바로크 음악과 수사학의 결합체, 즉 바로크의 음악수사학은 지난 한 세기 동안 음악학의 뜨거운 탐구 대상이었다. 그리고 그 중심에는 음형론(Figurenlehre), 특히 바로크의 정서론(Affektenlehre)과 깊이 연관된 음형론이 자리 잡고 있었다. 바로크의 음악수사학에서 가장 발전된 영역일 뿐 아니라,

음악 작품에도 직접적으로 적용되었으니 음악학자들의 높은 관심은 당연했다. 이 글은 이제 좀 더 근본적인 측면에 주목한다. 연설의 기술로서의 수사학과 그것을 근거지로 하는 바로크 음악수사학 이론의 관계성 말이다. 음악 창작과 이해의 토대가 되었을, 혹은 음악 창작물에 내재하는 수사학적 양상들을 체계화한 바로크 음악 이론가들의 문헌을 근거로 음악수사학에 미친 수사학의 영향을 진단해 본다. 음악수사학이 어떠한 과정을 거치며 독자적인 음악이론으로 발전하였는지에 대한 답을 모색하고자 하는 것이다.

바로크의 음악수사학은 주로 음악가로서 음악 실제에도 정통했던 독일의 음악 이론가들에 의해 논구되었다. 그런데 흥미롭게도 그 논구의 시작과 끝의 경계가 뚜렷하다. 부르마이스터(Joachim Burmeister, 1564-1629)의 『시적 음악』(Musica Poetica, 1606)과 포르켈(Johann Nikolaus Forkel, 1749-1818)의 『일반음악사』(Allgemeine Geschichte der Musik, 1788)가 그 경계석이다. 따라서 이 글의 시선은 그 두 경계 저서를 포함해 그 사이에 놓여 있는 이론서들을 향한다.

2. 바로크 시대의 수사학. 그 양상과 의미

고대의 수사학은 플라톤, 아리스토텔레스, 키케로, 퀸틸리아누스 등과 같은 굵직한 이름들과 결부되어 있으며, 이들이 세운 수사학의 체계는 훗날 거의 변화 없이 수용되었다. 중세에 들어 그 고대의 학문이자 기예는 주로 교회 소속 교육기관에서 키케로의 저서들을 비롯해 1416년까지 단편으로만 알려졌던 퀸틸리아누스의 『수사학강론』(Institutiones oratoriae)으로 가르쳐졌다. 중세에 수사학은 이렇듯 기독교와 교회의 영향 아래 성경해석의 도구로, 기독교의 교의를 전달하는 설교의 지침으로 교육되고 사용되었다. 종교를 도외시했던 본래의 정신을 수그리고 시대적 요구에 순응했던 것이다.

1416년 마침내 이탈리아의 인문주의자이자 고대 필사본 수집가 포조 브라촐리니(Gian Francesco Poggio Bracciolini, 1380-1459)가 성 갈렌 수도원에서 12권의 『수사학강론』 완본을 발견한다. 이후 "퀸틸리아누스의 활기찬 여세가 새로운 시대를 맞았다"[1]고 할 정도로 이 옛 로마의 수사학자는 인문주의와 르네상스 시대의 교육 및 수사학에 절대적인 영향을 미쳤다. 능변을 최고의 교육 목표로 삼은 인문주의의 웅변가 양성에 있어서도 퀸틸리아누스에 의거한 교육방침이 우선적으로 지향되었다.[2] 또한 수사학을 다시금 신학의 시녀로 삼은 루터(Martin Luther, 1483-1546)는 비텐베르크 대학에서 퀸틸리아누스의 이론이 가르쳐져야 한다고 강력히 주장했다. 그리하여 전형의 모방에 중점을 두면서도 학생 개개인의 능력을 북돋는 그의 수사학 이론은 이 대학의 정규 과목이 되었다. 퀸틸리아누스의 『수사학강론』 외에도 키케로의 『웅변론』(De oratore), 아리스토텔레스의 『수사학』(Rhetoric)이 널리 읽히고 가르쳐졌다.

수사학은 무엇보다 인문주의자들의 고전 번역에 중요했다. 수사학적 지식을 갖추어야만 원문의 내용 및 수사학적 수단들을 간파해 올바른 번역을 해낼 수 있었기 때문이다. 따라서 인문주의자들의 고전 번역은 당시 철학보다 수사학이 우위를 점하게 된 주요인이었다. 바로크 시대에 수사학은 마지막 전성기를 맞았다. 또 문학이나 음악과 결합을 꾀하며 새로운 차원으로 들어섰다. 이 시대에는 여러 예술 장르가 분리되어 있기보다 늘 함께 작용한다는 사고가 지배적이었다. 그러한 관점에서 위딩(Gert Ueding)은 "엠블럼 책들은 말과 그림 사이의 경계를 넘어서고, 음악의 구성과 악기편성에서는 청자로 하여금 특정한 그림이나 장면을 연상케 하는 주제(topoi, loci)가 결정적인 역할을 한다. 노래와 아리아, 오페라는 예술들의 결합을 지향하며, 수사학에

---

1. Marianne Wychgram, *Quintilian in der deutschen und französischen Literatur des Barocks und der Aufklärung* (Langensalza: Beyer, 1921), 7.
2. 인문주의의 교육과정은 능변 교육을 중심으로 짜였다고 해도 과언이 아니다. 처음 4년간의 수업은 고대 언어의 문법에 집중되었고, 이 철저한 준비 과정을 마친 다음에는 수사학과 논리학, 다음에는 4학과(수학, 기하학, 천문학, 음악)가 학습되었다. 이러한 교육체계는 모국어를 강조한 종교개혁을 맞아 다소 변화되었다.

기대는 의지 모델로 나아간다"[3]고 말했다.

그렇다면 바로크 시대의 수사법은 어떠했는가? 르네상스의 인문주의가 신중하고 기지 넘치며 명료한 수사적 양식을 추구했다면, 바로크 시대에는 장중하고 화려한 문체 및 화술이 선호되었다. 그래서 이 시대의 언어는 과도한 꾸밈, 호화, 기이로 흘렀다. 예컨대 호프만스발다우(Christian Hoffmann von Hoffmannswaldau, 1616-1679)와 로엔슈타인(Daniel Casper von Lohenstein, 1635-1683)을 대표자로 하는 제2슐레지엔 시파의 작품들은 과식 문체로 넘쳐난다. 그것은 반복 미사여구, 기교와 허식 등으로 특징지어지는데, 바로크의 수사법은 이처럼 평이체(genus humile)보다는 풍부한 감정 및 상징을 내포하는 장엄체(genus grande)를 선호했다.[4] 이러한 사실은 문체가 사회적 신분과 연관되어 있었음을 말해주는 오피츠(Martin Opitz, 1597-1639)의 글에서도 확인된다.

중요한 문제들에서는 신과 영웅, 왕, 제후, 도시, 그리고 이와 유사한 것들이 다루어지기 때문에 고상하고 풍성하며 강렬한 말을 사용해야 한다. 또 사실을 그저 꾸밈없이 언급하기보다 화려하고 장중한 말로 옮겨야 한다. […] 중간적인 화법은 장식적 측면에서 평이한 화법을 능가하지만, 화려함과 성대함에 있어서는 장엄한 화술을 따라잡지 못한다.[5]

---

3. Gert Ueding, *Klassische Rhetorik* (München: Beck Verlag, 2000), 117.
4. 문체를 평이체(genus humile), 장엄체(genus grande), 중간체(genus medium)의 세 종류로 구분하는 작업은 이미 키케로를 비롯한 고대의 수사학자들에 의해 이루어졌다. 특정 대상에 대해 말하는 방법이라고 정의될 수 있는 문체 중 평이체는 사실을 통해 설득하고자 하는 실용적 문체, 장엄체는 청자로부터 깊은 감동과 감정을 유발해내는 것을 목적으로 하는 격정적 문체, 중간체는 유쾌함을 주려는 다소 순화된 감정적 문체이다.
5. Martin Opitz, *Buch von der deutschen Poeterey*(Breslau, 1624), hrsg. Herbert Jaumann (Stuttgart: Reclam, 2002), 45.

그리하여 당대의 화술은 설득하기보다 압도하는 데 능했고, 즐거움이나 감동을 불러일으키는 데 주력했다. 따라서 바로크의 수사학은 설득보다 문식에 중점을 두었고, 표현법(미사여구법)으로 축소되는 경향을 보였다. 즉, 바로크의 사조 안에서 수사학적 담론이 지향한 최고의 목표는 감동과 감정의 자극이었다. 이처럼 고대의 정신적 산물인 수사학은 시대적 요구에 응하며 중세에도 그 위상을 유지했고, 인문주의자들의 관심에 힘입어 절정의 시기를 맞았으며, 이후 시대의 또 다른 정신적, 사회적 영역으로 영향력을 미쳤다. 이때 바로크 수사학의 특징적 현상인 시문학과의 결합, 특히 음악과의 결합은 앞서 언급한 '통합적 예술작품'에 대한 추구뿐 아니라, 당대 수사학이 식자(識者)들의 관심 분야로만 그치지 않고 더욱 폭넓게 보급됨으로써 가능했을 것이다. 실제로 음악수사학 이론, 수사학적 음악창작이 발전했던 독일어권 지역의 경우 종교개혁과 함께 공공 교육이 본격화되었고, 라틴학교, 신교 공립학교, 김나지움 등에서 수사학이 필수과목으로 가르쳐졌다. 요한 제바스티안 바흐가 오르드루프의 리체움 일루스트레 글라이헨제에서, 또 뤼네부르크의 성 미햐엘리스 학교에서 수사학을 공부할 수 있었던 배경이다.

이렇듯 수사학은 저변확대를 이룬 바로크 교육의 기초이자 중심이었으며, 문학과 예술, 궁정문화에 이르기까지 여러 방면에서 견실한 토대였다. 무엇보다 당대의 거의 모든 음악가들이 대학까지 다닌 '고학력자들'이었다는 점을 고려하면, 그들은 분명 수사학에 능통했을 터이다. 나아가 음악과 수사학의 본질적인 공통점, 그것들의 독창적 결합 가능성을 충분히 간파했음에 틀림없다.

3. 바로크 음악이론의 수사학 수용: 음악수사학의 형성과 발전

3.1 전사(前史)

바로크 시대에 수사학이 음악의 세부 영역에까지 파고들어 음악과 한 몸체를 이루었다면, 그 발단은 무지카 레세르바타였다. 마침내 음악을 표현 예술로서 시문학과 조형예술의 곁에 나란히 서게 한 무지카 레세르바타는 일차적, 주도적 가사를 이차적, 예속적 음으로 재현하는 것을 이상으로 삼았다. 그리하여 가사의 지배를 특징으로 하는 이 음악 현상은 16세기 당대에 구조적인 (네덜란드 악파의) 음악과 구별되는 혁신적인 음악으로 여겨졌다. 예컨대, 이론가로서는 처음으로 무지카 레세르바타 양식을 정의한 코클리코(Adrian Petit Coclico, c.1499-c.1563)는 『음악 개론』(Compendium musices)에서 팅토리스(Johannes Tinctoris, c.1435-1511)와 뒤파이(Guillaume Dufay, 1397?-1474) 등을 '수학자들'로 꼽고, 가사와 정서 표현에 비중을 두는 새 양식의 대표자들인 죠스켕 데프레(Josquin Desprez, c.1450~1455-1521)와 이삭(Heinrich Isaac, c.1450~1455-1517), 젠플(Ludwig Senfl, c.1486-c.1542~1543), 클레멘스 논 파파(Clemens non Papa, c.1510-c.1556), 빌레르트(Adrian Willaert, c.1490-1562) 등을 탁월하고 참된 음악가로 지목했다.[6]

　이렇듯 레세르바타 음악에서 가사와 정서가 주도적 위치를 차지하면서 언어의 영향력은 음악의 더 깊은 곳으로 스며들었다. 아울러 가사 해석과 정서 표현은 이제 음악의 중요 과제로 부상했다. 이로써 예술적 말하기, 즉 수사학의 원리도 음악에서 점차 그 의미를 더해갔다. 실제로 16세기 중반부터 수사학적 개념 및 논리를 음악과 연계시키는 서술이 음악 이론서들에서 빈번해졌고, 마침내 세기말에 이르러 부르마이스터의 『음악 작법 개론서』(Hypomnematum musicae poeticae, 1599)를 통해 음악수사학 이론이 정립되었다.

　음악과 수사학이 만나는 과정에서 음악이 수사학으로부터 서둘러 수용한 용어는 '세련'(elegantia)과 '장식(ornatus)이었다. 그렇다면 초기 음악수사학에서 중요한 역할을 한 것은 꾸밈, 혹은 수식이었을 것이다. 이 두 개념이 처음으로 음악에 적용된 경우는 코클리코의 『음악개론』에서 찾아볼 수 있는데, 코클리코는 "세련과 장식, 또는 노래 부르기에 대하여"(De Elegantia, et Ornatu, aut pronuntiatione in canendo) 장(章)에서 그 예를 다음과 같이 들고 있다.[7]

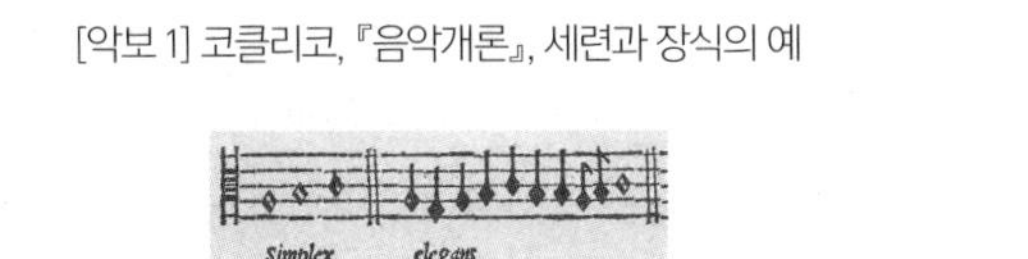

[악보 1] 코클리코, 『음악개론』, 세련과 장식의 예

---

6. Adrian Petit Coclico, *Compendium Musices*(Nürnberg, 1552), hrsg. Manfred F. Bukofzer (Kassel, Basel: Bärenreiter, 1954), "De musicorum Generibus".

7. Coclico, 위의 책, "De Elegantia, et Ornatu, aut pronuntiatione in canendo"(쪽수 없음).

이러한 음악적 '세련', '장식' 이론은 17세기 음형론의 시초가 되었다. 그리고 그 방대하고도 조직적인 음형론에 초석을 놓은 이론가는 드레슬러(Gallus Dressler, 1533-c.1580~1589)였다. 드레슬러는『음악 작법 지침서』(Praecepta musicae poeticae)에서 음정, 성부, 종지, 휴지 등 음악의 기본 구성 요소들을 거시적, 세부적으로 분류하고 각각의 본질과 성격, 구성, 쓰임새를 짚어나갔다. 이때 훗날 체계화된 음형론의 일부를 예시하기도 했다. 부르마이스터의 Aposiopesis(전체휴지)[8]를 연상시키는 "휴지는 또한 우아함과 감미로움을 위해 삽입된다. 그리고 강조를 나타내기 위해서나 가사의 뜻을 고려해 모든 성부가 침묵하는 일도 자주 일어난다"[9]는 말이 한 예이다.

수사학과 음악의 본질적 연관성을 강조하면서 이 두 예술을 접목하려는 시도는 이후의 음악 이론서들에서 끊임없이 발견된다. 그리하여 바로크 시대에 이르러 음악수사학 이론이 완성되었다면, 그것의 체계적 고찰을 위해서는 바로크 음악수사학 이론의 구조적 틀이었던 창안(Inventio), 배열(Dispositio), 장식(Elocutio)에 의거하는 것이 타당할 것이다. 수사학은 전통적으로 창안, 배열, 표현(Elocutio), 기억(Memoria), 실연(Actio, Pronuntiatio)의 다섯 단계로 연설의 완성 과정을 분류하지만, 음악수사학에서 마지막 두 단계는 거론되지 않거나 고려 대상에서 제외된다.

---

8. 부르마이스터는 Aposiopesis를 특정한 목적을 위해 모든 성부들의 침묵을 이끌어내는 음형이라고 정의한다. Joachim Burmeister, *Musica poetica*(Rostock, 1606), hrsg. Rainer Bayreuther (Laaber: Laaber, 2007), 62.
9. Gallus Dressler, *Praecepta musicae poeticae*(Magdeburg, 1563), New Critical Text, Translation, Annotations, and Indices by Robert Forgács(Urbana, Chicago: University of Illinois Press, 2007), 163.

3.2 창안(Inventio)

고대의, 특히 퀸틸리아누스의 이론에 근거해 수사학의 기법 및 방법론에 대해 설명하는 위딩과 슈타인브링크(Bernd Steinbrink)에 따르면, 수사학에서 창안은 말할 바를 찾아내고 주제나 문제 제기로부터 발전되어 나올 수 있는 소재적 가능성을 모색하는 것이다.[10] 작품에 무엇을 담아낼 것이며 어떠한 기법을 사용할 것인지, 즉 창작에 앞서 어떠한 주제를 어떻게 만들어 내고 그 주제를 어떻게 발전시킬 것인지를 고민하고 결정하는 음악적 창안 과정은 바로크 초기의 음악 이론가들에게 특별히 거론할 만한 문제가 아니었다. 당시 음악은 대부분 가사에 의지해 전개되었고, 이론가들 역시 그래야 마땅하다고 여겼기 때문이다. 따라서 부르마이스터의 글에서도 창안에 대한 진지한 논의는 찾아보기 어렵다.

창안에 관해 상세하게 서술해 나간 첫 이론서는 하이니헨(Johann David Heinichen, 1683-1729)의 『작곡에서의 지속저음』(Der Generalbass in der Composition, 1728)이다. 서술 과정에서 하이니헨은 수사학의 주제 저장소(loci topici), 즉 연설자가 이야깃거리를 용이하게 찾을 수 있도록 여러 정형화된 주제와 소재들을 미리 분류하고 모아 놓은 것으로서의 주제 저장소에 대해 언급한다.

> 작곡가가 자신에게 주어진 (가끔 아주 생산력이 떨어지는) 가사로부터 좋은 아이디어를 얻어낼 수 있다면, 창안은 그리 수고스럽지 않다. 하지만 우리의 생각을 좋은 아이디어로 이끌고, 자연스러운 상상력을 돋아주는 것, 그것은 수사학적 주제 저장소를 통해서 가장 잘 실현될 수 있다.[11]

---

10. Gert Ueding, Bernd Steinbrink, *Grundriß der Rhetorik. Geschichte, Technik, Methode* (Stuttgart, Weimar: Verlag J. B. Metzler, 2005), 214.

11. Johann David Heinichen, *Der Generalbass in der Composition*(Dresden, 1728) (Hildesheim, Zürich, New York: Georg Olms Verlag, 1994), 30.

이는 18세기에 들어 기악이 발전하고 통일된 정서 표현이 지향되는 가운데 주제 저장소에 대한 관심을 환기하고자 한 글로 보인다. 실제로 하이니헨은 수사학의 주제 저장소 개념을 음악으로 전이시키면서 창안을 위한 세 주요 원리를 제시하는데, 선행맥락(Antecedentia Textus), 병존맥락(Concomitantia Textus), 후속맥락(Consequentia Textus)이 그것이다. 공허하고 좋은 아이디어도 제공하지 못하는 가사의 아리아에 맞닥뜨리면 작곡가는 선행하는 가사의 내용으로써 자신의 상상력을 자극해야 하고, 그러한 아리아가 작품의 처음에 위치한다면 뒤따르는 가사의 내용을 살펴야 하며, 때로는 아리아의 가사와 직접적으로 연관이 없는 시간적, 공간적 주변 상황에서 착상의 실마리를 얻어야 한다는 것이 그 세 원리의 요지이다.[12] 이렇게 하이니헨은 여러 종류의 주제 저장소 중에서 시간과 공간, 상태의 전반적 상황에 의거하는 창안법인 상황 저장소(locus circumstantiarum)만을 고려의 대상으로 삼았는데, 상황 저장소는 작곡가에게 창작 아이디어를 공급할 뿐 아니라, 지배적인 정서에 반하는 특정 가사에 음악이 치우치는 것을 방지한다.

음악적 창안은 마테존(Johann Mattheson, 1681-1764)의 『완전한 카펠마이스터』(Der vollkommene Capellmeister, 1739)에서 포괄적으로 다루어졌다. 마테존은 먼저 착상의 기술이 배열(Dispositio), 가공(Elaboratio), 장식(Decoratio)이라는 세 동반자를 가져야 하며, 이것들 없이는 아무리 훌륭한 아이디어라도 무가치한 것으로 전락해 버린다고 단언한다. 정교한 배열과 구성, 성실한 가공, 신중한 장식의 중요성을 강조한 것이다.[13] 그러고는 하이니헨의 지침들을 상기시키면서 수사학의 주제 저장소를 모두 열거한 후 이것들을 음악에 적용한다.[14] 그

---

12. Heinichen, 위의 책, 30-53.
13. Johann Mattheson, *Der vollkommene Capellmeister*(Hamburg, 1739), hrsg. Friederike Ramm (Kassel, Basel, London, New York, Praha: Bärenreiter, 2008), 205.
14. Mattheson, 위의 책, 206-218.

중에서 몇 가지를 살펴보면 다음과 같다.

우선 수사학의 12개 주제 저장소에 대해 설명하는 크리스티안 바이제 (Christian Weise, 1642-1708)의 『미성숙한 청년들에게 필요한 사고들』(Der grünen Jugend nothwendige Gedanken, 1675)에 의하면, 표기 저장소(locus notationis)는 특정 명칭이나 개념의 다채로운 해석 및 유희적인 취급을 의미한다.[15] 마테존은 이 표기 저장소를 창안의 "가장 풍부한 원천"[16]으로 규정하고, 언어의 표기에 해당하는 음(표)들의 다양한 형태 및 위치 변화로 이해시켰다. 즉, 음가의 변화, 음들의 전위나 조합, 반복, 카논적 전개 등 음으로 가능한 여러 유희가 여기에 포함된다는 것이다. 그렇다면 수사학의 표기 저장소는 음악수사학에서 음표 저장소로 칭해질 수 있다.

마테존이 "착상으로 이끄는 가장 확실하고도 중요한 안내자"[17]라고 한 묘사 저장소(locus descriptionis)는 수사학에서 특정한 사물이나 대상의 묘사를 뜻하는데, 마테존은 이것을 음들로써의 정서 묘사, 정서의 음악적 모방이라고 했다. 마테존은 모사 저장소(locus exemplorum) 역시 수사학에 기대어 설명한다. 수사학의 모사 저장소는 다른 사람의 본보기적인 말을 통한 이야기의 고안을 의미한다. 이것을 마테존은 다른 작곡가의 모방으로 해석한 것이다. 하지만 타인의 아이디어를 베끼거나 훔치는 게 아니라, 본래 것보다 더 아름답고 훌륭한 모양새를 갖출 수 있도록 빌려온 재료들을 재구성하고 다듬어야 한다는 점을 역설한다.

위에서 언급한 내용들을 종합해 보면, 창안에 있어서 바로크의 음악수사학과 수사학의 관계는 점차 긴밀함을 더해갔다는 결론에 이른다. 즉, 17세기

---

15. Hans-Heinrich Unger, *Die Beziehungen zwischen Musik und Rhetorik im 16.-18. Jahrhundert* (Hildesheim, Zürich, New York: Georg Olms Verlag, 2009), 43 참조.
16. Mattheson, *Der vollkommene Capellmeister*, 207.
17. Mattheson, 위의 책, 211.

에는 목적 및 방법론 등 수사학과의 유사성을 토대로 형성된 음악적 창안 이해가 주를 이루고, 가사에 의지하면서 수사학의 보조적 수단(주제 저장소)을 수용하는 데에 소극적이었다. 그러나 18세기에 들어서는 통일된 정서 표현 추구와 기악 발전에 기인한 주제 저장소의 음악화를 통해 음악 창안론은 완성되기에 이른다.

3.3 배열(Dispositio)

말하고자 하는 것들의 구성과 배치에 대해 다루는 수사학의 배열은 음악적 구상들의 조직과 조합이 작곡가의 능력을 말해준다고 여긴 바로크 음악에서 중요하게 받아들여졌다. 당대 음악 이론서들이 음악창작 과정에서 가시화되지 않는 창안에 비해 배열에 더 많은 서술 공간을 할애한 이유다.

먼저 부르마이스터는 『시적 음악』의 '성악곡의 분석, 혹은 구성'(De Analysi sive dispositione carminis musici) 장(제15장)에서 분석 작업 과정을 다섯 단계로 분류했다. 그리고 수사학적 관점이 도입되는 마지막 단계에 관한 설명에서 본보기적인 음악의 형태로 도입(Exordium), 본체(Ipsum corpus carminis), 종결(Finis)의 세 부분을 설정했다. 이때 부르마이스터가 각 부분을 특징짓는 말들은 수사학의 배열법이 지향하는 바와 같다. 즉, 청자의 귀와 정서를 음악으로 모아준다는 도입은 수사학의 도입(Exordium)과, 음악의 마무리를 정서적으로 각인시킨다는 종결은 맺음말(Peroratio)과, 음악의 내용을 청자의 정서로 파고들게 하여 그 의미를 더욱 명료하게 파악하고 음미하게 한다는 본체는 논증(Confirmatio)과 부합한다.[18]

배열과 구성의 측면에서 음악이 연설과 유사성을 지닌다는 점에 대해서

---

18. Burmeister, *Musica poetica*, 154-155.

는 한목소리를 내었음에도 부르마이스터 외의 17세기 음악 이론가들은 대부분 악곡의 부분 구성에 관해 간략히 언급하고 만다. 이는 17세기가 악곡의 구성이나 조직에 관심을 가지지 않았을지도 모른다는 성급한 결론으로 이끌 수 있다. 하지만 실상이 그러하지 않았다는 것은 당대의 음악 작품들이 충분히 말해준다. 또 만약 이 시기에 음악의 부분 배치 이론이 그저 부차적인 것으로 취급되었다면, 이후 마테존과 포르켈의 방대하고도 체계적인 음악수사학 배열 이론은 정립되지 못했을 것이다. 따라서 17세기에 악곡 구성 이론은 이론서들에 기대기보다 수업 과정에서 구두로 전수되었을 가능성이 크다.

『완전한 카펠마이스터』에서 "끝이 좋으면, 모든 게 좋다"(Ende gut, alles gut)라는 말로 창안 이후의 작업 과정인 배열, 가공, 장식의 중요성을 역설하는 마테존의 관심은 사실 배열에 집중되어 있으며, 가공은 배열에 속한 단계로 간주된다. 구체적인 음악 예들을 들며 배열법에 대해 세심하게 설명해 나가는 마테존의 글에서 주목을 끄는 것은 수사학의 배열법에서 다루어지는 여섯 연설 단락 개념인 도입(Exordium), 진술(Narratio), 주제 제시(Propositio), 반론(Confutatio), 논증(Confirmatio), 맺음말(Peroratio)이 음악으로 전이된다는 점이다.[19] 즉, 부르마이스터는 도입과 종결 사이의 대단락을 수사학의 논증과 비견될 수 있는 본체로 구분함으로써 음악을 세 부분 구성으로 설명한 반면, 마테존은 수사학에 더 의지해 악곡의 부분 구성 및 기능을 더욱 세밀하게 분류한 것이다.

또한 마테존이 언급하는 여섯 개 단락의 음악적 과제와 내용은 수사학의 배열법이 말하는 바와 본질적인 차이가 없다. 가령 주제 제시를 두고 그가

---

19. Mattheson, *Der vollkommene Capellmeister*, 348-355.

"음 연설의 내용과 목적을 담고 있는 것"[20]이라고 규정하고, 수사학에서는 "주제에 대한 요약적 개관"[21]이라고 정의된다면, 마테존의 주제 제시는 수사학의 그것과 상통한다. 아울러 마테존은 반론이 반박의 해소로서 음악에서는 서스펜션이나 반음계와 그것들의 해결, 대조적인 것들의 대립을 통해 형성되고, 그러한 대비들로 인해 청각의 감흥이 강화된다는 점을 역설한다. 수사학에서도 반론은 반대 이유에 대한 논박을 통해 말하는 이의 논증 강화를 목표로 한다. 그 밖에도 마테존은 수사학의 본래 의미와 상통하는 범위 내에서 논증이 음 연설의 내용 강화를 위해 다채롭게 변형 및 장식된 성부들의 반복으로 실현된다고 주장했다.

이렇듯 마테존은 수사학과의 연관성 안에서 음악 구성의 지침을 제시했다. 그리고 그 지침은 마테존이 직접 마르첼로(Benedetto Marcello, 1686-1739)의 아리아 분석을 통해 입증해 주듯이,[22] 그저 이론으로만 그치지 않았다. 그리고 성악뿐 아니라, 가사 없는 기악에도 적용할 수 있는 것이었다. 실제로 마테존은 진술에 관한 설명에서 이것은 "노래, 혹은 중요한 협주 성부가 시작하면서 만들어지고, 선행하는 도입과의 관계성 안에 있다"[23]고 말하는데, 이는 수사학적 개념이 성악과 기악에 공통적으로 적용될 수 있다는 의미로 이해된다. 이로써 마테존은 마침내 수사학과 음악의 배열적 관계성을 폭넓고도 분명하게 서술해 냈다. 무엇보다 성악과 기악의 구분이 없는 음악 자체와 수사학의 규칙적 연관성을 천명한 바로크의 음악 수사학자로 자리매김했다.

마테존 못지않게 포괄적이면서도 조직적으로 수사학적 말하기와 음악의 구조적 관계성을 논한 이는 포르켈이다. 포르켈의 시각은 하지만 마테존

---

20. Mattheson, 위의 책, 349.

21. Ueding, Steinbrink, *Grundriß der Rhetorik. Geschichte, Technik, Methode*, 263.

22. Mattheson, *Der vollkommene Capellmeister*, 350-353.

23. Mattheson, 위의 책, 349.

의 그것으로부터 크게 벗어나 있지 않다. 포르켈은 『일반음악사』에서 음악은 "청자로부터 동감과 공감을 얻어내고자 하는 데 있어 연설과 다름이 없으므로 연설과 동일한 배열 규칙을 갖는다"[24]면서 연설과 음악의 구조적 동질성을 전제로 한다. 그리고 음악을 도입(Einleitung), 주악절(Hauptsatz), 부악절(Nebensätze), 대비(Gegensätze), 해체(Zergliederungen), 반박(Widerlegungen), 강화(Bekräftigungen), 종결(Conclusion)의 여덟 개 부분으로 구분한다.[25] 이렇게 악곡의 부분 구성을 마테존보다 더 세분화한다. 그러나 각 부분에 대한 정의와 이해는 마테존의 분류에 기반한다. 즉, 도입은 마테존의 도입과, 주악절과 부악절은 진술 및 주제 제시와, 대비, 해체, 반박은 반론과, 강화와 종결은 각각 논증 및 종결과 상통한다. 포르켈의 글에서 또 시선을 끄는 것은 수사학적 말하기와 음악의 본질적 관계성을 줄곧 강조한다는 점, 특히 음악수사학적 구성 지침과 이해에서 성악과 기악이 구분되지 않는다는 점이다. 예컨대, 포르켈은 도입에 관한 단락에서 기악과 성악이 아닌, 여러 악곡들로 구성된 대규모 작품(오라토리오, 오페라, 칸타타 등)과 규모가 작은 작품(소나타 등)의 경우를 구분해 설명한다.[26] 이렇듯 포르켈은 마테존에 이어서 가사의 유무에 따라 분리될 수 없는 음악 전체와 수사학의 동질성이 구성 부분들의 배열에까지 영향을 미친다는 것을 논증해 냈다.

3.4 장식(Elocutio)

바로크 음악과 수사학의 관계성이 가장 명료하게 드러나는 작업 단계는 장식이다. 장식은 바로크의 음악수사학 이론에서 수사학에 기대어 가장 활

---

24. Johann Nikolaus Forkel, *Allgemeine Geschichte der Musik* I (Leipzig: Schwickert, 1788), 50.
25. Forkel, 위의 책, 51.
26. Forkel, 위의 책, 51.

발하게 고찰된 분야일뿐더러, 실제 음악에서도 작곡가들의 표현 수단으로서 확고한 위치를 점했다. 수사학에서 표현(elocutio)은 수사적 표현 이론인 동시에 연설자의 작업 과정에서 창안으로부터 얻어지고 배열에서 정리된 내용들을 말로써 옷 입히는 단계를 의미한다(수사학과 바로크의 음악수사학에서는 '표현'으로 직역되는 elocutio의 개념을 동일하게 사용하고 있지만, 이 글은 두 분야에서 기능하는 개념의 차이를 고려해 수사학의 elocutio는 '표현'으로, 음악수사학의 것은 '장식'으로 번역하기로 한다). 이에 키케로는 "표현 작업은 창안하고 구상해 낸 것들에 맞추어 필요한 표현들을 조절하는 것이다"[27]라고 밝힌다. 즉, 표현의 대상은 내용이 아니라 말이다. 그리고 연설의 효과와 성공 여부는 특히 표현에 의해 좌우된다. 이것이 구상되고 배치된 아이디어들을 호소력 있게 전개할 수도, 혼란으로 몰아가거나 왜곡할 수도 있기 때문이다. 따라서 표현의 중요한 덕목은 올바른 문법(latinitas), 명료함(perspicuitas), 적합함(aptum), 적절한 꾸밈(ornatus)이다. 이 중에서 연설자에게 가장 큰 재량을 허락하고 고도의 노련함을 요구하는 것은 꾸밈이다. 연설의 꾸밈이 듣는 이의 감정을 움직이는 데 가장 효과적이기 때문이다. 이렇듯 수사학의 표현법이 꾸밈을 통해 청자의 감동을 얻어내고자 한다면, 이때 문채(figura)는, 특히 바로크 수사학에서, 그 목적의 달성을 위해 가장 중요한 수단 중 하나였다.

수사학의 문채 이론을 처음으로 체계화한 퀸틸리아누스는 문채를 일상적인 표현 방법과 구별되는 연설의 형태라고 정의했다. 그리고 문채의 목적은 연설에 무게감과 우아함을 부여하는 것이라고 주장했다. 또한 그에게 문채는 감정 표현에 도움이 될지언정, 그것 자체가 감정으로 이해될 수는 없는 것이었다.[28] 바로크의 문채론은 하지만, 특히 고트셰트의 저서들에서 읽히

---

27. Ueding, Steinbrink, *Grundriß der Rhetorik. Geschichte, Technik, Methode*, 218 재인용.
28. Dietrich Bartel, *Handbuch der musikalischen Figurenlehre* (Laaber: Laaber, 2010), 14-15.

듯이, 감정과 직접적으로 연관되었다. 고트셰트의 『수사학 상술』(Ausführliche Redekunst, 1736)과 『비판적 시학』(Versuch einer critischen Dichtkunst, 1730)에 따르면, 문채의 기능은 연설이나 텍스트에 나타나는 감정을 표현하는 것이고, 고트셰트에게 문채란 "격정적 감정의 언어이다. 왜냐하면 감정을 느끼는 모든 인간은 자연적으로 자신도 모르는 사이에 문채를 만들어 내고, 문채 없이 자신의 감정을 제대로 표현할 수 있는 사람은 없기 때문이다."[29] 아울러 그는 "연설자는 격렬한 문채를 통해서 그의 청자들을 놀래게도 슬프게도 기쁘게도 성나게도 할 수 있다"[30]고 역설한다. 고트셰트에게 문채는 단순한 장식을 넘어서 감정 표현과 자극이라는 두 가지 역할을 능히 수행할 수 있는, 심지어 격렬한 감정 자체를 내포하고 있는 수사적 도구였다. 이렇듯 감정 표현과 자극이 문채의 목표로 설정된 것은 바로크의 사조가 낳은 결과물이기도 하다. 수사학의 문채 이해는 음악수사학에 그대로 수용되었다.

수사학의 문채를 음악에 적용해 음형론을 처음으로 체계화한 이는 부르마이스터이다. 이후 음형론은 누치우스(Johannes Nucius, 1556-1620), 투링구스(Joachim Thuringus, ?-?), 키르혀, 베른하르트(Christoph Bernhard, 1628-1692), 프린츠(Wolfgang Caspar Printz, 1641-1717), 발터(Johann Gottfried Walther, 1684-1748), 포크트(Mauritius Johann Vogt, 1669-1730), 마테존, 샤이베(Johann Adolf Scheibe, 1708-1776) 등을 거쳐 포르켈에 이르기까지 음악수사학의 핵심 분야로서 거의 모든 이론가들에 의해 다루어졌다. 물론 이들의 관점은 일관되거나 통일적이지 않다. 예컨대, 프린츠의 음형론은 수사학의 문채와 관련이 없는 음악적인 것, 가사로부터 자유로운 장식에 관한 것만을 다루며, 키르혀와 샤이베는 단순한 표

---

29. Johann Christoph Gottsched, *Ausführliche Redekunst*(Leipzig, 1736) (Leipzig: Bernhard Christoph Breitkopf, 1759), 310.
30. Gottsched, 위의 책, 311.

현으로부터의 이탈을 강조하는 부르마이스터[31]와는 대조적으로 음형의 감정
자극 기능에 비중을 둔다.[32] 포르켈은 음형을 온전히 감정 표현에 기여하는
것으로, 그것의 과제는 감정을 음악에 불어넣는 것으로 이해한다. 이때 포르
켈이 의미하는 감정 표현은 계몽주의의 시대 정신에 의거한 개인적 감정의
자연스러운 표현에 가까워져 있다. 이렇게 부르마이스터에서 포르켈까지의
음형론 '발전' 양상을 종합해 보면, 수사학의 문채 이해 변화 과정과 다름없
이 점차 음형의 감정적 내용이 강조되었다. 달리 말해서, 음형은 단순한 표
현 방식에서 벗어나 음악을 다채롭게 꾸미는 데 쓰이는 것으로 이해되었으
나, 정서 표현 및 자극이라는 바로크 음악의 기치 아래 점차 그 시적이고 정
서적인 내용이 강조되기에 이른 것이다.

바르텔은 바로크 음악 이론가들이 거론하는 음형들로 총 210여 개를 꼽
았다.[33] 여기에는 그 명칭 및 내용이 수사학의 문채로부터 유래한 것뿐 아
니라 음악에서 자생한 것도 포함된다. 그리고 수사학의 문채에 기대고 있
는 음형들은 문채와 그저 동일한 명칭을 쓰고 있는 것과 명칭 및 내용적 의
미가 상통하는 것으로 나뉜다. Abruptio(단절), Anabasis(상승), Circulatio(순환),
Diminutio(축소), Metabasis(이행), Passus Duriusculus(거친 진행) 등은 수사학의

---

31. 부르마이스터는 음형을 다음과 같이 정의하고, 이에 근거해 자신의 음형론을 개진해나간다. "음
    형은 화성과 선율에서의 음악적 진행으로서, 종지에서 시작해 종지에서 종결하는, 그리고 단조로
    운 작곡 규칙을 벗고 과감하게 장식이 풍부한 형태를 취하는 특정 악구로 변화를 시도한 것이다."
    Burmeister, *Musica poetica*, 139.
32. 키르혀는 "음형은 수사학의 형용(colores)과 문채(tropi), 다양한 종류의 화법과 동일한 과제를 수
    행해 낸다. 연설자가 여러 문채의 정교한 조합을 통해, 그러니까 때로는 기쁨의 화법으로, 때로는
    슬픔의 화법으로, 그러다가 곧 사랑, 경건, 정의의 화법이나 서로 상반되는 감정들로 청자의 마음
    을 움직이듯이 음악도 악절이나 화성적 악구의 정교한 구성으로써 청자의 마음을 움직인다"라
    고 밝히면서 문채를 감정과 긴밀하게 연관시킨 수사학의 관점을 수용한다. Athanasius Kircher,
    Musurgia Universalis siue Ars Magna Consoni et Dissoni Tomus I (Romae: Ex Typographia
    Haeredum Francisci Corbelletti, 1650), 366.
33. Bartel, *Handbuch der musikalischen Figurenlehre*, 295-303.

문채에서 전형을 찾을 수 없는 음형들이며, Hyperbole(과장), Variatio(변화) 등은 수사학의 문채에서 명칭을 빌리고는 있지만 내용적 관계성은 거의 없다.

바로크 음형의 절반 이상을 차지하는 수사학적 음형을 살피는 데 있어서 핵심이 되는 문제는 수사학의 문채가 음악으로 전이되는 과정에서 그것의 의미가 어느 정도 보존되었냐는 것이다. 이 문제에 접근하기 위해 몇 가지 예를 살펴보면, 우선 '생략'으로 직역되는 Ellipsis의 경우, 퀸틸리아누스는 이를 연설의 이해에 필요한 표현의 생략, 다시 말해서 일종의 연설 실수로 간주했다. 그러나 수젠브로투스(Johannes Susenbrotus, 1484~85-1542~43)에 이르러 Ellipsis는 연설의 맥락을 통해 이해될 수 있는 단어의 생략을 의미하게 되었다. 그리고 고트셰트는 이 문채를 정의하면서 생략이나 침묵에 무게를 실었고, 감정이 격해진 나머지 말을 잇지 못하고 다음의 새 문장으로 갑작스럽게 넘어가는 현상을 지목했다. 이러한 수사학에서의 의미변화는 음악수사학에도 반영되었다. 그리하여 베른하르트와 발터는 수젠브로투스에 따라 음악의 맥락 안에서 이해될 수 있는 협화음의 생략으로 Ellipsis를 설명한 반면에, 샤이베는 고트셰트에 의거해 "격정적인 감정으로 인해 시작된 악절을 예기치 않게 중단하고 침묵을 유지하다가 완전히 다른 선율을 새로 시작하는 것, 혹은 한 악절의 마무리에서 통상적인 종결음을 변화시키고 예기치 못했던 화음을 투입하는 것"[34]으로 보았다.

음악수사학에서 가미음법이라고 칭해지는 Paragoge는 수사학에서, 더 정확히 말하자면 수젠브로투스에 의해 단어의 끝에 철자나 음절을 첨가하는 것으로 정의된다. 이것을 부르마이스터는 Supplementum이라는 명칭으로써 명확한 종결을 이끌어내기 위해 하나, 혹은 그 이상의 성부들이 지속되는 종

---

34. Bartel, 위의 책, 137-138 재인용.

결음을 여러 마디에 걸쳐 장식하는 첨가부로 설명했다. 반면 투링구스와 발터는 Paragoge라는 용어를 수용하면서 화성적 종결부에 여러 성부가 코다를 첨가하는 것(투링구스), 종지부에서 연주자가 즉흥적으로 무엇인가를 덧붙이는 것(발터)으로 이해했다.[35]

유음어희(類音語戱)로 일컬어지는 Paronomasia를 퀸틸리아누스는 유사한 단어들에 서로 다른 어미를 주는 것, 혹은 동일한 단어를 집중적으로 반복하는 것으로 설명했다. 그리고 고트세트는 강화, 보강의 문채로서 앞서 등장했던 단어나 화법을 강한 어세의 부가어를 곁들이며 반복하는 것으로 정의했다. 이 중에서 음형론으로 수용된 것은 고트세트의 정의이며, 마테존과 샤이베, 포르켈에 의해 다루어졌다. 마테존은 Paronomasia를 비롯해 Epanalepsis(반복), Epistrophe(회귀), Anadiplosis(전사반복), Polyptoton(다양한 변형), Antanaclasis(환의), Ploce(강조반복) 등 단어의 반복을 특징으로 하는 문채를 열거하면서 다양한 형태로의 반복을 강조하는 데 그치는 반면, 포르켈이 동의하는 샤이베의 설명은 무척 세심하다. 무엇보다 샤이베는 고트세트에 의거함으로써 Paronomasia를 여러 반복 문채 군으로부터 독립시켜 음형론 내에서 독자적인 위치에 서게 해 준다. 그에 따르면 Paronomasia는 기악과 성악에서 동일하게 사용되며 사용법 역시 매우 다채로운데, 첫째 특별하면서도 새로운 첨가음을 동반하는 개별 음들의 거듭된 반복, 둘째 피아노와 포르테의 표시를 달고 반복되는 악절, 셋째 이전에 모든 성부에 의해 연주되었던 악절의 종결음들을 하나, 혹은 두 성부로만 반복, 넷째 변화되고 느려지는 박자나 거의 동일한 음가의 음들을 동반하는 몇몇 음들의 반복이 그것이

---

35. 이상의 내용에 해당하는 수젠부로투스, 부르마이스터, 투링구스, 발터의 원문은 다음의 문헌에서 찾아볼 수 있다. Bartel, *Handbuch der musikalischen Figurenlehre*, 217-218.

다.[36] 문채와 음형의 관계성을 종합해 보면, 음악과 말의 표현 매체 및 그 매체가 지니는 서로 다른 문법적, 표현적 가능성의 차이에 따른 불가피한 변이를 차치한다면, 수사학의 문채가 음형으로 전이되는 과정은 대부분 본래의 의미까지 포괄하면서 원천에 따라 이루어졌다는 결론에 이른다.

---

36. 이상의 내용에 해당하는 퀸틸리아누스, 고트셰트, 마테존, 샤이베, 포르켈의 원문은 다음의 문헌에서 찾아볼 수 있다. Bartel, 위의 책, 135-136.

4. 음악수사학의 성과, 그리고 그 지속적인 생명력

바로크 음악은 언어의 음악, 말의 음악이다. 마테존이 음악을 '영원에 이르는 축복의 언어'라고 칭했다면, 여기에서 언어는 말 그대로 언어였다. 또 바로크 음악은 인간의 보편적 정서를 표현하고 자극하고자 한다. 이렇듯 언어와 정서는 바로크 음악의 본질이고, 따라서 니콜라우스 아르농쿠르는 "바로크 시대에 음악과 웅변술의 결합은 숙명이었다"[37]고 단언했다.

그 숙명적 결합은 긴밀하게 이루어졌다. 여러 예술 장르가 통합적으로 작용한다는 시대적 사고와 당대 예술, 문학, 학문의 토대가 된 수사학의 위상을 배경으로 음악 이론가들은 음악과 연설의 본질, 목적, 과제, 구조, 구성 등을 동일시하고 수사학의 개념 및 그 내용, 의미까지 받아들이며 음악수사학에 대해 논했다. 그리고 음악수사학은 음악에서 독자적 가치의 어법으로, 감정 표현과 유발의 수단으로 이용되며 발전했다. 물론 바로크를 대표하는

---

37. Nikolaus Harnoncourt, *Musik als Klangrede* (Salzburg, Wien: Residenz, 1982), 강해근 번역 『바로크음악은 '말'한다』 (서울: 음악세계, 2006), 209.

음악수사학 이론은 존재하지 않는다. 그러나 분명한 것은 개념, 정의, 관점, 이론의 변화를 동반하면서도 수사학과 음악수사학의 관계성은 바로크 후기로 갈수록 점차 명료함, 구체성, 체계성, 긴밀함을 더해갔다는 것이다. 당연하게도 그 긴밀함은 느슨한 긴밀함이기도 촘촘한 긴밀함이기도 했다. 상이한 표현 매체를 사용하는 분야들의 결합이라는 점에서 피할 수 없는 일이었다.

바로크 사조의 틀 안에서 음악수사학이 수사학과 (감정 자극과 표현 등의) 내적, (장식 및 미사여구 등의) 외적 지향점을 같이 하고, 심지어 수사학 세부의 의미적 변화까지 반영하며 발전해 나간 모습 또한 간과하기 어렵다. 흥미로운 것은 이때 음악수사학이, 특히 음형론에 있어서, 말에 비해 언어적, 문법적 가능성이 더욱 폭넓은 음악의 특질을 바탕으로 본래의 수사학적 의미, 내용으로부터 한 걸음 더 나아가 음악에서 실현되는 수사학적 수단을 다양화했다는 것이다.

바로크 음악과 수사학의 관계성에서 가벼이 여길 수 없는 또 다른 측면은 통례로 인식되기에 이른 수사학과 기악의 관계성이다. 이것은 가사 없는 기악 역시 성악과 동일한 규칙의 지배를 받는다는 것, 즉 성악과 기악으로 구분되지 않는 음악 그 자체와 수사학 간의 동질성이 음악 구조와 표현에 영향을 미친다는 점을 논증해 낸 데에서 비롯되었다. 그리하여 기악의 구조성 및 표현력이 강조되고, 마침내 기악이 성악과 동등한 위치에 서게 되는 결과가 초래된 것이다. 또한 마테존은 "기악은 음언어, 혹은 소리 언어(Klang-Rede)이다"[38]라고 단언하며 바로크 기악의 언어성을 강조했는데, 이러한 맥락에서 수사학적 음형들은 특별한 의미를 부여받게 되었다.

---

38. Matheson, *Der vollkommene Capellmeister*, 153.

　음악과 수사학의 관계는 18세기 말경, 그러니까 도식적인 규범이 개인주의와 자연주의를 강조하는 감정 표현에 방해가 되면서 쇠퇴할 수밖에 없었다. 그리고 낭만주의 미학은 그 관계의 끈을 끊어내었다. 음악 이론서들에서도 음악과 수사학의 관계에 대한 논의는 더 이상 이루어지지 않았다. 그렇다고 해서 음악이 수사학으로부터 얻어낸 표현 수단들을 포기한 것은 아니다. 그것들은 일종의 상식, 혹은 관습으로서 여전히 음악언어의 한 켠을 차지했다. 수사학 역시 공공 교육에서 자취를 감추며 옛 위상을 상실했지만, 좋은 말하기와 글쓰기를 위한 당연하고도 내밀한 지침으로서 계속 생명력을 유지했듯이 말이다.

Bartel, Dietrich. *Handbuch der musikalischen Figurenlehre*. 6. Auflage. Laaber: Laaber, 2010.

Burmeister, Joachim. *Musica poetica*(Rostock, 1606). Herausgegeben von Rainer Bayreuther. 2. unveränderte Auflage. Laaber: Laaber, 2007.

Coclico, Adrian Petit. *Compendium Musices*(Nürnberg, 1552). Herausgegeben von Manfred F. Bukofzer. Kassel, Basel: Bärenreiter, 1954.

Dressler, Gallus. *Praecepta musicae poeticae*(Magdeburg, 1563). New Critical Text, Translation, Annotations, and Indices by Robert Forgács. Urbana, Chicago: University of Illinois Press, 2007.

Forkel, Johann Nikolaus. *Allgemeine Geschichte der Musik* I. Leipzig: Schwickert, 1788.

Gottsched, Johann Christoph. *Vorübungen der Beredsamkeit. Zum Gebrauche der Gymnasien und größern Schulen*. 2. verbesserte Auflage. Leipzig: Bernhard Christoph Breitkopf, 1756.

______. *Ausführliche Redekunst*(Leipzig, 1736). 5. Auflage. Leipzig: Bernhard Christoph Breitkopf, 1759.

Harnoncourt, Nikolaus. *Musik als Klangrede*. 강해근 번역. 『바로크음악은 '말'한다』. 서울: 음악세계, 2006.

Heinichen, Johann David. *Der Generalbass in der Composition*(Dresden, 1728). Hildesheim, Zürich, New York: Georg Olms Verlag, 1994.

Kircher, Athanasius. *Musurgia Universalis siue Ars Magna Consoni et Dissoni Tomus* I. Romae: Ex Typographia Haeredum Francisci Corbelletti, 1650.

______. *Musurgia Universalis siue Ars Magna Consoni et Dissoni Tomus* II. Romae: Typis Ludouici Grignani, 1650.

Mattheson, Johann. *Der vollkommene Capellmeister*(Hamburg, 1739). Herausgegeben von Friederike Ramm. 2. Auflage. Kassel, Basel, London, New York, Praha: Bärenreiter, 2008.

Opitz, Martin. *Buch von der deutschen Poeterey*(Breslau, 1624). Herausgegeben von Herbert Jaumann. Stuttgart: Reclam, 2002.

Stolt, Birgit. *Martin Luthers Rhetorik des Herzens*. Tübingen: Mohr Siebeck, 2000.

Ueding, Gert. *Klassische Rhetorik*. 3. Auflage. München: Beck Verlag, 2000.

Ueding, Gert, Bernd Steinbrink. *Grundriß der Rhetorik. Geschichte, Technik, Methode*. 4. Auflage. Stuttgart, Weimar: Verlag J. B. Metzler, 2005.

Unger, Hans-Heinrich. *Die Beziehungen zwischen Musik und Rhetorik im 16.-18. Jahrhundert*. 8. Nachdruckauflage. Hildesheim, Zürich, New York: Georg Olms Verlag, 2009.

Wychgram, Marianne. *Quintilian in der deutschen und französischen Literatur des Barocks und der Aufklärung*. Langensalza: Beyer, 1921.

글 출처

II장   "바흐의 모테트와 푸가 -〈새 노래로 주를 찬양하라〉BWV 225를 중심으로-." 『음악
         논단』 24 (2010), 1-31.
III장   "요한 세바스티안 바흐의 종교적 성악 작품에 나타나는 악기의 상징성 -칸타타와
         수난곡의 레치타티보와 아리아를 중심으로-." 『음악논단』 28 (2012), 45-71.
IV장   "레거의 피아노푸가와 바하의 푸가양식." 『음악과 민족』 25 (2003), 335-361.
V장   "바흐의 '바이올린 솔로를 위한 소나타'의 푸가들. 그 작법과 의미의 특이성에 대하
         여." 『서양음악학』 20/1 (2017), 11-36.
VI장   "바흐의 〈브란덴부르크 협주곡〉, 그 회고와 혁신 -제5번 협주곡(BWV 1050)을 중
         심으로-." 『음악논단』 23 (2009), 21-45.
VII장   "바흐의 '하이브리드': 협주곡과 푸가의 혼합." 『음악논단』 49 (2023), 33-59.
VIII장   "'연속성'의 장르사: 바흐의 쳄발로콘체르토에서 모차르트의 피아노콘체르토로."
         『음악논단』 32 (2014), 1-38.
부록 1   "바로크 음악의 정서론(Affektenlehre)에 대한 소고." 『음악이론포럼』 19 (2012),
         33-48.
부록 2   "바로크 음악과 수사학." 『음악이론포럼』 18 (2011), 41-64.

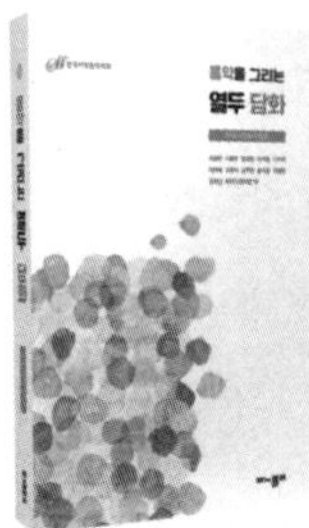

한국서양음악학회 / 268쪽 / 20,000원 / 2024년 11월 발행

모두 열두 장으로 구성된 이 책은 국내 음악학의 여러 주제를 다룬다. 각자의 분야에서 높은 전문성을 지닌 음악학자들이 꾸준히 해온 연구를 소개하거나 최신 해당 분야에서 이루어지는 탐구의 내용을 친근하게 풀어냈다. 작곡가 안익태의 연구로 시작해 서양음악사의 흥미로운 주제들로 다가선다. 오르페우스의 사랑 이야기를 통해 본 극과 음악의 만남, 슬픈 음악의 기원, 서양 음악의 중심으로 여겨지는 바흐를 지방화하려는 기획, 서구 유럽 근대 여성 패트런들의 역할 조명, 그리고 잘 알려진 슈만 '트로이메라이'의 국내 수용사에 이르기까지 주제는 다양하다. 음악미학의 패러다임 변화에 대한 해제, 인공지능이 바꿀 음악 창작의 세계, 음악과 인지과학의 만남, 그리고 더 나은 감상을 위한 음악 구성요소의 해제는 저자들이 내놓은, 새로운 세상과 소통하는 방법이다. 월드뮤직이 글로벌 음악이 된 면면을 살피며, 한국의 음악학을 타자의 시선을 통해 바라보는 것은 우리 내부를 자세히 성찰하려는 노력이다. 특히 한국음악 문화에 평생의 연구를 쏟아부은 석학 키스 하워드 교수의 글은 정이은 박사의 유려한 번역으로 어렵지 않게 읽을 수 있다.

- 목 차 -